국가철도공단

NCS + 최종점검 모의고사 5회

시대에듀

2025 최신판 시대에듀 All-New 국가철도공단
NCS + 최종점검 모의고사 5회 + 무료NCS특강

Always with you

사람의 인연은 길에서 우연하게 만나거나 함께 살아가는 것만을 의미하지는 않습니다.
책을 펴내는 출판사와 그 책을 읽는 독자의 만남도 소중한 인연입니다.
시대에듀는 항상 독자의 마음을 헤아리기 위해 노력하고 있습니다. 늘 독자와 함께하겠습니다.

머리말 PREFACE

빠르고 안전하고 쾌적한 철도로 국민 행복을 실현하는 국가철도공단은 2025년에 신입직원을 채용할 예정이다. 국가철도공단의 채용절차는 「입사 지원서 접수 ➡ 서류전형 ➡ 필기전형 ➡ 면접전형 ➡ 임용」 순서로 진행되며, 필기전형은 직업기초능력평가와 직무수행능력평가를 평가한다. 그중 직업기초능력평가의 경우 공통으로 의사소통능력, 수리능력, 문제해결능력, 자원관리능력을 평가하고, 사무직은 조직이해능력을 평가하며, 기술직은 기술능력을 평가한다. 직무수행능력평가의 경우 직무분야별로 출제과목이 다르므로 반드시 확정된 채용공고를 확인해야 한다. 또한, 필기전형 고득점자 순으로 채용예정인원의 2배수에게 면접전형 응시 기회가 주어지므로 다양한 유형에 대한 폭넓은 학습과 문제풀이능력을 높이는 등 철저한 준비가 필요하다.

국가철도공단 필기전형 합격을 위해 시대에듀에서는 국가철도공단 판매량 1위의 출간경험을 토대로 다음과 같은 특징을 가진 도서를 출간하였다.

도서의 특징

❶ 기출복원문제를 통한 출제경향 확인!
- 2024년 주요 공기업 NCS 기출복원문제를 수록하여 공기업별 출제경향을 파악할 수 있도록 하였다.

❷ 국가철도공단 필기전형 출제영역 맞춤형 문제를 통한 실력 상승!
- 직업기초능력평가 대표기출유형&기출응용문제를 수록하여 유형별로 대비할 수 있도록 하였다.

❸ 최종점검 모의고사를 통한 완벽한 실전 대비!
- 철저한 분석을 통해 실제 유형과 유사한 최종점검 모의고사를 수록하여 자신의 실력을 점검하고 향상시킬 수 있도록 하였다.

❹ 다양한 콘텐츠로 최종 합격까지!
- 국가철도공단 채용 가이드와 면접 기출질문을 수록하여 채용 전반에 대비할 수 있도록 하였다.
- 온라인 모의고사를 무료로 제공하여 필기전형을 준비하는 데 부족함이 없도록 하였다.

끝으로 본 도서를 통해 국가철도공단 채용을 준비하는 모든 수험생 여러분이 합격의 기쁨을 누리기를 진심으로 기원한다.

SDC(Sidae Data Center) 씀

◇ **미션**

빠르고 안전하고 쾌적한 철도로 국민 행복을 실현하겠습니다.

◇ **비전**

국민을 위한 철도, 세계를 여는 KR

◇ **핵심가치**

S	안전	Safe Railways
A	소통	Active Communication
F	공정	Fair Management
E	혁신	Endless Innovation

◇ 2035 전략목표

빠르고 쾌적한 국가 철도	• 철도 총연장 5,581.8km • 열차 총 운행횟수 4,091회/1일
고객이 행복한 안전 철도	• 철도시설 사고율 0.072%
민간과 협력하는 동행 철도	• 민간협력 사업 매출액 2,693억 원
미래를 선도하는 융합 철도	• 융합기술 적용률 96.0% • 지하화사업 적기 추진 2032년 착공

◇ 인재상

전문인재	**Learner** 안전을 우선하며, KR만의 업무지식과 경험을 활용하여 현장의 문제를 원활히 해결하며, 지속적으로 학습하는 프로의식이 강한 인재
혁신인재	**Innovator** 급변하는 기술 및 사업 환경 변화를 통찰하고 융합하여 업무 네트워크를 강화하며, 새로운 사업 영역에 도전하는 인재
소통인재	**Networker** 사회적 가치를 중시하며, 열린 마음으로 협력하며 원활하게 업무를 처리하여 상생의 가치를 창출하는 인재
열정인재	**Enthusiast** 주어진 일에 열정으로 최선을 다하여 자신의 일을 완수하며, 더불어 함께 KR 공동체 발전을 위해 적극적으로 노력하는 인재

◇ 지원자격(일반)

❶ 국가철도공단 인사규정 제12조의 결격사유가 없는 자

❷ 사무(일반) : 제한 없음

  토목/건축/전기/통신/기계 : 해당 분야 산업기사 이상 자격증 보유자

◇ 필기전형

구분	직렬	내용
직업기초능력평가 (50%)	사무직	의사소통능력, 수리능력, 문제해결능력, 자원관리능력, 조직이해능력
	기술직	의사소통능력, 수리능력, 문제해결능력, 자원관리능력, 기술능력
직무수행능력평가 (50%)	사무직(일반)	경영, 법정 시험분야 중 택 1, 출제과목 통합시험
	기술직	해당 직렬(직무)별 출제과목 통합시험
	[고졸] 사무직(IT), 기술직	난이도를 고려하여 고졸 수준으로 출제

◇ 면접전형

구분	내용
직업기초능력 면접 (60%)	• 인성 등 직업인이 갖추어야 할 기초능력 평가 • 평가항목 : 의사소통능력, 직업윤리, 조직적응력, 자기개발능력, 문제해결능력 등
직무수행능력 면접 (40%)	• 직무수행에 요구되는 지식, 기술, 태도 평가 • 평가항목 : 직렬별 필요지식, 기술, 태도 등

❖ 위 채용 안내는 2024년 채용공고를 기준으로 작성하였으므로 세부사항은 확정된 채용공고를 확인하기 바랍니다.

총평

국가철도공단 필기전형은 모듈형 비중이 높은 피듈형으로 출제되었으며, 난이도는 평이했지만 시간은 다소 부족했다는 후기가 많았다. 특히 의사소통능력의 경우 지문의 길이가 긴 문제가 출제되었으므로 지문을 빠르게 읽는 연습을 해두는 것이 좋으며, 수리능력의 경우 단순 계산이 필요한 응용 수리 문제가 많이 나왔기 때문에 꼼꼼하게 계산하여 문제를 풀도록 해야 한다. 또한, 문제해결능력, 자원관리능력, 조직이해능력, 기술능력에서 개념이나 이론을 묻는 문제가 많이 출제되었으므로 모듈 이론을 확실하게 학습하는 것이 필요하다.

◇ **영역별 출제 비중**

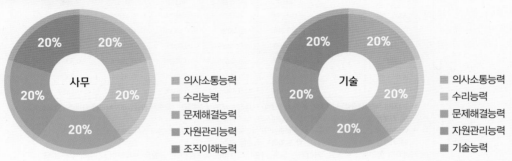

구분	출제 특징	출제 키워드
의사소통능력	• 지문이 긴 문제가 출제됨	• 경청, 공감 등
수리능력	• 단순 계산 문제가 출제됨 • 수열 문제가 출제됨	• 할인율, 속력, 직원 수 등
문제해결능력	• SWOT 분석 문제가 출제됨	• 달력, 조건 등
자원관리능력	• 모듈 이론 문제가 출제됨 • 시간 관리 문제가 출제됨	• 직접비용, 간접비용, 시간 관리 순서 등
조직이해능력(사무)	• 모듈 이론 문제가 출제됨 • 국제 동향 문제가 출제됨	• 국제 매너, 비즈니스 매너, 나라별 악수 예절 등
기술능력(기술)	• 모듈 이론 문제가 출제됨 • 기술 이전 문제가 출제됨	• 벤치마킹, 적재적소, 능력주의 등

PSAT형

▎수리능력

04 다음은 신용등급에 따른 아파트 보증률에 대한 사항이다. 자료와 상황에 근거할 때, 갑(甲)과 을(乙)의 보증료의 차이는 얼마인가?(단, 두 명 모두 대지비 보증금액은 5억 원, 건축비 보증금액은 3억 원이며, 보증서 발급일로부터 입주자 모집공고 안에 기재된 입주 예정 월의 다음 달 말일까지의 해당 일수는 365일이다)

- (신용등급별 보증료)=(대지비 부분 보증료)+(건축비 부분 보증료)
- 신용평가 등급별 보증료율

구분	대지비 부분	건축비 부분				
		1등급	2등급	3등급	4등급	5등급
AAA, AA		0.178%	0.185%	0.192%	0.203%	0.221%
A⁺		0.194%	0.208%	0.215%	0.226%	0.236%
A⁻, BBB⁺	0.138%	0.216%	0.225%	0.231%	0.242%	0.261%
BBB⁻		0.232%	0.247%	0.255%	0.267%	0.301%
BB⁺ ~ CC		0.254%	0.276%	0.296%	0.314%	0.335%
C, D		0.404%	0.427%	0.461%	0.495%	0.531%

※ (대지비 부분 보증료)=(대지비 부분 보증금액)×(대지비 부분 보증료율)×(보증서 발급일로부터 입주자 모집공고 안에 기재된 입주 예정 월의 다음 달 말일까지의 해당 일수)÷365

※ (건축비 부분 보증료)=(건축비 부분 보증금액)×(건축비 부분 보증료율)×(보증서 발급일로부터 입주자 모집공고 안에 기재된 입주 예정 월의 다음 달 말일까지의 해당 일수)÷365

- 기여고객 할인율 : 보증료, 거래기간 등을 기준으로 기여도에 따라 6개 군으로 분류하며, 건축비 부분 요율에서 할인 가능

구분	1군	2군	3군	4군	5군	6군
차감률	0.058%	0.050%	0.042%	0.033%	0.025%	0.017%

〈상황〉

- 갑 : 신용등급은 A⁺이며, 3등급 아파트 보증금을 내야 한다. 기여고객 할인율에서는 2군으로 선정되었다.
- 을 : 신용등급은 C이며, 1등급 아파트 보증금을 내야 한다. 기여고객 할인율은 3군으로 선정되었다.

① 554,000원
② 566,000원
③ 582,000원
④ 591,000원
⑤ 623,000원

특징
▶ 대부분 의사소통능력, 수리능력, 문제해결능력을 중심으로 출제(일부 기업의 경우 자원관리능력, 조직이해능력을 출제)
▶ 자료에 대한 추론 및 해석 능력을 요구

대행사
▶ 엑스퍼트컨설팅, 커리어넷, 태드솔루션, 한국행동과학연구소(행과연), 휴노 등

모듈형

| 문제해결능력

41 문제해결절차의 문제 도출 단계는 (가)와 (나)의 절차를 거쳐 수행된다. 다음 중 (가)에 대한 설명으로 적절하지 않은 것은?

(가)	→	(나)
전체 문제를 개별화된 이슈들로 세분화		문제에 영향력이 큰 핵심이슈를 선정

① 문제의 내용 및 영향 등을 파악하여 문제의 구조를 도출한다.
② 본래 문제가 발생한 배경이나 문제를 일으키는 메커니즘을 분명히 해야 한다.
③ 현상에 얽매이지 말고 문제의 본질과 실제를 봐야 한다.
④ 눈앞의 결과를 중심으로 문제를 바라봐야 한다.
⑤ 문제 구조 파악을 위해서 Logic Tree 방법이 주로 사용된다.

특징
▶ 이론 및 개념을 활용하여 푸는 유형
▶ 채용 기업 및 직무에 따라 NCS 직업기초능력평가 10개 영역 중 선발하여 출제
▶ 기업의 특성을 고려한 직무 관련 문제를 출제
▶ 주어진 상황에 대한 판단 및 이론 적용을 요구

대행사
▶ 인트로맨, 휴스테이션, ORP연구소 등

피둘형(PSAT형 + 모듈형)

| 자원관리능력

07 다음 자료를 근거로 판단할 때, 연구모임 A ~ E 중 세 번째로 많은 지원금을 받는 모임은?

〈지원계획〉

• 지원을 받기 위해서는 한 모임당 5명 이상 9명 미만으로 구성되어야 한다.
• 기본지원금은 모임당 1,500천 원을 기본으로 지원한다. 단, 상품개발을 위한 모임의 경우는 2,000천 원을 지원한다.
• 추가지원금

등급	상	중	하
추가지원금(천 원/명)	120	100	70

※ 추가지원금은 연구 계획 사전평가결과에 따라 달라진다.
• 협업 장려를 위해 협업이 인정되는 모임에는 위의 두 지원금을 합한 금액의 30%를 별도로 지원한다.

〈연구모임 현황 및 평가결과〉

특징
▶ 기초 및 응용 모듈을 구분하여 푸는 유형
▶ 기초인지모듈과 응용업무모듈로 구분하여 출제
▶ PSAT형보다 난도가 낮은 편
▶ 유형이 정형화되어 있고, 유사한 유형의 문제를 세트로 출제

대행사
▶ 사람인, 스카우트, 인크루트, 커리어케어, 트리피, 한국사회능력개발원 등

주요 공기업 적중 문제

맞춤법 ▶ 유형

01. 다음 중 밑줄 친 부분의 맞춤법이 옳은 것은?

① 그는 손가락으로 북쪽을 <u>가르쳤다</u>.
② 뚝배기에 담겨 나와서 시간이 지나도 식지 않았다.
③ 열심히 하는 것은 좋은데 <u>촛점</u>이 틀렸다.
④ 몸이 너무 약해서 보약을 <u>다려</u> 먹어야겠다.

직접비 / 간접비 ▶ 키워드

32 다음은 직접비와 간접비에 대한 설명이다. 이를 참고할 때 〈보기〉의 인건비와 성격이 가장 유사한 것은?

> 어떤 활동이나 사업의 비용을 추정하거나 예산을 잡을 때에는 추정해야 할 많은 유형의 비용이 존재한다. 그중 대표적인 것이 직접비와 간접비이다. 직접비란 간접비용에 상대되는 용어로서, 제품 생산 또는 서비스를 창출하기 위해 직접 소비된 것으로 여겨지는 비용을 말한다. 이와 반대로 간접비란 제품을 생산하거나 서비스를 창출하기 위해 소비된 비용 중에서 직접비용을 제외한 비용으로, 제품 생산에 직접 관련되지 않은 비용을 말하는데, 이는 매우 다양하기 때문에 많은 사람들이 간접비용을 정확하게 예측하지 못해 어려움을 겪는 경우가 많다.

보기

> 인건비란 제품 생산 또는 서비스 창출을 위한 업무를 수행하는 사람들에게 지급되는 비용으로, 계약에 의해 고용된 외부 인력에 대한 비용도 인건비에 포함된다. 이러한 인건비는 일반적으로 전체 비용 중 가장 큰 비중을 차지하게 된다.

① 통신비   ② 출장비
③ 광고비   ④ 보험료

코레일 한국철도공사

농도 ▶ 유형

02 농도가 10%인 소금물 200g에 농도가 15%인 소금물을 섞어서 13%인 소금물을 만들려고 한다. 이때, 농도가 15%인 소금물은 몇 g이 필요한가?

① 150g   ② 200g
③ 250g   ④ 300g
⑤ 350g

SWOT 분석 ▶ 유형

01 다음은 K섬유회사에 대한 SWOT 분석 자료이다. 분석에 따른 대응 전략으로 적절한 것을 〈보기〉에서 모두 고르면?

• 첨단 신소재 관련 특허 다수 보유	• 신규 생산 설비 투자 미흡 • 브랜드의 인지도 부족
S 강점	W 약점
O 기회	T 위협
• 고기능성 제품에 대한 수요 증가 • 정부 주도의 문화 콘텐츠 사업 지원	• 중저가 의류용 제품의 공급 과잉 • 저임금의 개발도상국과 경쟁 심화

보기

ㄱ. SO전략으로 첨단 신소재를 적용한 고기능성 제품을 개발한다.
ㄴ. ST전략으로 첨단 신소재 관련 특허를 개발도상국의 경쟁업체에 무상 이전한다.
ㄷ. WO전략으로 문화 콘텐츠와 디자인을 접목한 신규 브랜드 개발을 통해 적극적으로 마케팅 한다.
ㄹ. WT전략으로 기존 설비에 대한 재투자를 통해 대량생산 체제로 전환한다.

① ㄱ, ㄷ   ② ㄱ, ㄹ
③ ㄴ, ㄷ   ④ ㄴ, ㄹ
⑤ ㄷ, ㄹ

주요 공기업 적중 문제 TEST CHECK

참거짓 ▶ 유형

06 A ~ D는 한 판의 가위바위보를 한 후 그 결과에 대해 각각 두 가지의 진술을 하였다. 두 가지의 진술 중 하나는 반드시 참이고, 하나는 반드시 거짓이라고 할 때, 다음 중 항상 참인 것은?

> A : C는 B를 이길 수 있는 것을 냈고, B는 가위를 냈다.
> B : A는 C와 같은 것을 냈지만, A가 편 손가락의 수는 나보다 적었다.
> C : B는 바위를 냈고, 그 누구도 같은 것을 내지 않았다.
> D : A, B, C 모두 참 또는 거짓을 말한 순서가 동일하다. 이 판은 승자가 나온 판이었다.

① B와 같은 것을 낸 사람이 있다.
② 보를 낸 사람은 1명이다.
③ D는 혼자 가위를 냈다.
④ B가 기권했다면 가위를 낸 사람이 지는 판이다.

매출액 ▶ 키워드

18 다음 표는 D회사 구내식당의 월별 이용자 수 및 매출액에 대한 자료이고, 보고서는 D회사 구내식당 가격인상에 대한 내부검토 자료이다. 이를 토대로 '2024년 1월의 이용자 수 예측'에 대한 그래프로 옳은 것은?

〈2023년 D회사 구내식당의 월별 이용자 수 및 매출액〉

(단위 : 명, 천 원)

구분	특선식		일반식		총매출액
	이용자 수	매출액	이용자 수	매출액	
7월	901	5,406	1,292	5,168	10,574
8월	885	5,310	1,324	5,296	10,606
9월	914	5,484	1,284	5,136	10,620
10월	979	5,874	1,244	4,976	10,850
11월	974	5,844	1,196	4,784	10,628
12월	952	5,712	1,210	4,840	10,552

※ 총매출액은 특선식 매출액과 일반식 매출액의 합이다.

〈보고서〉

2023년 12월 D회사 구내식당은 특선식(6,000원)과 일반식(4,000원)의 두 가지 메뉴를 판매하고 있다. 2023년 11월부터 구내식당 총매출액이 감소하고 있어 지난 2년 동안 동결되었던 특선식과 일반식 중 한 가지 메뉴의 가격을 2024년 1월부터 1,000원 인상할지를 검토하였다.
메뉴 가격에 변동이 없을 경우, 일반식 이용자와 특선식 이용자의 수가 모두 2023년 12월에 비해 감소하여 2024년 1월의 총매출액은 2023년 12월보다 감소할 것으로 예측된다.
특선식 가격만을 1,000원 인상하여 7,000원으로 할 경우, 특선식 이용자 수는 2023년 7월 이후 최저치 이하로 감소하지만, 가격 인상의 영향 등으로 총매출액은 2023년 10월 이상으로 증가할 것으로 예측된다.
일반식 가격만을 1,000원 인상하여 5,000원으로 할 경우, 일반식 이용자 수는 2023년 12월 대비 10% 이상 감소하며, 특선식 이용자 수는 2023년 10월보다 증가하지는 않으리라 예측된다.

한국수자원공사

경우의 수 ▶ 유형

20 영희는 과일을 주문하려 인터넷 쇼핑몰에 들어갔다. 쇼핑몰에서는 사과, 수박, 감, 귤, 바나나, 자두, 포도, 딸기 총 8개의 과일 중에서 최대 4개의 과일을 주문할 수 있다. 영희는 감, 귤, 포도, 딸기 4개 과일 중에서 최대 두 종류까지만 선택을 하고, 총 세 종류의 과일을 주문한다고 할 때, 영희가 주문할 수 있는 경우의 수는 몇 가지인가?

① 48가지
② 52가지
③ 56가지
④ 60가지

문단 나열 ▶ 유형

01 다음 문단을 논리적 순서대로 바르게 나열한 것은?

(가) 그뿐 아니라, 자신을 알아주는 이, 즉 지기자(知己者)를 위해서라면 기꺼이 자신의 전부를 버릴 수 있어야 하며, 더불어 은혜는 은혜대로, 원수는 원수대로 자신이 받은 만큼 되갚기 위해 진력하여야 한다.

(나) 무공이 높다고 하여 반드시 협객으로 인정되지 않는 이유는 바로 이런 원칙에 위배되는 경우가 심심치 않게 발생하기 때문이다. 요컨대 협이란 사생취의(捨生取義)의 정신에 입각하여 살신성명(殺身成名)의 의지를 실천하는 것, 또는 그러한 실천을 기꺼이 감수할 준비가 되어 있는 상태를 뜻한다고 할 수 있다.

(다) 협으로 인정받기 위해서는 무엇보다도 절개와 의리를 숭상하여야 하며, 개인의 존엄을 중시하고 간악함을 제거하기 위해 노력해야만 한다. 신의(信義)를 목숨보다 중히 여길 것도 강조되는데, 여기서의 신의란 상대방을 향한 것인 동시에 스스로에게 해당되는 것이기도 하다.

(라) 무(武)와 더불어 보다 신중하게 다루어야 할 것이 '협(俠)'의 개념이다. 무협 소설에서 문제가 되는 협이란 무덕(武德), 즉 무인으로서의 덕망이나 인격과 관계가 되는 것으로, 이는 곧 무공 사용의 전제가 되는 기준 내지는 원칙이라고 할 수 있다.

① (나) - (다) - (가) - (라)
② (나) - (다) - (라) - (가)
③ (라) - (가) - (다) - (나)
④ (라) - (다) - (가) - (나)

도서 200% 활용하기 STRUCTURES

1 기출복원문제로 출제경향 파악

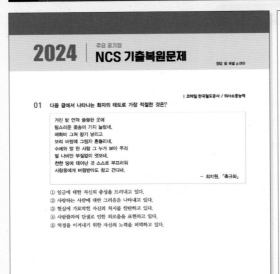

▶ 2024년 주요 공기업 기출복원문제를 수록하여 공기업별 출제경향을 파악할 수 있도록 하였다.

2 대표기출유형 + 기출응용문제로 필기전형 완벽 대비

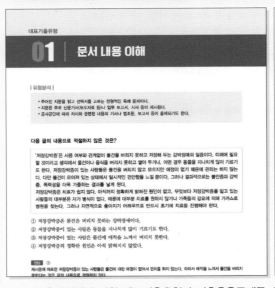

▶ NCS 출제영역에 대한 대표기출유형과 기출응용문제를 수록하여 NCS 문제에 대한 접근 전략을 익히고 점검할 수 있도록 하였다.

3 최종점검 모의고사 + OMR을 활용한 실전 연습

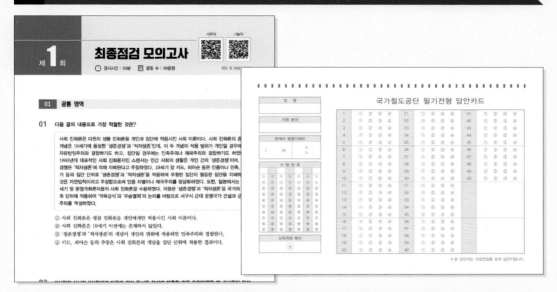

▶ 최종점검 모의고사와 OMR 답안카드를 수록하여 실제로 시험을 보는 것처럼 마무리 연습을 할 수 있도록 하였다.
▶ 모바일 OMR 답안채점/성적분석 서비스를 통해 필기전형에 대비할 수 있도록 하였다.

4 인성검사부터 면접까지 한 권으로 최종 마무리

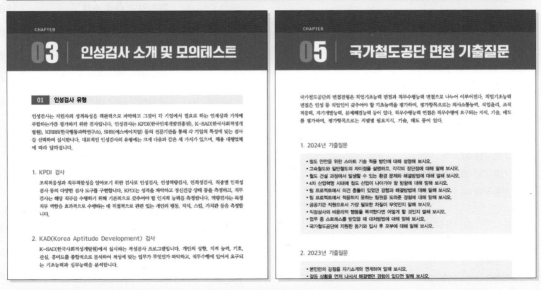

▶ 인성검사 모의테스트를 수록하여 인성검사 유형 및 문항을 확인할 수 있도록 하였다.
▶ 국가철도공단 면접 기출질문을 수록하여 면접에서 나오는 질문을 미리 파악하고 연습할 수 있도록 하였다.

이 책의 차례 CONTENTS

Add+

2024년 주요 공기업 NCS 기출복원문제

┃ 코레일 한국철도공사 / 의사소통능력

01 다음 글에서 나타나는 화자의 태도로 가장 적절한 것은?

> 거친 밭 언덕 쓸쓸한 곳에
> 탐스러운 꽃송이 가지 눌렀네.
> 매화비 그쳐 향기 날리고
> 보리 바람에 그림자 흔들리네.
> 수레와 말 탄 사람 그 누가 보아 주리
> 벌 나비만 부질없이 엿보네.
> 천한 땅에 태어난 것 스스로 부끄러워
> 사람들에게 버림받아도 참고 견디네.
>
> — 최치원, 「촉규화」

① 임금에 대한 자신의 충성을 드러내고 있다.

② 사랑하는 사람에 대한 그리움을 나타내고 있다.

③ 현실에 가로막힌 자신의 처지를 한탄하고 있다.

④ 사람들과의 단절로 인한 외로움을 표현하고 있다.

⑤ 역경을 이겨내기 위한 자신의 노력을 피력하고 있다.

02 다음 글에 대한 설명으로 적절하지 않은 것은?

중국 연경(燕京)의 아홉 개 성문 안팎으로 뻗은 수십 리 거리에는 관청과 아주 작은 골목을 제외하고는 대체로 길 양옆으로 모두 상점이 늘어서 휘황찬란하게 빛난다.

우리나라 사람들은 중국 시장의 번성한 모습을 처음 보고서는 "오로지 말단의 이익만을 숭상하고 있군."이라고 말하였다. 이것은 하나만 알고 둘은 모르는 소리이다. 대저 상인은 사농공상(士農工商) 사민(四民)의 하나에 속하지만, 이 하나가 나머지 세 부류의 백성을 소통시키기 때문에 열에 셋의 비중을 차지하지 않으면 안 된다.

사람들은 쌀밥을 먹고 비단옷을 입고 있으면 그 나머지 물건은 모두 쓸모없는 줄 안다. 그러나 무용지물을 사용하여 유용한 물건을 유통하고 거래하지 않는다면, 이른바 유용하다는 물건은 거의 대부분이 한 곳에 묶여서 유통되지 않거나 그것만이 홀로 돌아다니다 쉽게 고갈될 것이다. 따라서 옛날의 성인과 제왕께서는 이를 위하여 주옥(珠玉)과 화폐 등의 물건을 조성하여 가벼운 물건으로 무거운 물건을 교환할 수 있도록 하셨고, 무용한 물건으로 유용한 물건을 살 수 있도록 하셨다.

지금 우리나라는 지방이 수천 리이므로 백성들이 적지 않고, 토산품이 구비되어 있다. 그럼에도 산이나 물에서 생산되는 이로운 물건이 전부 세상에 나오지 않고, 경제를 윤택하게 하는 방법도 잘 모르며, 날마다 쓰는 것을 팽개친 채 그것에 대해 연구하지 않고 있다. 그러면서 중국의 거마, 주택, 단청, 비단이 화려한 것을 보고서는 대뜸 "사치가 너무 심하다."라고 말해 버린다.

그렇지만 중국이 사치로 망한다고 할 것 같으면, 우리나라는 반드시 검소함으로 인해 쇠퇴할 것이다. 왜 그러한가? 검소함이란 물건이 있음에도 불구하고 쓰지 않는 것이지, 자기에게 없는 물건을 스스로 끊어 버리는 것을 일컫지는 않는다. 현재 우리나라에는 진주를 캐는 집이 없고 시장에는 산호 같은 물건의 값이 정해져 있지 않다. 금이나 은을 가지고 점포에 들어가서는 떡과 엿을 사 먹을 수가 없다. 이런 현실이 정말 우리의 검소한 풍속 때문이겠는가? 이것은 그 재물을 사용할 줄 모르기 때문이다. 재물을 사용할 방법을 알지 못하므로 재물을 만들어 낼 방법을 알지 못하고, 재물을 만들어 낼 방법을 알지 못하므로 백성들의 생활은 날이 갈수록 궁핍해진다.

재물이란 우물에 비유할 수가 있다. 물을 퍼내면 우물에는 늘 물이 가득하지만, 물을 길어내지 않으면 우물은 말라 버린다. 이와 같은 이치로 화려한 비단옷을 입지 않으므로 나라에는 비단을 짜는 사람이 없고, 그로 인해 여인이 베를 짜는 모습을 볼 수 없게 되었다. 그릇이 찌그러져도 이를 개의치 않으며, 기교를 부려 물건을 만들려고 하지도 않아 나라에는 공장(工匠)과 목축과 도공이 없어져 기술이 전해지지 않는다. 더 나아가 농업도 황폐해져 농사짓는 방법이 형편없고, 상업을 박대하므로 상업 자체가 실종되었다. 사농공상 네 부류의 백성이 누구나 할 것 없이 다 가난하게 살기 때문에 서로를 구제할 길이 없다.

지금 종각이 있는 종로 네거리에는 시장 점포가 연이어 있다고 하지만 그것은 1리도 채 안 된다. 중국에서 내가 지나갔던 시골 마을은 거의 몇 리에 걸쳐 점포로 뒤덮여 있었다. 그곳으로 운반되는 물건의 양이 우리나라 곳곳에서 유통되는 것보다 많았는데, 이는 그곳 가게가 우리나라보다 더 부유해서 그러한 것이 아니고 재물이 유통되느냐 유통되지 못하느냐에 따른 결과인 것이다.

– 박제가, 『시장과 우물』

① 재물이 적절하게 유통되지 않는 현실을 비판하고 있다.
② 재물을 유통하기 위한 성현들의 노력을 근거로 제시하고 있다.
③ 경제의 규모를 늘리기 위한 소비의 중요성을 강조하고 있다.
④ 조선의 경제가 윤택하지 못한 이유를 생산량이 부족해서로 보고 있다.
⑤ 산업의 발전을 위해 적당한 사치가 있어야 함을 제시하고 있다.

03 다음 중 한자성어와 그 뜻이 바르게 연결되지 않은 것은?

① 水魚之交 : 아주 친밀하여 떨어질 수 없는 사이
② 結草報恩 : 죽은 뒤에라도 은혜를 잊지 않고 갚음
③ 靑出於藍 : 제자나 후배가 스승이나 선배보다 나음
④ 指鹿爲馬 : 윗사람을 농락하여 권세를 마음대로 함
⑤ 刻舟求劍 : 말로는 친한 듯 하나 속으로는 해칠 생각이 있음

04 다음 중 밑줄 친 부분의 띄어쓰기가 옳지 않은 것은?

① 운전을 어떻게 해야 <u>하는지</u> 알려 주었다.
② 오랫동안 <u>애쓴 만큼</u> 좋은 결과가 나왔다.
③ 모두가 떠나가고 남은 사람은 고작 <u>셋 뿐이다</u>.
④ 참가한 사람들은 누구의 키가 <u>큰지</u> 작은지 비교해 보았다.
⑤ 민족의 큰 명절에는 온 나라 방방곡곡에서 <u>씨름판이</u> 열렸다.

05 다음 중 밑줄 친 부분의 표기가 옳지 않은 것은?

① 늦게 온다던 친구가 <u>금세</u> 도착했다.
② 변명할 틈도 없이 그에게 일방적으로 <u>채였다</u>.
③ 못 본 사이에 그의 얼굴은 <u>헬쑥하게</u> 변했다.
④ 빠르게 변해버린 고향이 <u>낯설게</u> 느껴졌다.
⑤ 문제의 정답을 찾기 위해 <u>곰곰이</u> 생각해 보았다.

06 다음 중 단어와 그 발음법이 바르게 연결되지 않은 것은?

① 결단력 – [결딴녁]
② 옷맵시 – [온맵씨]
③ 몰상식 – [몰상씩]
④ 물난리 – [물랄리]
⑤ 땀받이 – [땀바지]

07 다음 식을 계산하여 나온 수의 백의 자리, 십의 자리, 일의 자리를 순서대로 바르게 나열한 것은?

$$865\times865+865\times270+135\times138-405$$

① 0, 0, 0   ② 0, 2, 0
③ 2, 5, 0   ④ 5, 5, 0
⑤ 8, 8, 0

08 길이가 200m인 A열차가 어떤 터널을 60km/h의 속력으로 통과하였다. 잠시 후 길이가 300m인 B열차가 같은 터널을 90km/h의 속력으로 통과하였다. A열차와 B열차가 이 터널을 완전히 통과할 때 걸린 시간의 비가 10 : 7일 때, 이 터널의 길이는?

① 1,200m   ② 1,500m
③ 1,800m   ④ 2,100m
⑤ 2,400m

※ 다음과 같이 일정한 규칙으로 수를 나열할 때, 빈칸에 들어갈 수를 고르시오. [9~10]

| 코레일 한국철도공사 / 수리능력

09

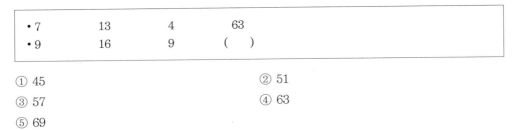

| • 7 | 13 | 4 | 63 |
| • 9 | 16 | 9 | ( ) |

① 45
② 51
③ 57
④ 63
⑤ 69

| 코레일 한국철도공사 / 수리능력

10

$$-2 \quad 1 \quad 6 \quad 13 \quad 22 \quad 33 \quad 46 \quad 61 \quad 78 \quad 97 \quad (\quad)$$

① 102
② 106
③ 110
④ 114
⑤ 118

| 코레일 한국철도공사 / 수리능력

11 K중학교 2학년 A ~ F 6개의 학급이 체육대회에서 줄다리기 경기를 다음과 같은 토너먼트로 진행하려고 한다. 이때, A반과 B반이 모두 두 번의 경기를 거쳐 결승에서 만나게 되는 경우의 수는?

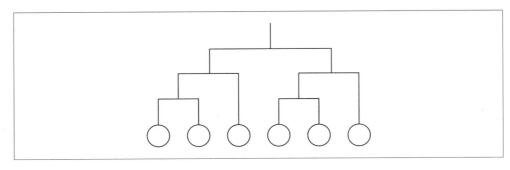

① 6가지
② 24가지
③ 120가지
④ 180가지
⑤ 720가지

12 다음은 연령대별로 도시와 농촌에서의 여가생활 만족도 평가 점수를 조사한 자료이다. 〈조건〉에 따라 빈칸 ㄱ ~ ㄹ에 들어갈 수를 순서대로 바르게 나열한 것은?

〈연령대별 도시·농촌 여가생활 만족도 평가〉

(단위 : 점)

구분	10대 미만	10대	20대	30대	40대	50대	60대	70대 이상
도시	1.6	ㄱ	3.5	ㄴ	3.9	3.8	3.3	1.7
농촌	1.3	1.8	2.2	2.1	2.1	ㄷ	2.1	ㄹ

※ 매우 만족 : 5점, 만족 : 4점, 보통 : 3점, 불만 : 2점, 매우 불만 : 1점

조건
- 도시에서 여가생활 만족도는 모든 연령대에서 같은 연령대의 농촌보다 높았다.
- 도시에서 10대의 여가생활 만족도는 농촌에서 10대의 2배보다 높았다.
- 도시에서 여가생활 만족도가 가장 높은 연령대는 40대였다.
- 농촌에서 여가생활 만족도가 가장 높은 연령대는 50대지만, 3점을 넘기지 못했다.

	ㄱ	ㄴ	ㄷ	ㄹ
①	3.8	3.3	2.8	3.5
②	3.5	3.3	3.2	3.5
③	3.8	3.3	2.8	1.5
④	3.5	4.0	3.2	1.5
⑤	3.8	4.0	2.8	1.5

13 가격이 500,000원일 때 10,000개가 판매되는 K제품이 있다. 이 제품의 가격을 10,000원 인상할 때마다 판매량은 160개 감소하고, 10,000원 인하할 때마다 판매량은 160개 증가한다. 이때, 총 판매금액이 최대가 되는 제품의 가격은?(단, 가격은 10,000원 단위로만 인상 또는 인하할 수 있다)

① 520,000원 ② 540,000원
③ 560,000원 ④ 580,000원
⑤ 600,000원

14 다음은 전자제품 판매업체 3사를 다섯 가지 항목으로 나누어 평가한 자료이다. 이를 토대로 3사의 항목별 비교 및 균형을 쉽게 파악할 수 있도록 나타낸 그래프로 옳은 것은?

〈전자제품 판매업체 3사 평가표〉

(단위 : 점)

구분	디자인	가격	광고 노출도	브랜드 선호도	성능
A사	4.1	4.0	2.5	2.1	4.6
B사	4.5	1.5	4.9	4.0	2.0
C사	2.5	4.5	0.6	1.5	4.0

①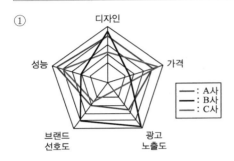

②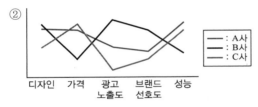

③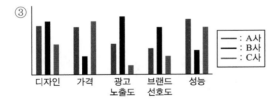

④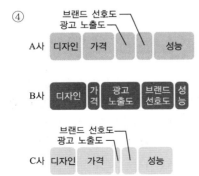

⑤

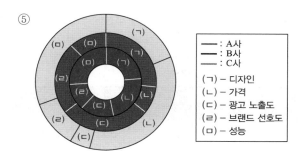

	: A사
	: B사
	: C사

(ㄱ) – 디자인
(ㄴ) – 가격
(ㄷ) – 광고 노출도
(ㄹ) – 브랜드 선호도
(ㅁ) – 성능

15 다음은 2023년 K톨게이트를 통과한 차량에 대한 자료이다. 이에 대한 설명으로 옳지 않은 것은?

〈2023년 K톨게이트 통과 차량〉

(단위 : 천 대)

구분	승용차			승합차			대형차		
	영업용	비영업용	합계	영업용	비영업용	합계	영업용	비영업용	합계
1월	152	3,655	3,807	244	2,881	3,125	95	574	669
2월	174	3,381	3,555	222	2,486	2,708	101	657	758
3월	154	3,909	4,063	229	2,744	2,973	139	837	976
4월	165	3,852	4,017	265	3,043	3,308	113	705	818
5월	135	4,093	4,228	211	2,459	2,670	113	709	822
6월	142	3,911	4,053	231	2,662	2,893	107	731	838
7월	164	3,744	3,908	237	2,721	2,958	117	745	862
8월	218	3,975	4,193	256	2,867	3,123	115	741	856
9월	140	4,105	4,245	257	2,913	3,170	106	703	809
10월	135	3,842	3,977	261	2,812	3,073	107	695	802
11월	170	3,783	3,953	227	2,766	2,993	117	761	878
12월	147	3,730	3,877	243	2,797	3,040	114	697	811

① 전체 승용차 수와 전체 승합차 수의 합이 가장 많은 달은 9월이고, 가장 적은 달은 2월이다.
② 4월을 제외하고 K톨게이트를 통과한 비영업용 승합차 수는 월별 300만 대 미만이었다.
③ 전체 대형차 수 중 영업용 대형차 수의 비율은 모든 달에서 10% 이상이다.
④ 영업용 승합차 수는 모든 달에서 영업용 대형차 수의 2배 이상이다.
⑤ 승용차가 가장 많이 통과한 달의 전체 승용차 수에 대한 영업용 승용차 수의 비율은 3% 이상이다.

※ 서울역 근처 K공사에 근무하는 A과장은 1월 10일에 팀원 4명과 함께 부산에 있는 출장지에 열차를 타고 가려고 한다. 다음 자료를 보고 이어지는 질문에 답하시오. [16~17]

〈서울역 → 부산역 열차 시간표〉

구분	출발시각	정차역	다음 정차역까지 소요시간	총주행시간	성인 1인당 요금
KTX	8:00	–	–	2시간 30분	59,800원
ITX-청춘	7:20	대전	40분	3시간 30분	48,800원
ITX-마음	6:40	대전, 울산	40분	3시간 50분	42,600원
새마을호	6:30	대전, 울산, 동대구	60분	4시간 30분	40,600원
무궁화호	5:30	대전, 울산, 동대구	80분	5시간 40분	28,600원

※ 위의 열차 시간표는 1월 10일 운행하는 열차 종류별로 승차권 구입이 가능한 가장 빠른 시간표이다.
※ 총주행시간은 정차·대기시간을 제외한 열차가 실제로 달리는 시간이다.

〈운행 조건〉

• 정차역에 도착할 때마다 대기시간 15분을 소요한다.
• 정차역에 먼저 도착한 열차가 출발하기 전까지 뒤에 도착한 열차는 정차역에 들어오지 않고 대기한다.
• 정차역에 먼저 도착한 열차가 정차역을 출발한 후, 5분 뒤에 대기 중인 열차가 정차역에 들어온다.
• 정차역에 2종류 이상의 열차가 동시에 도착하였다면, ITX-청춘 → ITX-마음 → 새마을호 → 무궁화호 순으로 정차역에 들어온다.
• 목적지인 부산역은 먼저 도착한 열차로 인한 대기 없이 바로 역에 들어온다.

16 다음 중 자료에 대한 설명으로 옳지 않은 것은?

① ITX-청춘보다 ITX-마음이 목적지에 더 빨리 도착한다.
② 부산역에 가장 늦게 도착하는 열차는 12시에 도착한다.
③ ITX-마음은 먼저 도착한 열차로 인한 대기시간이 없다.
④ 부산역에 가장 빨리 도착하는 열차는 10시 30분에 도착한다.
⑤ 무궁화호는 울산역, 동대구역에서 다른 열차로 인해 대기한다.

17 다음 〈조건〉에 따라 승차권을 구입할 때, A과장과 팀원 4명의 총요금은?

> **조건**
> • A과장과 팀원 1명은 7시 30분까지 K공사에서 사전 회의를 가진 후 출발한다.
> • 목적지인 부산역에는 11시 30분까지 도착해야 한다.
> • 열차 요금은 가능한 한 저렴하게 한다.

① 247,400원　　　　　　　② 281,800원
③ 312,800원　　　　　　　④ 326,400원
⑤ 347,200원

18 다음 글에서 알 수 있는 논리적 사고의 구성요소로 가장 적절한 것은?

> A는 동업자 B와 함께 신규 사업을 시작하기 위해 기획안을 작성하여 논의하였다. 그러나 B는 신규 기획안을 읽고 시기나 적절성에 대해 부정적인 입장을 보였다. A가 B를 설득하기 위해 B의 의견들을 정리하여 생각해 보니 B는 신규 사업을 시작하는 데 있어 다른 경쟁사보다 늦게 출발하여 경쟁력이 부족하다는 점 때문에 신규 사업에 부정적이라는 것을 알게 되었다. 이에 A는 경쟁력을 높이기 위한 다양한 아이디어를 추가로 제시하여 B를 다시 설득하였다.

① 설득
② 구체적인 생각
③ 생각하는 습관
④ 타인에 대한 이해
⑤ 상대 논리의 구조화

19 면접 참가자 A ~ E 5명은 〈조건〉과 같이 면접장에 도착했다. 동시에 도착한 사람은 없다고 할 때, 다음 중 항상 참인 것은?

> **조건**
> • B는 A 바로 다음에 도착했다.
> • D는 E보다 늦게 도착했다.
> • C보다 먼저 도착한 사람이 1명 있다.

① E는 가장 먼저 도착했다.
② B는 가장 늦게 도착했다.
③ A는 네 번째로 도착했다.
④ D는 가장 먼저 도착했다.
⑤ D는 A보다 먼저 도착했다.

20 다음 논리에서 나타난 형식적 오류로 옳은 것은?

> • 전제 1 : TV를 오래 보면 눈이 나빠진다.
> • 전제 2 : 철수는 TV를 오래 보지 않는다.
> • 결론 : 그러므로 철수는 눈이 나빠지지 않는다.

① 사개명사의 오류
② 전건 부정의 오류
③ 후건 긍정의 오류
④ 선언지 긍정의 오류
⑤ 매개념 부주연의 오류

21 다음 글의 내용으로 적절하지 않은 것은?

> K공단은 의사와 약사가 협력하여 지역주민의 안전한 약물 사용을 돕는 의·약사 협업 다제약물 관리사업을 6월 26일부터 서울 도봉구에서 시작했다고 밝혔다.
>
> 지난 2018년부터 K공단이 진행 중인 다제약물 관리사업은 10종 이상의 약을 복용하는 만성질환자를 대상으로 약물의 중복 복용과 부작용 등을 예방하기 위해 의약전문가가 약물관리 서비스를 제공하는 사업이다. 지역사회에서는 K공단에서 위촉한 자문 약사가 가정을 방문하여 대상자가 먹고 있는 일반 약을 포함한 전체 약을 대상으로 약물의 복용상태, 부작용, 중복 등을 종합적으로 검토하고 그 결과를 바탕으로 상담, 교육 및 처방조정 안내를 실시함으로써 약물관리가 이루어지고, 병원에서는 입원 및 외래환자를 대상으로 의사, 약사 등으로 구성된 다학제팀(전인적인 돌봄을 위해 의사, 간호사, 약사, 사회복지사 등 다양한 전문가들로 이루어진 팀)이 약물관리 서비스를 제공한다.
>
> 다제약물 관리사업 효과를 평가한 결과, 지역사회에서는 약물관리를 받은 사람의 복약순응도가 56.3% 개선되었고, 효능이 유사한 약물을 중복해서 복용하는 환자가 40.2% 감소되었다. 또한, 병원에서 제공된 다제약물 관리사업으로 응급실 방문 위험이 47%, 재입원 위험이 18% 감소되는 등의 효과를 확인하였다.
>
> 다만, 지역사회에서는 약사의 약물 상담결과가 의사의 처방조정까지 반영되는 다학제 협업 시스템이 미흡하다는 의견이 제기되었다. 이러한 문제점의 개선을 위해 K공단은 도봉구 의사회와 약사회, 전문가로 구성된 지역협의체를 구성하고, 지난 4월부터 3회에 걸친 논의를 통해 의·약사 협업 모형을 개발하고, 사업 참여 의·약사 선정, 서비스 제공 대상자 모집 및 정보공유 방법 등의 현장 적용방안을 마련했다. 의사나 K공단이 선정한 약물관리 대상자는 자문 약사의 약물점검(필요시 의사 동행)을 받게 되며, 그 결과가 K공단의 정보 시스템을 통해 대상자의 단골 병원 의사에게 전달되어 처방 시 반영될 수 있도록 하는 것이 주요 골자이다. 지역 의·약사 협업 모형은 2023년 12월까지 도봉구 지역의 일차의료 만성질환관리 시범사업에 참여하는 의원과 자문 약사를 중심으로 우선 실시한다. 이후 사업의 효과성을 평가하고 부족한 점은 보완하여 다른 지역에도 확대 적용할 예정이다.

① K공단에서 위촉한 자문 약사는 환자가 먹는 약물을 조사하여 직접 처방할 수 있다.
② 다제약물 관리사업으로 인해 환자는 복용하는 약물의 수를 줄일 수 있다.
③ 다제약물 관리사업의 주요 대상자는 10종 이상의 약을 복용하는 만성질환자이다.
④ 다제약물 관리사업은 지역사회보다 병원에서 더 활발히 이루어지고 있다.

22 다음 문단 뒤에 이어질 내용을 논리적 순서대로 바르게 나열한 것은?

> 아토피 피부염은 만성적으로 재발하는 양상을 보이며 심한 가려움증을 동반하는 염증성 피부 질환으로, 연령에 따라 특징적인 병변의 분포와 양상을 보인다.
>
> (가) 이와 같이 아토피 피부염은 원인을 정확히 파악할 수 없기 때문에 아토피 피부염의 진단을 위한 특이한 검사소견은 없으며, 임상 증상을 종합하여 진단한다. 기존에 몇 가지 국외의 진단기준이 있었으며, 2005년 대한아토피피부염학회에서는 한국인 아토피 피부염에서 특징적으로 관찰되는 세 가지 주진단 기준과 14가지 보조진단 기준으로 구성된 한국인 아토피 피부염 진단기준을 정하였다.
>
> (나) 아토피 피부염 환자는 정상 피부에 비해 민감한 피부를 가지고 있으며 다양한 자극원에 의해 악화될 수 있으므로 앞의 약물치료와 더불어 일상생활에서도 이를 피할 수 있도록 노력해야 한다. 비누와 세제, 화학약품, 모직과 나일론 의류, 비정상적인 기온이나 습도에 대한 노출 등이 대표적인 피부 자극 요인들이다. 면제품 속옷을 입도록 하고, 세탁 후 세제가 남지 않도록 물로 여러 번 헹구도록 한다. 또한 평소 실내 온도, 습도를 쾌적하게 유지하는 것도 중요하다. 땀이나 자극성 물질을 제거하는 목적으로 미지근한 물에 샤워를 하는 것이 좋으며, 샤워 후에는 3분 이내에 보습제를 바르는 것이 좋다.
>
> (다) 아토피 피부염을 진단받아 치료하기 위해서는 보습이 가장 중요하고, 피부 증상을 악화시킬 수 있는 자극원, 알레르겐 등을 피하는 것이 필요하다. 국소 치료제로는 국소 스테로이드제가 가장 기본적인 치료제이다. 국소 칼시뉴린 억제제도 효과적으로 사용되는 약제이며, 국소 스테로이드제 사용으로 발생 가능한 피부 위축 등의 부작용이 없다. 아직 국내에 들어오지는 않았으나 국소 포스포디에스테라제 억제제도 있다. 이 외에는 전신치료로 가려움증 완화를 위해 사용할 수 있는 항히스타민제가 있고, 필요시 경구 스테로이드제를 사용할 수 있다. 심한 아토피 피부염 환자에서는 면역 억제제가 사용된다. 광선치료(자외선치료)도 아토피 피부염 치료로 이용된다. 최근에는 아토피 피부염을 유발하는 특정한 사이토카인 신호 전달을 차단할 수 있는 생물학적제제인 두필루맙(Dupilumab)이 만성 중증 아토피 피부염 환자를 대상으로 사용되고 있으며, 치료 효과가 뛰어나다고 알려져 있다.
>
> (라) 많은 연구에도 불구하고 아토피 피부염의 정확한 원인은 아직 밝혀지지 않았다. 현재까지는 피부 보호막 역할을 하는 피부장벽 기능의 이상, 면역체계의 이상, 유전적 및 환경적 요인 등이 복합적으로 상호작용한 결과 발생하는 것으로 보고 있다.

① (다) - (가) - (라) - (나)

② (다) - (나) - (라) - (가)

③ (라) - (가) - (나) - (다)

④ (라) - (가) - (다) - (나)

23 다음 글의 주제로 가장 적절한 것은?

> 한국인의 주요 사망 원인 중 하나인 뇌경색은 뇌혈관이 갑자기 폐쇄됨으로써 뇌가 손상되어 신경학적 이상이 발생하는 질병이다.
>
> 뇌경색의 발생 원인은 크게 분류하면 2가지가 있는데, 그중 첫 번째는 동맥경화증이다. 동맥경화증은 혈관의 중간층에 퇴행성 변화가 일어나서 섬유화가 진행되고 혈관의 탄성이 줄어드는 노화현상의 일종으로, 뇌로 혈류를 공급하는 큰 혈관이 폐쇄되거나 뇌 안의 작은 혈관이 폐쇄되어 발생하는 것이다. 두 번째는 심인성 색전으로, 심장에서 형성된 혈전이 혈관을 타고 흐르다 갑자기 뇌혈관을 폐쇄시켜 발생하는 것이다.
>
> 뇌경색이 발생하여 환자가 응급실에 내원한 경우, 폐쇄된 뇌혈관을 확인하기 위한 뇌혈관 조영 CT를 촬영하거나 손상된 뇌경색 부위를 좀 더 정확하게 확인해야 하는 경우에는 뇌 자기공명 영상(Brain MRI) 검사를 한다. 이렇게 시행한 검사에서 큰 혈관의 폐쇄가 확인되면 정맥 내에 혈전용해제를 투여하거나 동맥 내부의 혈전제거술을 시행하게 된다. 시술이 필요하지 않은 경우라면, 뇌경색의 악화를 방지하기 위하여 뇌경색 기전에 따라 항혈소판제나 항응고제 약물 치료를 하게 된다.
>
> 뇌경색의 원인 중 동맥경화증의 경우 여러 가지 위험 요인에 의하여 장시간 동안 서서히 진행된다. 고혈압, 당뇨, 이상지질혈증, 흡연, 과도한 음주, 비만 등이 위험 요인이며, 평소 이러한 원인이 있는 사람은 약물 치료 및 생활 습관 개선으로 위험 요인을 줄여야 한다. 특히 뇌경색이 한번 발병했던 사람은 재발 방지를 위한 약물을 지속적으로 복용하는 것이 필요하다.

① 뇌경색의 주요 증상
② 뇌경색 환자의 약물치료 방법
③ 뇌경색의 발병 원인과 치료 방법
④ 뇌경색이 발생했을 때의 조치사항

24 다음은 2019 ~ 2023년 건강보험료 부과 금액 및 1인당 건강보험 급여비에 대한 자료이다. 이에 대한 설명으로 옳지 않은 것은?

〈건강보험료 부과 금액 및 1인당 건강보험 급여비〉

구분	2019년	2020년	2021년	2022년	2023년
건강보험료 부과 금액 (십억 원)	59,130	63,120	69,480	76,775	82,840
1인당 건강보험 급여비(원)	1,300,000	1,400,000	1,550,000	1,700,000	1,900,000

① 건강보험료 부과 금액과 1인당 건강보험 급여비는 모두 매년 증가하였다.
② 2020 ~ 2023년 동안 전년 대비 1인당 건강보험 급여비가 가장 크게 증가한 해는 2023년이다.
③ 2020 ~ 2023년 동안 전년 대비 건강보험료 부과 금액의 증가율은 항상 10% 미만이었다.
④ 2019년 대비 2023년의 1인당 건강보험 급여비는 40% 이상 증가하였다.

※ 다음 명제가 모두 참일 때, 빈칸에 들어갈 명제로 가장 적절한 것을 고르시오. [25~27]

25

- 잎이 넓은 나무는 키가 크다.
- 잎이 넓지 않은 나무는 덥지 않은 지방에서 자란다.
- _____
- 따라서 더운 지방에서 자라는 나무는 열매가 많이 맺힌다.

① 잎이 넓지 않은 나무는 열매가 많이 맺힌다.
② 열매가 많이 맺히지 않는 나무는 키가 작다.
③ 벌레가 많은 지역은 열매가 많이 맺히지 않는다.
④ 키가 작은 나무는 덥지 않은 지방에서 자란다.

26

- 풀을 먹는 동물은 몸집이 크다.
- 사막에서 사는 동물은 물속에서 살지 않는다.
- _____
- 따라서 물속에서 사는 동물은 몸집이 크다.

① 몸집이 큰 동물은 물속에서 산다.
② 물이 있으면 사막이 아니다.
③ 사막에 사는 동물은 몸집이 크다.
④ 풀을 먹지 않는 동물은 사막에 산다.

27

- 모든 1과 사원은 가장 실적이 많은 2과 사원보다 실적이 많다.
- 가장 실적이 많은 4과 사원은 모든 3과 사원보다 실적이 적다.
- 3과 사원 중 일부는 가장 실적이 많은 2과 사원보다 실적이 적다.
- 따라서 _____

① 모든 2과 사원은 4과 사원 중 일부보다 실적이 적다.
② 어떤 1과 사원은 가장 실적이 많은 3과 사원보다 실적이 적다.
③ 어떤 3과 사원은 가장 실적이 적은 1과 사원보다 실적이 적다.
④ 1과 사원 중 가장 적은 실적을 올린 사원과 같은 실적을 올린 사원이 4과에 있다.

28 다음은 대한민국 입국 목적별 비자 종류의 일부이다. 외국인 A ~ D씨가 피초청자로서 입국할 때, 초청 목적에 따라 발급받아야 하는 비자의 종류를 바르게 짝지은 것은?(단, 비자면제 협정은 없는 것으로 가정한다)

〈대한민국 입국 목적별 비자 종류〉

- 외교·공무
  - 외교(A-1) : 대한민국 정부가 접수한 외국 정부의 외교사절단이나 영사기관의 구성원, 조약 또는 국제관행에 따라 외교사절과 동등한 특권과 면제를 받는 사람과 그 가족
  - 공무(A-2) : 대한민국 정부가 승인한 외국 정부 또는 국제기구의 공무를 수행하는 사람과 그 가족
- 유학·어학연수
  - 학사유학(D-2-2) : (전문)대학, 대학원 또는 특별법의 규정에 의하여 설립된 전문대학 이상의 학술기관에서 정규과정(학사)의 교육을 받고자 하는 자
  - 교환학생(D-2-6) : 대학 간 학사교류 협정에 의해 정규과정 중 일정 기간 동안 교육을 받고자 하는 교환학생
- 비전문직 취업
  - 제조업(E-9-1) : 외국인근로자의 고용에 관한 법률의 규정에 의한 국내 취업요건을 갖추어 제조업체에 취업하고자 하는 자
  - 농업(E-9-3) : 외국인근로자의 고용에 관한 법률의 규정에 의한 국내 취업요건을 갖추어 농업, 축산업 등에 취업하고자 하는 자
- 결혼이민
  - 결혼이민(F-6-1) : 한국에서 혼인이 유효하게 성립되어 있고, 우리 국민과 결혼생활을 지속하기 위해 국내 체류를 하고자 하는 외국인
  - 자녀양육(F-6-2) : 국민의 배우자(F-6-1) 자격에 해당하지 않으나 출생한 미성년 자녀(사실혼 관계 포함)를 국내에서 양육하거나 양육하려는 부 또는 모
- 치료요양
  - 의료관광(C-3-3) : 국내 의료기관에서 진료 또는 요양할 목적으로 입국하는 외국인 환자와 간병 등을 위해 동반입국이 필요한 동반가족 및 간병인(90일 이내)
  - 치료요양(G-1-10) : 국내 의료기관에서 진료 또는 요양할 목적으로 입국하는 외국인 환자와 간병 등을 위해 동반입국이 필요한 동반가족 및 간병인(1년 이내)

〈피초청자 초청 목적〉

피초청자	국적	초청 목적
A	말레이시아	부산에서 6개월가량 입원 치료가 필요한 아들의 간병(아들의 국적 또한 같음)
B	베트남	경기도 소재 O제조공장 취업(국내 취업요건을 모두 갖춤)
C	사우디아라비아	서울 소재 K대학교 교환학생
D	인도네시아	대한민국 개최 APEC 국제기구 정상회의 참석

	A	B	C	D
①	C-3-3	D-2-2	F-6-1	A-2
②	G-1-10	E-9-1	D-2-6	A-2
③	G-1-10	D-2-2	F-6-1	A-1
④	C-3-3	E-9-1	D-2-6	A-1

29 다음과 같이 일정한 규칙으로 수를 나열할 때 빈칸에 들어갈 수로 옳은 것은?

• 6	13	8	8	144
• 7	11	7	4	122
• 8	9	6	2	100
• 9	7	5	1	( )

① 75   ② 79

③ 83   ④ 87

30 두 주사위 A, B를 던져 나온 수를 각각 a, b라고 할 때, $a \neq b$일 확률은?

① $\dfrac{2}{3}$ ② $\dfrac{13}{18}$

③ $\dfrac{7}{9}$ ④ $\dfrac{5}{6}$

31 어떤 상자 안에 빨간색 공 2개와 노란색 공 3개가 들어 있다. 이 상자에서 공 3개를 꺼낼 때, 빨간색 공 1개와 노란색 공 2개를 꺼낼 확률은?(단, 꺼낸 공은 다시 넣지 않는다)

① $\dfrac{1}{2}$ ② $\dfrac{3}{5}$

③ $\dfrac{2}{3}$ ④ $\dfrac{3}{4}$

32 다음과 같이 둘레의 길이가 2,000m인 원형 산책로에서 오후 5시 정각에 A씨가 3km/h의 속력으로 산책로를 따라 걷기 시작했다. 30분 후 B씨는 A씨가 걸어간 반대 방향으로 7km/h의 속력으로 같은 산책로를 따라 달리기 시작했을 때, A씨와 B씨가 두 번째로 만날 때의 시각은?

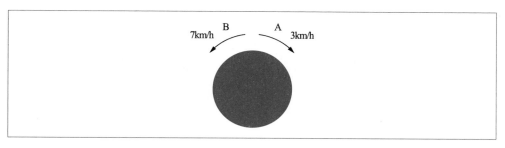

① 오후 6시 30분   ② 오후 6시 15분
③ 오후 6시   ④ 오후 5시 45분

33 폴더 여러 개가 열려 있는 상태에서 다음과 같이 폴더를 나란히 보기 위해 화면을 분할하고자 할 때, 입력해야 할 단축키로 옳은 것은?

① 〈Shift〉＋〈화살표 키〉

② 〈Ctrl〉＋〈화살표 키〉

③ 〈Window 로고 키〉＋〈화살표 키〉

④ 〈Alt〉＋〈화살표 키〉

34 다음 중 파일 여러 개가 열려 있는 상태에서 즉시 바탕화면으로 돌아가고자 할 때, 입력해야 할 단축키로 옳은 것은?

① 〈Window 로고 키〉+〈R〉

② 〈Window 로고 키〉+〈I〉

③ 〈Window 로고 키〉+〈L〉

④ 〈Window 로고 키〉+〈D〉

35 엑셀 프로그램에서 "서울특별시 영등포구 홍제동"으로 입력된 텍스트를 "서울특별시 서대문구 홍제동"으로 수정하여 입력하고자 할 때, 입력해야 할 함수식으로 옳은 것은?

① =SUBSTITUTE("서울특별시 영등포구 홍제동","영등포","서대문")

② =IF("서울특별시 영등포구 홍제동"="영등포","서대문"," ")

③ =MOD("서울특별시 영등포구 홍제동","영등포","서대문")

④ =NOT("서울특별시 영등포구 홍제동","영등포","서대문")

※ 다음은 중학생 15명을 대상으로 한 달 용돈 금액을 조사한 자료이다. 이어지는 질문에 답하시오.
[36~37]

◢	A	B
1	이름	금액(원)
2	강○○	30,000
3	권○○	50,000
4	고○○	100,000
5	김○○	30,000
6	김△△	25,000
7	류○○	75,000
8	오○○	40,000
9	윤○○	100,000
10	이○○	150,000
11	임○○	75,000
12	장○○	50,000
13	전○○	60,000
14	정○○	45,000
15	황○○	50,000
16	황△△	100,000

┃ 건강보험심사평가원 / 정보능력

36 다음 중 한 달 용돈이 50,000원 이상인 학생 수를 구하고자 할 때, 입력해야 할 함수식으로 옳은 것은?

① =MODE(B2:B16)

② =COUNTIF(B2:B16,">=50000")

③ =MATCH(50000,B2:B16,0)

④ =VLOOKUP(50000,$B$1:$B$16,1,0)

┃ 건강보험심사평가원 / 정보능력

37 다음 중 학생들이 받는 한 달 평균 용돈을 백 원 미만은 버림하여 구하고자 할 때, 입력해야 할 함수식으로 옳은 것은?

① =LEFT((AVERAGE(B2:B16)),2)

② =RIGHT((AVERAGE(B2:B16)),2)

③ =ROUNDUP((AVERAGE(B2:B16)),-2)

④ =ROUNDDOWN((AVERAGE(B2:B16)),-2)

38 S편의점을 운영하는 P씨는 개인사정으로 이번 주 토요일 하루만 오전 10시부터 오후 8시까지 직원들을 대타로 고용할 예정이다. 직원 A ~ D의 시급과 근무 가능 시간이 다음과 같을 때, 가장 적은 인건비는 얼마인가?

〈S편의점 직원 시급 및 근무 가능 시간〉

직원	시급	근무 가능 시간
A	10,000원	오후 12:00 ~ 오후 5:00
B	10,500원	오전 10:00 ~ 오후 3:00
C	10,500원	오후 12:00 ~ 오후 6:00
D	11,000원	오후 12:00 ~ 오후 8:00

※ 추가 수당으로 시급의 1.5배를 지급한다.
※ 직원 1명당 근무시간은 최소 2시간 이상이어야 한다.

① 153,750원
② 155,250원
③ 156,000원
④ 157,500원
⑤ 159,000원

39 다음은 S마트에 진열된 과일 7종의 판매량에 대한 자료이다. 30개 이상 팔린 과일의 개수를 구하기 위해 [C9] 셀에 입력해야 할 함수식으로 옳은 것은?

〈S마트 진열 과일 판매량〉

	A	B	C
1	번호	과일	판매량(개)
2	1	바나나	50
3	2	사과	25
4	3	참외	15
5	4	배	23
6	5	수박	14
7	6	포도	27
8	7	키위	32
9			

① =MID(C2:C8)
② =COUNTIF(C2:C8,">=30")
③ =MEDIAN(C2:C8)
④ =AVERAGEIF(C2:C8,">=30")
⑤ =MIN(C2:C8)

40 다음 〈보기〉 중 실무형 팔로워십을 가진 사람의 자아상으로 옳은 것을 모두 고르면?

> **보기**
>
> ㄱ. 기쁜 마음으로 과업을 수행   ㄴ. 판단과 사고를 리더에 의존
> ㄷ. 조직의 운영 방침에 민감   ㄹ. 일부러 반대의견을 제시
> ㅁ. 규정과 규칙에 따라 행동   ㅂ. 지시가 있어야 행동

① ㄱ, ㄴ   ② ㄴ, ㄷ
③ ㄷ, ㅁ   ④ ㄹ, ㅁ
⑤ ㅁ, ㅂ

41 다음 중 갈등의 과정 단계를 순서대로 바르게 나열한 것은?

> ㄱ. 이성과 이해의 상태로 돌아가며 협상과정을 통해 쟁점이 되는 주제를 논의하고, 새로운 제안을
>   하고, 대안을 모색한다.
> ㄴ. 설득보다는 강압적·위협적인 방법 등 극단적인 모습을 보이며 상대방의 생각이나 의견, 제안
>   을 부정하고, 상대방은 그에 대한 반격으로 대응함으로써 자신들의 반격을 정당하게 생각한다.
> ㄷ. 의견 불일치가 해소되지 않아 감정이 개입되어 상대방의 주장에 대한 문제점을 찾기 시작하고,
>   상대방의 입장은 부정하면서 자기주장만 하려고 한다.
> ㄹ. 서로 간의 생각이나 신념, 가치관 차이로 인해 의견 불일치가 생겨난다.
> ㅁ. 회피, 경쟁, 수용, 타협, 통합의 방법으로 서로 간의 견해를 일치하려 한다.

① ㄹ - ㄱ - ㄴ - ㄷ - ㅁ   ② ㄹ - ㄴ - ㄷ - ㄱ - ㅁ
③ ㄹ - ㄷ - ㄴ - ㄱ - ㅁ   ④ ㅁ - ㄱ - ㄴ - ㄷ - ㄹ
⑤ ㅁ - ㄹ - ㄴ - ㄷ - ㄱ

42 다음 〈보기〉 중 근로윤리의 덕목과 공동체윤리의 덕목을 바르게 구분한 것은?

> **보기**
>
> ㉠ 근면   ㉡ 봉사와 책임의식
> ㉢ 준법   ㉣ 예절과 존중
> ㉤ 정직   ㉥ 성실

	근로윤리	공동체윤리
①	㉠, ㉡, ㉥	㉢, ㉣, ㉤
②	㉠, ㉢, ㉤	㉡, ㉣, ㉥
③	㉠, ㉤, ㉥	㉡, ㉢, ㉣
④	㉡, ㉣, ㉤	㉠, ㉢, ㉥
⑤	㉡, ㉤, ㉥	㉠, ㉢, ㉣

43 다음 중 B에 대한 A의 행동이 직장 내 괴롭힘에 해당하지 않는 것은?

① A대표는 B사원에게 본래 업무에 더해 개인적인 용무를 자주 지시하였고, B사원은 과중한 업무로 인해 근무환경이 악화되었다.

② A팀장은 업무처리 속도가 늦은 B사원만 업무에서 배제시키고 청소나 잡일만을 지시하였다. 이에 B사원은 고의적인 업무배제에 정신적 고통을 호소하였다.

③ A팀장은 기획의도와 맞지 않는다는 이유로 B사원에게 수차례 보완을 요구하였다. 계속해서 보완을 명령받은 B사원은 늘어난 업무량으로 인해 스트레스를 받아 휴직을 신청하였다.

④ A대리는 육아휴직 후 복직한 동기인 B대리를 다른 직원과 함께 조롱하고 무시하며 따돌렸다. 이에 B대리는 우울증을 앓았고 결국 퇴사하였다.

⑤ A대표는 실적이 부진하다는 이유로 B과장을 다른 직원이 보는 앞에서 욕설 등의 모욕감을 주었고 이에 B과장은 정신적 고통을 호소하였다.

44 다음 중 S의 사례에서 볼 수 있는 직업윤리 의식으로 옳은 것은?

> 어릴 적부터 각종 기계를 분해하고 다시 조립하는 취미가 있던 S는 공대를 졸업한 뒤 로봇 엔지니어
> 로 활동하고 있다. S는 자신의 직업이 적성에 꼭 맞는다고 생각하여 더 높은 성취를 위해 성실히
> 노력하고 있다.

① 소명의식   ② 봉사의식
③ 책임의식   ④ 직분의식
⑤ 천직의식

45 다음 중 경력개발의 단계별 내용으로 적절하지 않은 것은?

① 직업선택 : 외부 교육 등 필요한 교육을 이수함
② 조직입사 : 조직의 규칙과 규범에 대해 배움
③ 경력 초기 : 역량을 증대시키고 꿈을 추구해 나감
④ 경력 중기 : 이전 단계를 재평가하고 더 업그레이드된 꿈으로 수정함
⑤ 경력 말기 : 지속적으로 열심히 일함

46 다음 10개의 수의 중앙값이 8일 때, 빈칸에 들어갈 수로 옳은 것은?

10	( )	6	9	9	7	8	7	10	7

① 6   ② 7
③ 8   ④ 9

47 1 ~ 200의 자연수 중에서 2, 3, 5 중 어느 것으로도 나누어떨어지지 않는 수는 모두 몇 개인가?

① 50개　　　　　　　　　　　② 54개

③ 58개　　　　　　　　　　　④ 62개

48 다음 그림과 같은 길의 A지점에서 출발하여 최단거리로 B지점에 도착하는 경로의 수는?

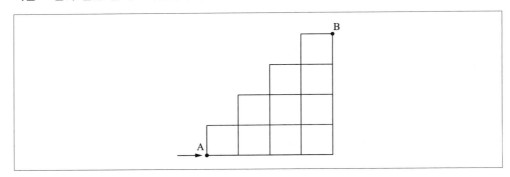

① 36가지　　　　　　　　　　② 42가지

③ 48가지　　　　　　　　　　④ 54가지

49 어떤 원형 시계가 4시 30분을 가리키고 있다. 이 시계의 시침과 분침이 만드는 작은 부채꼴의 넓이와 전체 원의 넓이의 비는 얼마인가?

① $\dfrac{1}{8}$　　　　　　　　　　② $\dfrac{1}{6}$

③ $\dfrac{1}{4}$　　　　　　　　　　④ $\dfrac{1}{2}$

50 다음은 2019 ~ 2023년 발전설비별 발전량에 대한 자료이다. 이에 대한 설명으로 옳은 것은?

〈발전설비별 발전량〉

(단위 : GWh)

구분	수력	기력	원자력	신재생	기타	합계
2019년	7,270	248,584	133,505	28,070	153,218	570,647
2020년	6,247	232,128	145,910	33,500	145,255	563,040
2021년	7,148	200,895	160,184	38,224	145,711	552,162
2022년	6,737	202,657	158,015	41,886	167,515	576,810
2023년	7,256	199,031	176,054	49,285	162,774	594,400

① 2020 ~ 2023년 동안 기력 설비 발전량과 전체 설비 발전량의 전년 대비 증감 추이는 같다.

② 2019 ~ 2023년 동안 수력 설비 발전량은 항상 전체 설비 발전량의 1% 미만이다.

③ 2019 ~ 2023년 동안 신재생 설비 발전량은 항상 전체 설비 발전량의 5% 이상이다.

④ 2019 ~ 2023년 동안 원자력 설비 발전량과 신재생 설비의 발전량은 전년 대비 꾸준히 증가하였다.

⑤ 2020 ~ 2023년 동안 전년 대비 전체 설비 발전량의 증가량이 가장 많은 해와 신재생 설비 발전량의 증가량이 가장 적은 해는 같다.

아이들이 답이 있는 질문을 하기 시작하면 그들이 성장하고 있음을 알 수 있다.

- 존 J. 플롬프 -

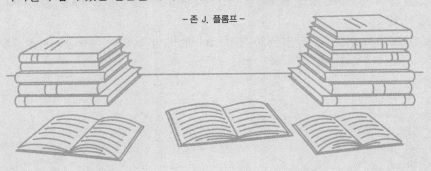

PART 1

합격의 공식 시대에듀 www.sdedu.co.kr

직업기초능력평가

CHAPTER 01

의사소통능력

합격 Cheat Key

의사소통능력은 평가하지 않는 공사·공단이 없을 만큼 필기시험에서 중요도가 높은 영역으로, 세부 유형은 문서 이해, 문서 작성, 의사 표현, 경청, 기초 외국어로 나눌 수 있다. 문서 이해·문서 작성과 같은 지문에 대한 주제 찾기, 내용 일치 문제의 출제 비중이 높으며, 문서의 특성을 파악하는 문제도 출제되고 있다.

1 문제에서 요구하는 바를 먼저 파악하라!

의사소통능력에서 가장 중요한 것은 제한된 시간 안에 빠르고 정확하게 답을 찾아내는 것이다. 의사소통능력에서는 지문이 아니라 문제가 주인공이므로 지문을 보기 전에 문제를 먼저 파악해야 하며, 문제에 따라 전략적으로 빠르게 풀어내는 연습을 해야 한다.

2 잠재되어 있는 언어 능력을 발휘하라!

세상에 글은 많고 우리가 학습할 수 있는 시간은 한정적이다. 이를 극복할 수 있는 방법은 다양한 글을 접하는 것이다. 실제 시험장에서 어떤 내용의 지문이 나올지 아무도 예측할 수 없으므로 평소에 신문, 소설, 보고서 등 여러 글을 접하는 것이 필요하다.

3 **상황을 가정하라!**

업무 수행에 있어 상황에 따른 언어 표현은 중요하다. 같은 말이라도 상황에 따라 다르게 해석될 수 있기 때문이다. 그런 의미에서 자신의 의견을 효과적으로 전달할 수 있는 능력을 평가하는 것이다. 업무를 수행하면서 발생할 수 있는 여러 상황을 가정하고 그에 따른 올바른 언어표현을 정리하는 것이 필요하다.

4 **말하는 이의 입장에서 생각하라!**

잘 듣는 것 또한 하나의 능력이다. 상대방의 이야기에 귀 기울이고 공감하는 태도는 업무를 수행하는 관계 속에서 필요한 요소이다. 그런 의미에서 다양한 상황에서 듣는 능력을 평가하는 것이다. 말하는 이가 요구하는 듣는 이의 태도를 파악하고, 이에 따른 판단을 할 수 있도록 언제나 말하는 사람의 입장이 되는 연습이 필요하다.

01 | 문서 내용 이해

| 유형분석 |

- 주어진 지문을 읽고 선택지를 고르는 전형적인 독해 문제이다.
- 지문은 주로 신문기사(보도자료 등)나 업무 보고서, 시사 등이 제시된다.
- 공사공단에 따라 자사와 관련된 내용의 기사나 법조문, 보고서 등이 출제되기도 한다.

다음 글의 내용으로 적절하지 않은 것은?

'저장강박증'은 사용 여부와 관계없이 물건을 버리지 못하고 저장해 두는 강박장애의 일종이다. 미래에 필요할 것이라고 생각해서 물건이나 음식을 버리지 못하고 쌓아 두거나, 어떤 경우 동물을 지나치게 많이 기르기도 한다. 저장강박증이 있는 사람들은 물건을 버리지 않고 모으지만 애정이 없기 때문에 관리는 하지 않는다. 다만 물건이 모아져 있는 상태에서 일시적인 편안함을 느낄 뿐이다. 그러나 결과적으로는 불안증과 강박증, 폭력성을 더욱 가중하는 결과를 낳게 된다.

저장강박증은 치료가 쉽지 않다. 아직까지 정확하게 밝혀진 원인이 없고, 무엇보다 저장강박증을 앓고 있는 사람들의 대부분은 자가 병식이 없다. 때문에 대부분 치료를 원하지 않거나 가족들의 강요에 의해 가까스로 병원을 찾는다. 그러나 자연적으로 좋아지기 어려우므로 반드시 초기에 치료를 진행해야 한다.

① 저장강박증은 물건을 버리지 못하는 강박장애이다.
② 저장강박증이 있는 사람은 동물을 지나치게 많이 기르기도 한다.
③ 저장강박증이 있는 사람은 물건에 애착을 느껴서 버리지 못한다.
④ 저장강박증의 정확한 원인은 아직 밝혀지지 않았다.

정답 ③

제시문에 따르면 저장강박증이 있는 사람들은 물건에 대한 애정이 없어서 관리를 하지 않는다. 따라서 애착을 느껴서 물건을 버리지 못한다는 것은 글의 내용으로 적절하지 않다.

풀이 전략!

주어진 선택지에서 키워드를 체크한 후, 지문의 내용과 비교해 가면서 내용의 일치 유무를 빠르게 판단한다.

01 다음 글의 내용으로 적절하지 않은 것은?

> 우리 은하에서 가장 가까이 위치한 안드로메다은하까지의 거리는 220만 광년이다. 이처럼 엄청난 거리로 떨어져 있는 천체까지의 거리는 어떻게 측정한 것인가?
> 첫 번째 측정 방법은 삼각 측량법이다. 그러나 피사체가 매우 멀리 있는 경우라면 삼각형의 밑변이 충분히 길 필요가 있다. 지구는 1년에 한 바퀴씩 태양 주변을 공전하는데 우리는 이 공전 궤도 반경을 알고 있기 때문에 이를 밑변으로 삼아 별까지의 거리를 측정할 수 있다. 그러나 가까이 있는 별까지의 거리도 지구 궤도 반지름에 비하면 엄청나게 커서 연주 시차는 아주 작은 값이 되므로 측정하기가 쉽지 않다. 두 번째 측정 방법은 주기적으로 별의 밝기가 변하는 변광성의 주기와 밝기를 연구하는 과정에서 얻어졌다. 보통 별의 밝기는 거리의 제곱에 반비례해서 어두워지는데, 1등급과 6등급의 별은 100배의 밝기 차이가 있다. 그러나 밝은 별이 반드시 어두운 별보다 가까이 있는 것은 아니다. 별의 거리는 밝기의 절대등급과 겉보기등급의 비교를 통해 확정되기 때문이다. 즉, 모든 별이 같은 거리에 놓여 있다고 가정하고, 밝기 등급을 매긴 것을 절대등급이라 하는데, 만약 절대등급이 낮지만 밝은 별이 겉보기에 어둡다면 이 별은 매우 멀리 있는 것으로 볼 수 있다.

① 절대등급과 겉보기등급은 다를 수 있다.
② 별이 항상 같은 밝기를 가지고 있는 것은 아니다.
③ 삼각 측량법은 지구의 공전 궤도 반경을 알아야 측정이 가능하다.
④ 어두운 별은 밝은 별보다 항상 멀리 있기 때문에 밝기에 의해 거리의 차가 있다.

02 다음 글의 내용으로 가장 적절한 것은?

세계관은 세계의 존재와 본성, 가치 등에 관한 신념들의 체계이다. 세계를 해석하고 평가하는 준거인 세계관은 곧 우리 사고와 행동의 토대가 되므로, 우리는 최대한 정합성과 근거를 갖추도록 노력해야 한다. 모순되거나 일관되지 못한 신념은 우리의 사고와 행동을 혼란시킬 것이므로 세계관에 대한 관심과 검토는 중요하다. 세계관을 이루는 여러 신념 가운데 가장 근본적인 수준의 신념은 '세계는 존재한다.'이다. 이 신념이 성립해야만 세계에 관한 다른 신념, 이를테면 세계가 항상 변화한다든가 불변한다든가 하는 등의 신념이 성립하기 때문이다.

실재론은 이 근본적 신념에 덧붙여 세계가 '우리 정신과 독립적으로' 존재함을 주장한다. 내가 만들어 날린 종이비행기는 멀리 날아가 볼 수 없게 되었다 해도 여전히 존재한다. 이는 명확해서 논란의 여지가 없어 보이지만, 반실재론자는 이 상식에 도전한다. 유명한 반실재론자인 버클리는 세계의 독립적 존재를 부정한다. 그는 이를 바탕으로 세계에 관한 주장을 편다. 그에 의하면 '주관적' 성질인 색깔, 소리, 냄새, 맛 등은 물론, '객관적'으로 성립한다고 여겨지는 형태, 공간을 차지함, 딱딱함, 운동 등의 성질도 오로지 우리가 감각할 수 있을 때만 존재하는 주관적 속성이다. 세계 속의 대상과 현상이란 이런 속성으로 구성되므로 세계는 감각으로 인식될 때만 존재한다는 것이다.

버클리의 주장은 우리의 통념과 충돌한다. 당시 어떤 사람이 돌을 차면서 "나는 이렇게 버클리를 반박한다!"라고 외쳤다고 한다. 그는 날아간 돌이 엄연히 존재한다는 점을 근거로 버클리의 주장을 반박하고자 한 것이다. 그러나 버클리를 비롯한 반실재론자들이 부정한 것은 세계가 정신과 독립하여 그 자체로 존재한다는 신념이다. 따라서 돌을 찬 사람은 그들을 제대로 반박하지 못했다고 볼 수 있다.

최근까지도 새로운 형태의 반실재론이 제기되어 활발한 논의가 진행 중이다. 논증의 성패를 떠나 반실재론자는 타성에 젖은 실재론적 세계관의 토대에 대해 성찰할 기회를 제공한다. 또한, 세계관에 대한 도전과 응전의 반복은 그 자체로 인간 지성이 상호 소통하면서 발전해 가는 과정을 보여준다.

① 발로 차서 날아간 돌은 실재론자의 주장이 옳다는 사실을 증명한다.
② 실재론자에게 있어서 세계는 감각할 수 있는 요소에 한정된다.
③ 실재론이나 반실재론 모두 세계는 존재한다는 공통적인 전제를 바탕으로 한다.
④ 형태나 운동 등이 객관적인 속성을 갖췄다는 사실은 실재론자나 반실재론자 모두 인정하는 부분이다.

03 다음 글의 내용으로 적절하지 않은 것은?

언어는 배우는 아이들이 있어야 지속된다. 그러므로 성인들만 사용하는 언어가 있다면 그 언어의 운명은 어느 정도 정해진 셈이다. 언어학자들은 이런 방식으로 추리하여 인류 역사에 드리워진 비극에 대해 경고한다. 한 언어학자는 현존하는 북미 인디언 언어의 약 80%인 150개 정도가 빈사 상태에 있다고 추정한다. 알래스카와 시베리아 북부에서는 기존 언어의 90%인 40개 언어, 중앙아메리카와 남아메리카에서는 23%인 160개 언어, 오스트레일리아에서는 90%인 225개 언어, 그리고 전 세계적으로는 기존 언어의 50%인 3,000개의 언어들이 소멸해 가고 있다고 한다. 사용자 수가 10만 명을 넘는 약 600개의 언어들은 비교적 안전한 상태에 있지만, 그 밖의 언어는 21세기가 끝나기 전에 소멸할지도 모른다.

언어가 이처럼 대규모로 소멸하는 원인은 중첩적이다. 토착 언어 사용자들의 거주지가 파괴되고, 종족 말살과 동화(同化) 교육이 이루어지며, 사용 인구가 급격히 감소하는 것 외에 '문화적 신경가스'라고 불리는 전자 매체가 확산되는 것도 그 원인이 된다. 물론 우리는 소멸을 강요하는 사회적, 정치적 움직임들을 중단시키는 한편, 토착어로 된 교육 자료나 문학작품, 텔레비전 프로그램 등을 개발함으로써 언어 소멸을 어느 정도 막을 수 있다. 나아가 소멸 위기에 처한 언어라도 20세기의 히브리어처럼 지속적으로 공식어로 사용할 의지만 있다면 그 언어를 부활시킬 수도 있다.

합리적으로 보자면, 우리가 지구상의 모든 동물이나 식물종들을 보존할 수 없는 것처럼 모든 언어를 보존할 수는 없으며, 어쩌면 그래서는 안 되는지도 모른다. 여기에는 도덕적이고 현실적인 문제들이 얽혀있기 때문이다. 어떤 언어 공동체가 경제적 발전을 보장해 주는 주류 언어로 돌아설 것을 선택할 때, 그 어떤 외부 집단이 이들에게 토착 언어를 유지하도록 강요할 수 있겠는가? 또한, 한 공동체 내에서 이질적인 언어가 사용되면 사람들 사이에 심각한 분열을 초래할 수도 있다. 그러나 이러한 문제가 있더라도 전 세계 언어의 50% 이상이 빈사 상태에 있다면 이를 그저 바라볼 수만은 없다. 왜 우리는 위험에 처한 언어에 관심을 가져야 하나? 언어적 다양성은 인류가 지닌 언어 능력의 범위를 보여 준다. 언어는 인간의 역사와 지리를 담고 있으므로 한 언어가 소멸한다는 것은 역사적 문서를 소장한 도서관 하나가 통째로 불타 없어지는 것과 비슷하다. 또한, 언어는 한 문화에서 시, 이야기, 노래가 존재하는 기반이 되므로, 언어의 소멸이 계속되어 소수의 주류 언어만 살아남는다면 이는 인류의 문화적 다양성까지 헤치는 셈이 된다.

① 주류 언어만 남는다면 인류의 문화적 다양성이 약해진다.
② 모든 동물이나 식물종들을 보존할 수 없는 것처럼 언어의 소멸을 지켜봐야 한다.
③ 소멸 위기의 언어를 지속적으로 공식어로 사용할 의지가 있다면 언어를 부활시킬 수도 있다.
④ 동화(同化) 교육은 언어의 소멸을 야기한다.

02 | 글의 주제·제목

| 유형분석 |

- 주어진 지문을 파악하여 전달하고자 하는 핵심 주제를 고르는 문제이다.
- 정보를 종합하고 중요한 내용을 구별하는 능력이 필요하다.
- 설명문부터 주장, 반박문까지 다양한 성격의 지문이 제시되므로 글의 성격별 특징을 알아두는 것이 좋다.

다음 글의 주제로 가장 적절한 것은?

> 표준화된 언어는 의사소통을 효과적으로 하기 위하여 의도적으로 선택해야 할 공용어로서의 가치가 있다. 반면에 방언은 지역이나 계층의 언어와 문화를 보존하고 드러냄으로써 국가 전체의 언어와 문화를 다양하게 발전시키는 토대로서의 가치가 있다. 이러한 의미에서 표준화된 언어와 방언은 상호 보완적인 관계에 있다. 표준화된 언어가 있기에 정확한 의사소통이 가능하며, 방언이 있기에 개인의 언어생활에서나 언어 예술 활동에서 자유롭고 창의적인 표현이 가능하다. 결국 우리는 표준화된 언어와 방언 둘 다의 가치를 인정해야 하며, 발화(發話) 상황(狀況)을 잘 고려해서 표준화된 언어와 방언을 잘 가려서 사용할 줄 아는 능력을 길러야 한다.

① 창의적인 예술 활동에서는 방언의 기능이 중요하다.
② 표준화된 언어와 방언에는 각각 독자적인 가치와 역할이 있다.
③ 정확한 의사소통을 위해서는 표준화된 언어가 꼭 필요하다.
④ 표준화된 언어와 방언을 구분할 줄 아는 능력을 길러야 한다.
⑤ 표준화된 언어는 방언보다 효용가치가 있다.

정답 ②
마지막 문장의 '표준화된 언어와 방언 둘 다의 가치를 인정'하고, '잘 가려서 사용할 줄 아는 능력을 길러야 한다.'는 내용을 바탕으로 ②와 같은 주제를 이끌어낼 수 있다.

풀이 전략!
'결국', '즉', '그런데', '그러나', '그러므로' 등의 접속어 뒤에 주제가 드러나는 경우가 많다는 것에 주의하면서 지문을 읽는다.

01 다음 글의 제목으로 가장 적절한 것은?

경제학에서는 한 재화나 서비스 등의 공급이 기업에 집중되는 양상에 따라 시장 구조를 크게 독점시장, 과점시장, 경쟁시장으로 구분하고 있다. 소수의 기업이 공급의 대부분을 차지할수록 독점시장에 가까워지고, 다수의 기업이 공급을 나누어 가질수록 경쟁시장에 가까워진다. 이렇게 시장 구조를 구분하기 위해서 사용하는 지표 중의 하나가 바로 '시장집중률'이다.

시장집중률을 이해하기 위해서는 먼저 '시장점유율'에 대한 이해가 있어야 한다. 시장점유율이란 시장 안에서 특정 기업이 차지하고 있는 비중을 의미하는데, 생산량, 매출액 등을 기준으로 측정할 수 있다. Y기업의 시장점유율을 생산량 기준으로 측정한다면 '(Y기업의 생산량)÷(시장 내 모든 기업의 생산량의 총합)×100'으로 나타낼 수 있다.

시장점유율이 시장 내 한 기업의 비중을 나타내 주는 수치라면, 시장집중률은 시장 내 일정 수의 상위 기업들이 차지하는 비중을 나타내 주는 수치, 즉 일정 수의 상위 기업의 시장점유율을 합한 값이다. 몇 개의 상위 기업을 기준으로 삼느냐는 나라마다 자율적으로 결정하고 있는데, 우리나라에서는 상위 3대 기업의 시장점유율을 합한 값을, 미국에서는 상위 4대 기업의 시장점유율을 합한 값을 시장집중률로 채택하여 사용하고 있다. 이렇게 산출된 시장집중률을 통해 시장 구조를 구분해 볼 수 있는데, 시장집중률이 높으면 그 시장은 공급이 소수의 기업에 집중되어 있는 독점시장으로 구분하고, 시장집중률이 낮으면 공급이 다수의 기업에 의해 분산되어 있는 경쟁시장으로 구분한다. 한국개발연구원에서는 어떤 산업에서의 시장집중률이 80% 이상이면 독점시장, 60% 이상 80% 미만이면 과점시장, 60% 미만이면 경쟁시장으로 구분하고 있다.

시장집중률을 측정하는 기준에는 여러 가지가 있기 때문에 어느 것을 기준으로 삼느냐에 따라 측정 결과에 차이가 생기며 이에 대한 경제학적인 해석도 달라진다. 어느 시장의 시장집중률을 '생산량' 기준으로 측정했을 때 A, B, C기업이 상위 3대 기업이고 시장집중률이 80%로 측정되었다고 하더라도, '매출액' 기준으로 측정했을 때는 D, E, F기업이 상위 3대 기업이 되고 시장집중률이 60%가 될 수도 있다.

이처럼 시장집중률은 시장 구조를 구분하는 데 매우 유용한 지표이며, 이를 통해 시장 내의 공급이 기업에 집중되는 양상을 파악해 볼 수 있다.

① 시장 구조의 변천사
② 시장집중률의 개념과 의의
③ 독점시장과 경쟁시장의 비교
④ 우리나라 시장점유율의 특성

인간과 자연환경의 운명이 순전히 시장 메커니즘 하나에 좌우된다면, 결국 사회는 폐허가 될 것이다. 구매력의 양과 사용을 시장 메커니즘에 따라 결정하는 것도 같은 결과를 낳는다. 이런 체제 아래에서 인간의 노동력을 소유자가 마음대로 처리하다 보면, 노동력이라는 꼬리표를 달고 있는 '인간'이라는 육체적·심리적·도덕적 실체마저 소유자가 마음대로 처리하게 된다. 인간들은 갖가지 문화적 제도라는 보호막이 모두 벗겨진 채 사회에 알몸으로 노출되고 결국 쇠락해 간다. 그들은 악덕, 범죄, 굶주림 등을 거치면서 격동하는 사회적 혼란의 희생물이 된다. 자연은 그 구성 원소들로 환원되어 버리고, 주거지와 경관은 더럽혀진다. 또한, 강이 오염되며, 군사적 안보는 위협당하고, 식량과 원자재를 생산하는 능력도 파괴된다.

마지막으로 구매력의 공급을 시장 기구의 관리에 맡기게 되면 영리 기업들은 주기적으로 파산하게 될 것이다. 원시 사회가 홍수나 가뭄으로 인해 피해를 보았던 것처럼 화폐 부족이나 과잉은 경기에 엄청난 재난을 가져올 수 있기 때문이다.

노동 시장, 토지 시장, 화폐 시장이 시장 경제에 필수적이라는 점은 의심할 여지가 없다. 하지만 인간과 자연이라는 사회의 실패와 경제 조직이 보호받지 못한 채 그 '악마의 맷돌'에 노출된다면, 어떤 사회도 무지막지한 상품 허구의 경제 체제가 몰고 올 결과를 한순간도 견뎌내지 못할 것이다.

① 무분별한 환경 파괴를 막기 위해 국가가 시장을 통제해야 한다.
② 구매력의 공급은 시장 기구의 관리에 맡기는 것이 합리적이다.
③ 시장 메커니즘은 인간의 존엄성을 파괴하는 제도이므로 철폐되어야 한다.
④ 시장 메커니즘을 맹신하기보다는 적절한 제도적 보호 장치를 마련하는 것이 바람직하다.

03 다음 글의 주제로 가장 적절한 것은?

유전학자들의 최종 목표는 결함이 있는 유전자를 정상적인 유전자로 대체하는 것이다. 이렇게 가장 기본적인 세포 내 차원에서 유전병을 치료하는 것을 '유전자 치료'라 일컫는다. '유전자 치료'를 하기 위해서는 이상이 있는 유전자를 찾아야 한다. 이를 위해 과학자들은 DNA의 특성을 이용한다. DNA는 두 가닥이 나선형으로 꼬여 있는 이중 나선 구조로 이루어진 분자이다. 그런데 이 두 가닥에 늘어서 있는 염기들은 임의적으로 배열되어 있는 것이 아니다. 한쪽에 늘어선 염기에 따라, 다른 쪽 가닥에 늘어선 염기들의 배열이 결정되는 것이다. 즉, 한쪽에 A염기가 존재하면 거기에 연결되는 반대쪽에는 반드시 T염기가, 그리고 C염기에 대응해서는 반드시 G염기가 존재하게 된다. 염기들이 짝을 지을 때 나타나는 이러한 선택적 특성을 이용하여 유전병을 일으키는 유전자를 찾아낼 수 있다. 유전자를 찾기 위해 사용하는 첫 번째 도구는 DNA 한 가닥 중 극히 일부이다. '프로브(Probe)'라 불리는 이 DNA 조각은 염색체상의 위치가 알려져 있는 이십여 개의 염기들로 이루어진다. 한 가닥으로 이루어져 있는 특성으로 인해, 프로브는 자신의 염기 배열에 대응하는 다른 쪽 가닥의 DNA 부분에 가서 결합할 것이다. 대응하는 두 가닥의 DNA가 이렇게 결합하는 것을 '교잡'이라고 일컫는다. 조사 대상인 염색체로부터 추출한 많은 한 가닥의 염색체 조각들과 프로브를 섞어 놓았을 때, 프로브는 신비스러울 정도로 자신의 짝을 정확하게 찾아 교잡한다. 두 번째 도구는 '겔 전기영동'이라는 방법이다. 생물을 구성하고 있는 단백질·핵산 등 많은 분자들은 전하를 띠고 있어서 전기장 속에서 분자마다 독특하게 이동을 한다. 이러한 성질을 이용해 생물을 구성하고 있는 물질의 분자량, 각 물질의 전하량이나 형태의 차이를 이용하여 물질을 분리하는 것이 전기영동법이다. 이를 활용하여 DNA를 분리하려면 우선 DNA 조각들을 전기장에서 이동시키고, 이것을 젤라틴 판을 통과하게 해야 한다.

이러한 조사 도구들을 갖추고서, 유전학자들은 유전병을 일으키는 유전자를 추적하는 데 나섰다. 유전학자들은 먼저 겔 전기영동법으로 유전병을 일으키는 유전자로 의심되는 부분과 동일한 부분에 존재하는 프로브를 건강한 사람에게서 떼어내었다. 그리고 건강한 사람에게서 떼어낸 프로브에 방사성이나 형광성을 띠게 하였다. 그 후에 유전병 환자들에게서 채취한 DNA 조각들과 함께 교잡 실험을 반복하였다. 유전병과 관련된 유전 정보가 담긴 부분의 염기 서열이 정상인과 다르므로 이 부분은 프로브와 교잡하지 않는다는 점을 이용하는 것이다. 교잡이 일어난 후 프로브가 위치하는 곳은 X선 필름을 통해 쉽게 찾아낼 수 있고, 이로써 DNA의 특정 조각은 염색체상에서 프로브와 같은 위치에 존재한다는 것을 알 수 있다.

언뜻 보기에는 대단한 진보를 이룬 것 같지 않지만, 유전자 치료는 최근 들어 공상 과학을 방불케 하는 첨단 의료 기술의 대표적인 주자로 부각되고 있다. DNA 연구 결과로 인해, 우리는 지금까지 절망적이라고 여겨 온 질병들을 치료할 수 있다는 희망을 갖게 되었다.

① 유전자 추적의 도구와 방법
② 유전자의 종류와 기능
③ 유전자 치료의 의의와 한계
④ 유전자 치료의 상업적 가치

03 | 문단 나열

| 유형분석 |

- 각 문단의 내용을 파악하고 논리적 순서에 맞게 배열하는 복합적인 문제이다.
- 전체적인 글의 흐름을 이해하는 것이 중요하며, 각 문장의 지시어나 접속어에 주의한다.

다음 문단을 논리적 순서대로 바르게 나열한 것은?

(가) 오류가 발견된 교과서들은 편향적 내용을 검증 없이 인용하거나 부실한 통계를 일반화하는 등의 문제점을 보였다. 대표적으로 교과서 대부분이 대도시의 온도 상승 평균값만을 보고 한반도의 기온 상승이 세계 평균보다 2배 높다고 과장한 것으로 나타났다.

(나) 환경 관련 교과서 대부분이 표면적으로 드러나는 사실을 검증하지 않고 그대로 싣는 문제점을 보였다. 고등학생들이 보는 교과서인 만큼 객관적 사실에 기반을 둬 균형 있는 내용을 실어야 한다.

(다) 고등학교 환경 관련 교과서 대부분이 특정 주장을 검증 없이 게재하는 등 많은 오류가 존재한다는 보수 환경·시민단체의 지적이 제기됐다. 환경정보평가원이 고등학교 환경 관련 교과서 23종을 분석한 결과 총 1,175개의 오류가 발견됐다.

(라) 또한 우리나라 전력 생산의 상당 부분을 차지하는 원자력 발전의 경우 단점만을 자세히 기술하고 경제성과 효율성이 낮은 신재생 에너지는 장점만 언급한 교과서도 있었다.

① (가) - (라) - (나) - (다)
② (나) - (가) - (라) - (다)
③ (나) - (다) - (가) - (라)
④ (다) - (가) - (라) - (나)
⑤ (다) - (라) - (나) - (가)

정답 ④

제시문은 교과서에서 많은 오류가 발견된 사실을 제시하고 오류의 유형과 예시를 차례로 언급하며 문제 해결에 대한 요구를 제시하고 있는 글이다. 따라서 (다) 교과서에서 많은 오류가 발견 → (가) 교과서에서 나타나는 오류의 유형과 예시 → (라) 편향된 내용을 담은 교과서의 또 다른 예시 → (나) 교과서의 문제 지적과 해결 촉구로 나열해야 한다.

풀이 전략!

상대적으로 시간이 부족하다고 느낄 때는 선택지를 참고하여 문장의 순서를 생각해 본다.

01　다음 제시된 글 뒤에 이어질 문단을 논리적 순서대로 바르게 나열한 것은?

> 마그네틱 카드는 자기 면에 있는 데이터를 입력장치에 통과시키는 것만으로 데이터를 전산기기에 입력할 수 있다. 마그네틱 카드는 미국 IBM에서 자기 테이프의 원리를 카드에 응용한 것으로 자기 테이프 표면에 있는 자성 물질의 특성을 변화시켜 데이터를 기록하는 방식으로 개발되었다. 개발 이후 신용카드, 신분증 등 여러 방면으로 응용되었고, 현재도 사용되고 있다.
> 하지만 마그네틱 카드는 자기 테이프를 이용하였기 때문에 자석과 접촉하면 기능이 상실되는 단점을 가지고 있는데, 최근 마그네틱 카드의 단점을 보완한 IC 카드가 만들어져 사용되고 있다.

> (가) IC 카드는 데이터를 여러 번 쓰거나 지울 수 있는 EEPROM이나 플래시메모리를 내장하고 있다. 개발 초기의 IC 카드는 8KB 정도의 저장공간을 가지고 있었으나, 2000년대 이후에는 1MB 이상의 데이터 저장이 가능하다.
> (나) IC 카드는 내부에 집적회로를 내장하였기 때문에 자석과 접촉해도 데이터가 손상되지 않으며, 마그네틱 카드에 비해 다양한 기능을 추가할 수 있고 보안성 및 내구성도 우수하다.
> (다) 메모리 외에도 프로세서를 함께 내장한 것도 있다. 이러한 것들은 스마트카드로 불리며 현재 16비트 및 32비트급의 성능을 가진 카드도 등장했다. 프로세서를 탑재한 카드는 데이터의 저장뿐 아니라 데이터의 암호화나 특정 컴퓨터만이 호환되도록 하는 등의 프로그래밍이 가능해서 보안성이 향상되었다.

① (가) – (나) – (다)　　　　　② (가) – (다) – (나)
③ (나) – (가) – (다)　　　　　④ (나) – (다) – (가)

02

(가) '인력이 필요해서 노동력을 불렀더니 사람이 왔더라.'라는 말이 있다. 인간을 경제적 요소로만 단순하게 생각했으나, 이에 따른 인권문제, 복지문제, 내국인과 이민자와의 갈등 등이 수반된다는 말이다. 프랑스처럼 우선 급하다고 이민자를 선별하지 않고 받으면 인종 갈등과 이민자의 빈곤화 등 많은 사회비용이 발생한다.

(나) 이제 다문화정책의 패러다임을 전환해야 한다. 한국에 들어온 다문화가족을 적극적으로 지원해야 한다. 다문화가족과 더불어 살면서 다양성과 개방성을 바탕으로 상생의 발전을 도모해야 한다. 그리고 결혼이민자만 다문화가족으로 볼 것이 아니라 외국인 근로자와 유학생, 북한이탈주민까지 큰 틀에서 함께 보는 것도 필요하다.

(다) 다문화정책의 핵심은 두 가지이다. 첫째, 새로운 사회에 적응하려는 의지가 강해서 언어 배우기, 일자리, 문화 이해에 매우 적극적인 태도를 지닌 좋은 인력을 선별해서 입국하도록 하는 것이다. 둘째, 이민자가 새로운 사회에 잘 정착할 수 있도록 사회통합에 주력해야 하는 것이다. 해외 인구 유입 초기부터 사회 비용을 절약할 수 있는 사람들을 들어오게 하는 것이 중요하기 때문이다.

(라) 또한, 이미 들어온 이민자에게는 적극적인 지원을 해야 한다. 언어와 문화, 환경이 모두 낯선 이민자에게는 이민 초기에 세심한 배려가 필요하다. 특히 중요한 것은 다문화가족이 그들이 가지고 있는 강점을 활용하여 취약 계층이 아닌 주류층으로 설 수 있도록 지원해야 한다. 뿐만 아니라 이민자에 대한 지원 시기를 놓치거나 차별과 편견으로 내국인에게 증오감을 갖게 해서는 안 된다.

① (가) – (다) – (라) – (나)   ② (다) – (가) – (라) – (나)
③ (다) – (나) – (라) – (가)   ④ (라) – (나) – (다) – (가)

03

(가) 개념사를 역사학의 한 분과로 발전시킨 독일의 역사학자 코젤렉은 '개념은 실재의 지표이자 요소'라고 하였다. 이 말은 실타래처럼 얽혀 있는 개념과 정치·사회적 실재, 개념과 역사적 실재의 관계를 정리하기 위한 중요한 지침으로 작용한다. 그에 의하면 개념은 정치적 사건이나 사회적 변화 등의 실재를 반영하는 거울인 동시에 정치·사회적 사건과 변화의 실제적 요소이다.

(나) 개념은 정치적 사건과 사회적 변화 등에 직접 관련되어 있거나 그것을 기록, 해석하는 다양한 주체들에 의해 사용된다. 이러한 주체들, 즉 '역사 행위자'들이 사용하는 개념은 여러 의미가 포개어진 층을 이룬다. 개념사에서는 사회·역사적 현실과 관련하여 이러한 층들을 파헤치면서 개념이 어떻게 사용되어 왔는가, 이 과정에서 그 의미가 어떻게 변화했는가, 어떤 함의들이 거기에 투영되었는가, 그 개념이 어떠한 방식으로 작동했는가 등에 대해 탐구한다.

(다) 이상에서 보듯이 개념사에서는 개념과 실재를 대조하고 과거와 현재의 개념을 대조함으로써 그 개념이 대응하는 실재를 정확히 드러내고 있는가, 아니면 실재의 이해를 방해하고 더 나아가 왜곡하는가를 탐구한다. 이를 통해 코젤렉은 과거에 대한 '단 하나의 올바른 묘사'를 주장하는 근대 역사학의 방법을 비판하고, 과거의 역사 행위자가 구성한 역사적 실재와 현재 역사가가 만든 역사적 실재를 의미있게 소통시키고자 했다.

(라) 사람들이 '자유', '민주', '평화' 등과 같은 개념들을 사용할 때, 그 개념이 서로 같은 의미를 갖는 것은 아니다. '자유'의 경우, '구속받지 않는 상태'를 강조하는 개념으로 쓰이는가 하면, '자발성'이나 '적극적인 참여'를 강조하는 개념으로 쓰이기도 한다. 이러한 정의와 해석의 차이로 인해 개념에 대한 논란과 논쟁이 늘 있어 왔다. 바로 이러한 현상에 주목하여 출현한 것이 코젤렉의 '개념사'이다.

(마) 또한, 개념사에서는 '무엇을 이야기 하는가?'보다는 '어떤 개념을 사용하면서 그것을 이야기하는가?'에 관심을 갖는다. 개념사에서는 과거의 역사 행위자가 자신이 경험한 '현재'를 서술할 때 사용한 개념과 오늘날의 입장에서 '과거'의 역사 서술을 이해하기 위해 사용한 개념의 차이를 밝힌다. 그리고 과거의 역사를 현재의 역사로 번역하면서 양자가 어떻게 수렴될 수 있는가를 밝히는 절차를 밟는다.

① (라) – (가) – (나) – (마) – (다) 　② (라) – (나) – (가) – (다) – (마)
③ (마) – (나) – (가) – (다) – (라) 　④ (마) – (라) – (나) – (다) – (가)

04 | 빈칸 삽입

| 유형분석 |

- 주어진 지문을 바탕으로 빈칸에 들어갈 내용을 찾는 문제이다.
- 선택지의 내용을 정확하게 확인하고 빈칸 앞뒤 문맥을 파악하는 능력이 필요하다.

다음 글의 빈칸에 들어갈 내용으로 가장 적절한 것은?

힐링(Healing)은 사회적 압박과 스트레스 등으로 손상된 몸과 마음을 치유하는 방법을 포괄적으로 일컫는 말이다. 우리보다 먼저 힐링이 정착된 서구에서는 질병 치유의 대체 요법 또는 영적·심리적 치료 요법 등을 지칭하고 있다. 국내에서도 최근 힐링과 관련된 갖가지 상품이 유행하고 있다. 간단한 인터넷 검색을 통해 수천 가지의 상품을 확인할 수 있을 정도이다. 종교적 명상, 자연 요법, 운동 요법 등 다양한 형태의 힐링 상품이 존재한다. 심지어 고가의 힐링 여행이나 힐링 주택 등의 상품도 나오고 있다. 그러나 _____
우선 명상이나 기도 등을 통해 내면에 눈뜨고, 필라테스나 요가를 통해 육체적 건강을 회복하여 자신감을 얻는 것부터 출발할 수 있다.

① 힐링이 먼저 정착된 서구의 힐링 상품들을 참고해야 할 것이다.
② 많은 돈을 들이지 않고서도 쉽게 할 수 있는 일부터 찾는 것이 좋을 것이다.
③ 이러한 상품들의 값이 터무니없이 비싸다고 느껴지지는 않을 것이다.
④ 자신을 진정으로 사랑하는 법을 알아야 할 것이다.

정답 ②

빈칸의 전후 문장을 통해 내용을 파악해야 한다. 우선 '그러나'라는 접속어를 통해 빈칸에는 앞의 내용에 상반되는 내용이 오는 것임을 알 수 있다. 따라서 수천 가지의 힐링 상품이나 고가의 상품들을 참고하는 것과는 상반된 내용을 찾으면 된다. 또한, 빈칸 뒤의 내용이 주위에서 쉽게 할 수 있는 힐링 방법을 통해 자신감을 얻는 것부터 출발해야 한다는 내용이므로, 빈칸에는 많은 돈을 들이지 않고도 쉽게 할 수 있는 일부터 찾아야 한다는 내용이 담긴 문장이 오는 것이 적절하다.

풀이 전략!

빈칸 앞뒤의 문맥을 파악한 후 선택지에서 가장 어울리는 내용을 찾는다. 빈칸 앞에 접속어가 있다면 이를 활용한다.

01   다음 글의 빈칸에 들어갈 말로 적절한 것은?

죄가 언론 보도의 주요 소재가 되고 있다. 그 이유는 언론이 범죄를 취잿감으로 찾아내기가 쉽고 편의에 따라 기사화할 수 있을 뿐만 아니라, 범죄 보도를 통하여 시청자의 관심을 끌 수 있기 때문이다. 이러한 보도는 범죄에 대한 국민의 알 권리를 충족시키는 공적 기능을 수행하기 때문에 사회적으로 용인되는 경향이 있다. 그러나 지나친 범죄 보도는 범죄자나 범죄 피의자의 초상권을 침해하여 법적·윤리적 문제를 일으키기도 한다.

일반적으로 초상권은 얼굴 및 기타 사회 통념상 특정인임을 식별할 수 있는 신체적 특징을 타인이 함부로 촬영하여 공표할 수 없다는 인격권과 이를 광고 등에 영리적으로 이용할 수 없다는 재산권을 포괄한다. 언론에 의한 초상권 침해의 유형으로는 본인의 동의를 구하지 않은 무단 촬영·보도, 승낙의 범위를 벗어난 촬영·보도, 몰래 카메라를 동원한 촬영·보도 등을 들 수 있다.

법원의 판결로 이어진 대표적인 사례로는 교내에서 불법으로 개인 지도를 하던 대학 교수를 현행범으로 체포하려는 현장을 방송 기자가 경찰과 동행하여 취재하던 중 초상권을 침해한 경우를 들 수 있다. 법원은 '원고의 동의를 구하지 않고, 연습실을 무단으로 출입하여 취재한 것은 원고의 사생활과 초상권을 침해하는 행위'라고 판시했다. 더불어 취재의 자유를 포함하는 언론의 자유는 다른 법익을 침해하지 않는 범위 내에서 인정되며, 비록 취재 당시 원고가 현행범으로 체포되는 상황이라 하더라도, 원고의 연습실과 같은 사적인 장소는 수사 관계자의 동의 없이는 출입이 금지되고, 이를 무시한 취재는 원칙적으로 불법이라고 판결했다.

이 사례는 법원이 언론의 자유와 초상권 침해의 갈등을 어떤 기준으로 판단하는지 보여 주고 있다. 또한 이 판결은 사적 공간에서의 취재 활동이 어디까지 허용되는가에 대한 법적 근거를 제시하고 있다. 언론 보도에 노출된 범죄 피의자는 경제적·직업적·가정적 불이익을 당할 뿐만 아니라, 인격이 심하게 훼손되거나 심지어는 생명을 버리기까지도 한다. 따라서 사회적 공기(公器)인 언론은 개인의 초상권을 존중하고 언론 윤리에 부합하는 범죄 보도가 될 수 있도록 신중을 기해야 한다. 범죄 보도가 초래하는 법적·윤리적 논란은 언론계 전체의 신뢰도에 치명적인 손상을 가져올 수도 있다. 이는 범죄가 언론에는 매혹적인 보도 소재이지만, 자칫 _____이 될 수도 있음을 의미한다.

① 시금석   ② 부메랑
③ 아킬레스건   ④ 악어의 눈물

02 다음 중 (가) ~ (다)에 들어갈 문장을 〈보기〉에서 찾아 순서대로 나열한 것은?

소리를 내는 것, 즉 음원의 위치를 판단하는 일은 복잡한 과정을 거친다. 사람의 청각은 '청자의 머리와 두 귀가 소리와 상호작용하는 방식'을 단서로 음원의 위치를 파악한다.

음원의 위치가 정중앙이 아니라 어느 한쪽으로 치우쳐 있으면, 소리가 두 귀 중에서 어느 한쪽에 먼저 도달한다. (가) 따라서 소리가 두 귀에 도달하는 데 걸리는 시간차를 이용하면 소리가 오는 방향을 알아낼 수 있다. 소리가 두 귀에 도달하는 시간의 차이는 음원이 정중앙에서 한쪽으로 치우칠수록 커진다.

양 귀를 이용해 음원의 위치를 알 수 있는 또 다른 단서는 두 귀에 도달하는 소리의 크기 차이이다. 왼쪽에서 나는 소리는 왼쪽 귀에 더 크게 들리고, 오른쪽에서 나는 소리는 오른쪽 귀에 더 크게 들린다. 이런 차이는 머리가 소리 전달을 막는 장애물로 작용하기 때문이다. (나) 따라서 소리가 저주파로만 구성되어 있는 경우 소리의 크기 차이를 이용한 위치 추적은 효과적이지 않다.

또 다른 단서는 음색의 차이이다. 고막에 도달하기 전에 소리는 머리와 귓바퀴를 지나는데, 이때 머리와 귓바퀴의 굴곡은 소리를 변형시키는 필터 역할을 한다. (다) 이러한 차이를 통해 음원의 위치를 파악할 수 있다.

보기

ㄱ 이 때문에 두 고막에 도달하는 소리의 음색 차이가 생겨난다.

ㄴ 하지만 이런 차이는 소리에 섞여 있는 여러 음파들 중 고주파에서만 일어나고 저주파에서는 일어나지 않는다.

ㄷ 왼쪽에서 나는 소리는 왼쪽 귀가 먼저 듣고, 오른쪽에서 나는 소리는 오른쪽 귀가 먼저 듣는다.

	(가)	(나)	(다)
①	ㄱ	ㄴ	ㄷ
②	ㄱ	ㄷ	ㄴ
③	ㄴ	ㄱ	ㄷ
④	ㄷ	ㄴ	ㄱ

다음 글의 빈칸에 들어갈 내용으로 가장 적절한 것은?

소독이란 물체의 표면 및 그 내부에 있는 병원균을 죽여 전파력 또는 감염력을 없애는 것이다. 이때, 소독의 가장 안전한 형태로는 멸균이 있다. 멸균이란 대상으로 하는 물체의 표면 또는 그 내부에 분포하는 모든 세균을 완전히 죽여 무균의 상태로 만드는 조작으로, 살아있는 세포뿐만 아니라 포자, 박테리아, 바이러스 등을 완전히 파괴하거나 제거하는 것이다.

물리적 멸균법은 열, 햇빛, 자외선, 초단파 따위를 이용하여 균을 죽여 없애는 방법이다. 열(Heat)에 의한 멸균에는 건열 방식과 습열 방식이 있는데, 건열 방식은 소각과 건식오븐을 사용하여 멸균하는 방식이다. 건열 방식이 활용되는 예로는 미생물 실험실에서 사용하는 많은 종류의 기구를 물 없이 멸균하는 것이 있다. 이는 습열 방식을 활용했을 때 유리를 포함하는 기구가 파손되거나 금속 재질로 이루어진 기구가 습기에 의해 부식할 가능성을 보완한 방법이다. 그러나 건열 멸균법은 습열 방식에 비해 멸균 속도가 느리고 효율이 떨어지며, 열에 약한 플라스틱이나 고무제품은 대상물의 변성이 이루어져 사용할 수 없다. 예를 들어 많은 세균의 내생포자는 습열 멸균 온도 조건(121℃)에서는 5분 이내에 사멸되나, 건열 멸균법을 활용할 경우 이보다 더 높은 온도(160℃)에서도 약 2시간 정도가 지나야 사멸되는 양상이 나타난다. 반면, 습열 방식은 바이러스, 세균, 진균 등의 미생물들을 손쉽게 사멸시킨다. 습열은 효소 및 구조단백질 등의 필수 단백질의 변성을 유발하고, 핵산을 분해하며 세포막을 파괴하여 미생물을 사멸시킨다. 끓는 물에 약 10분간 노출하면 대개의 영양세포나 진핵포자를 충분히 죽일 수 있으나, 100℃의 끓는 물에서는 세균의 내생포자를 사멸시키지는 못한다. 따라서 물을 끓여서 하는 열처리는 _____ 멸균을 시키기 위해서는 100℃가 넘는 온도(일반적으로 121℃)에서 압력(약 1.1kg/cm^2)을 가해 주는 고압증기멸균기를 이용한다. 고압증기멸균기는 물을 끓여 증기를 발생시키고 발생한 증기와 압력에 의해 멸균을 시키는 장치이다. 고압증기멸균기 내부가 적정 온도와 압력(121℃, 약 1.1kg/cm^2)에 이를 때까지 뜨거운 포화 증기를 계속 유입시킨다. 해당 온도에서 포화 증기는 15분 이내에 모든 영양세포와 내생포자를 사멸시킨다. 고압증기멸균기에 의해 사멸되는 미생물은 고압에 의해서라기보다는 고압하에서 수증기가 얻을 수 있는 높은 온도에 의해 사멸되는 것이다.

① 더 많은 세균을 사멸시킬 수 있다.
② 멸균 과정에서 더 많은 비용이 소요된다.
③ 멸균 과정에서 더 많은 시간이 소요된다.
④ 소독을 시킬 수는 있으나, 멸균을 시킬 수는 없다.

05 | 문서 작성 · 수정

| 유형분석 |

- 글의 내용을 파악하고 문맥을 읽을 줄 알아야 한다.
- 문서의 종류에 대한 이해를 묻는 문제가 자주 출제된다.

K공단의 신입사원인 A ~ E는 문서 작성 시 주의해야 할 사항에 대한 교육을 받은 뒤 서로 이야기를 나누었다. 다음 중 잘못된 내용을 이야기하고 있는 사람을 〈보기〉에서 모두 고르면?

> **보기**
>
> A사원 : 문서를 작성할 때는 주로 '누가, 언제, 어디서, 무엇을, 어떻게, 왜'의 육하원칙에 따라 작성해야 해.
> B사원 : 물론 육하원칙에 따라 글을 작성하는 것도 중요하지만, 되도록 글이 한눈에 들어올 수 있도록 하나의 사안은 한 장의 용지에 작성해야 해.
> C사원 : 글은 한 장의 용지에 작성하되, 자료는 최대한 많이 첨부하여 문서를 이해하는 데 어려움이 없도록 하는 것이 좋아.
> D사원 : 문서를 작성한 후에는 내용을 다시 한 번 검토해 보면서 높임말로 쓰인 부분은 없는지 살펴보고, 있다면 이를 낮춤말인 '해라체'로 고쳐 써야 해.
> E사원 : 특히 문서나 첨부 자료에 금액이나 수량, 일자 등이 사용되었다면 정확하게 쓰였는지 다시 한 번 꼼꼼하게 검토하는 것이 좋겠지.

① A사원, B사원
② A사원, C사원
③ B사원, D사원
④ C사원, D사원
⑤ D사원, E사원

정답 ④

- C사원 : 문서의 첨부 자료는 반드시 필요한 자료 외에는 첨부하지 않도록 해야 하므로 옳지 않다.
- D사원 : 문서를 작성한 후에는 다시 한 번 내용을 검토해야 하지만, 문장 표현은 작성자의 성의가 담기도록 경어나 단어 사용에 신경을 써야 하므로 낮춤말인 '해라체'로 고쳐 쓰는 것은 옳지 않다.

> **풀이 전략!**
>
> 공문서나 보고서와 같은 자주 출제되는 문서의 작성법을 반드시 숙지해야 하며, 상황이나 대화문이 제시되는 경우 대화의 흐름을 통해 문제에서 묻고 있는 문서의 종류를 빠르게 파악해야 한다.

01　B대리가 A사원에게 '상반기 고객 데이터 수치'에 대한 문서 작성을 요구하였다. 이를 토대로 〈보기〉의 작성 방법 중 옳은 것을 모두 고르면?

> A씨, 이번 보고서에 고객 데이터 수치가 들어가야 해요. 데이터 수치는 시트 제목을 '상반기 고객 데이터 수치'라고 해서 작성하고 함수를 사용해 평균을 내 주세요. 또 실제 구매율이 있는 고객은 ○, 아닌 고객은 × 표시가 나올 수 있게 다른 열에 구분표를 만들어 주세요. 또 간단하게 작업할 것이 있는데 A4 용지 한 장 분량의 고객 마케팅 관련 설명문을 넣어 주어야 합니다. 설명문은 따로 워드로 저장해서 주세요. 자간은 160%로 띄워 주시고 본문 서체는 바탕, 10pt로 부탁할게요. 마지막으로 마케팅 사례에 사진 자료를 덧붙이고 전달력 있는 발표를 위해서 다양한 효과를 사용하면 좋을 것 같네요.

보기

ⓒ 스프레드 시트를 사용하여 상반기 고객 데이터를 정리하였다.
ⓒ 고객 마케팅 관련 설명문을 스프레드 시트2에 작성하였다.
ⓒ PPT의 레이아웃을 이용해 고객 마케팅 설명문과 마케팅 사례를 작성하였다.
ⓒ 고객 마케팅 관련 설명문을 워드를 사용해 작성하였다.
ⓒ 마케팅 사례를 PPT를 이용해 다양한 효과를 넣어 작성하였다.

① ㉠
② ㉠, ㉡
③ ㉢, ㉣
④ ㉠, ㉣, ㉤

02 다음은 기안문 작성 시 유의해야 할 사항에 대한 자료이다. 이를 바탕으로 (가) ~ (라)에 해당하는 유의사항을 〈보기〉에서 찾아 바르게 연결한 것은?

〈기안문 작성 시 유의사항〉

올바른 문서 작성은 정확한 의사소통을 위하여 필요할 뿐만 아니라 문서 자체의 품격을 높이고, 그 기관의 대외적인 권위와 신뢰도를 높여 준다. 문서의 올바른 작성을 위하여 다음과 같은 사항에 유의할 필요가 있다.

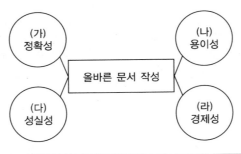

보기
ㄱ 서식을 통일하여 규정된 서식을 사용하는 것이 경제적이다.
ㄴ 상대방의 입장에서 이해하기 쉽게 작성한다.
ㄷ 애매모호하거나 과장된 표현에 의하여 사실이 왜곡되지 않도록 한다.
ㄹ 감정적이고 위압적인 표현을 쓰지 않는다.

	(가)	(나)	(다)	(라)
①	ㄱ	ㄴ	ㄷ	ㄹ
②	ㄱ	ㄷ	ㄹ	ㄴ
③	ㄴ	ㄷ	ㄱ	ㄹ
④	ㄷ	ㄴ	ㄹ	ㄱ

03 다음 대화를 토대로 A사원이 수정할 내용으로 적절하지 않은 것은?

> B대리 : A씨, 오늘 업무일지 좀 볼까요.
>
> A사원 : 네, 여기 있습니다.
>
> B대리 : 업무일지에는 당일 날짜뿐 아니라 어느 주에 해당하는지 해당 주를 구체적으로 기재하는 것이 좋습니다. 그리고 하루 일과는 오전과 오후로 나누어 기재하세요. 별도로 지시사항이나 협조사항이 있었다면 그것은 비고란에 기록하시고요.
>
> A사원 : 알겠습니다. 최대한 자세히 쓰라는 말씀이신가요?
>
> B대리 : 상세하게 쓰되 문장은 짧게 하고 핵심 내용을 이해하기 쉽도록 써야 합니다.
>
> A사원 : 알겠습니다.
>
> B대리 : 아, 그리고 장기적으로 진행할 일인지 단기적으로 끝낼 수 있는 업무인지를 구분하여 기재해두면 효과적으로 업무를 추진할 수 있어요. 참고하세요.
>
> A사원 : 알겠습니다. 감사합니다.

업무일지		소속	편집팀	작성자	A
		날짜		2024년 11월 15일	

1. 주간 업무목표(㉠)

분류	목표		진척도	비고
주간 업무목표	• 저자 미팅 – A대 K교수 • [국어실용글쓰기] 교정 완료 • [국어맞춤법] 예시 문항 개발		70%	

2. 일일 실시사항 및 예정사항

분류	오전	오후	비고

금일
실시사항
	– [국어실용글쓰기] 교정
	  : 1교 완료
	– [국어실용글쓰기] 교정
	  : 2교 협조 요청 (B과장님)
		– 미팅 일정 협의
		  : A대 K교수
		– [국어맞춤법] 예시 문항
		  : 5문제 완성
			㉢

익일 예정사항	㉡		
추진 업무 진행상황			
지시사항(㉣)			

① ㉠에는 이 달의 몇 주차인지 해당 주를 기재해야겠어.

② ㉡도 오전과 오후로 나누어서 작성해야 하는구나.

③ 금일 실시사항에서 협조 요청 건은 ㉢으로 옮겨야겠다.

④ ㉣을 잊지 않고 처리하려면 별도의 칸을 만들어 자세히 써놔야지.

06 | 맞춤법·어휘

| 유형분석 |

- 주어진 문장이나 지문에서 잘못 쓰인 단어·표현을 바르게 고칠 수 있는지 평가한다.
- 띄어쓰기, 동의어·유의어·다의어 또는 관용적 표현 등을 찾는 문제가 출제될 가능성이 있다.

다음 밑줄 친 단어 중 문맥상 쓰임이 적절하지 않은 것은?

① 어려운 문제의 답을 <u>맞혀야</u> 높은 점수를 받을 수 있다.
② 공책에 선을 <u>반듯이</u> 긋고 그 선에 맞춰 글을 쓰는 연습을 해.
③ 생선을 간장에 10분 동안 <u>졸이면</u> 요리가 완성된다.
④ 미안하지만 지금은 바쁘니까 <u>이따가</u> 와서 얘기해.

정답 ③

'졸이다'는 '찌개를 졸이다.'와 같이 국물의 양을 적어지게 하는 것을 의미한다. 반면에 '조리다'는 '양념을 한 고기나 생선, 채소 따위를 국물에 넣고 바짝 끓여서 양념이 배어들게 하다.'의 의미를 지닌다. 따라서 ③의 경우 문맥상 '졸이다'가 아닌 '조리다'가 사용되어야 한다.

오답분석

① 맞히다 : 문제에 대한 답을 틀리지 않게 하다. / 맞추다 : 둘 이상의 일정한 대상들을 나란히 놓고 비교하여 살피다.
② 반듯이 : 비뚤어지거나 기울거나 굽지 않고 바르게 / 반드시 : 틀림없이 꼭, 기필코
④ 이따 : 조금 지난 뒤에 / 있다 : 어느 곳에서 떠나거나 벗어나지 않고 머물다. 또는 어떤 상태를 계속 유지하다.

풀이 전략!

자주 틀리는 맞춤법

틀린 표현	옳은 표현	틀린 표현	옳은 표현
몇일	며칠	오랫만에	오랜만에
귀뜸	귀띔	선생으로써	선생으로서
웬지	왠지	안되	안돼
왠만하면	웬만하면	돼고 싶다	되고 싶다
어떻해	어떻게 해 / 어떡해	병이 낳았다	병이 나았다
금새	금세	내일 뵈요	내일 봬요
구지	굳이	고르던지 말던지	고르든지 말든지
서슴치	서슴지	합격하길 바래요	합격하길 바라요

01 다음 중 ㉠~㉢에 들어갈 접속어가 바르게 연결된 것은?

> 현존하는 한국 범종 중에서 신라 범종이 으뜸이다. 신라 범종으로는 상원사 동종, 성덕대왕 신종, 용주사 범종이 있으며 모두 국보로 지정되어 있다. 이 가운데 에밀레종이라 알려진 성덕대왕 신종은 세계의 보배라 여겨진다. ___㉠___ 이러한 평가는 미술이나 종교의 차원에 국한될 뿐, 에밀레종이 갖는 음향공학 차원의 가치는 간과되고 있다.
> 에밀레종을 포함한 한국 범종은 종신(鐘身)이 작고 종구(鐘口)가 벌어져 있는 서양 종보다 종신이 훨씬 크다는 점에서는 중국 범종과 유사하다. 또한, 한국 범종은 높은 종탑에 매다는 서양 종과 달리 높지 않은 종각에 매단다는 점에서도 중국 범종과 비슷하다. ___㉡___ 중국 범종은 종신의 중앙 부분에 비해 종구가 나팔처럼 벌어져 있는 반면, 한국 범종은 종구가 항아리처럼 오므라져 있다. ___㉢___ 한국범종은 중국 범종에 비해 지상에 더 가까이 땅에 닿을 듯이 매단다.
> 나아가 한국 범종은 종신과 대칭 형태로 바닥에 커다란 반구형의 구덩이를 파두는데, 바로 여기에 에밀레종이나 여타 한국 범종의 숨은 진가가 있다. 한국 범종의 이러한 구조는 종소리의 조음에 영향을 미쳐 독특한 음향을 내게 한다. 이 구덩이는 100헤르츠 미만의 저주파 성분이 땅속으로 스며들게 하고, 커다란 울림통으로 작용하여 소리의 여운을 길게 한다.

	㉠	㉡	㉢
①	그리고	그러므로	또한
②	그러므로	그리고	그러나
③	그러므로	하지만	그러나
④	그러나	하지만	또한

02 다음 글에서 틀린 단어는 모두 몇 개인가?

> 프랑스 리옹대학 심리학과 스테파니 마차 교수팀은 학습시간 사이에 잠을 자면 복습시간이 줄어들고 더 오랫동안 기억할 수 있다는 점을 발명했다고 발표했다. 마차 교수팀은 성인 40명을 두 집단으로 나누어 단어학습과 기억력을 검사했는데 한 집단은 오전에 1차 학습을 한 후 오후에 복습을 시켰고 다른 한 집단은 저녁에 1차 학습을 한 후 잠을 자고 다음날 오전 복습을 시킨 결과 수면집단이 비수면집단에 비해 학습효과가 올라간 것을 볼 수 있었다. 이는 수면집단이 상대적으로 짧은 시간에 좋은 성과를 얻은 것으로 '수면이 기억을 어떤 방식으로인가 전환한 것으로 보인다.'라고 설명했다. 그러므로 학령기 자녀를 둔 부모라면 수면과 학습효과의 상관성을 더욱 관심 있게 지켜봐야 할 것 같다.

① 없음   ② 1개

③ 2개   ④ 3개

07 | 경청 · 의사 표현

| 유형분석 |

- 주로 특정 상황을 제시한 뒤 올바른 의사소통 방법을 묻는 형태의 문제가 출제된다.
- 경청과 관련한 이론에 대해 묻거나 대화문 중에서 올바른 경청 자세를 고르는 문제가 출제되기도 한다.

다음 중 올바른 경청 자세로 적절하지 않은 것은?

① 상대를 정면으로 마주하는 자세는 상대방이 자칫 위축되거나 부담스러워할 수 있으므로 지양한다.

② 손이나 다리를 꼬지 않는 개방적인 자세는 상대에게 마음을 열어놓고 있음을 알려주는 신호이다.

③ 우호적인 눈의 접촉(Eye – Contact)은 자신이 상대방에게 관심을 가지고 있음을 알려준다.

④ 비교적 편안한 자세는 전문가다운 자신만만함과 아울러 편안한 마음을 상대방에게 전할 수 있다.

정답 ①

상대를 정면으로 마주하는 자세는 자신이 상대방과 함께 의논할 준비가 되어있다는 것을 알리는 자세이므로 경청을 하는 데 있어 올바른 자세이다.

풀이 전략!

별다른 암기 없이도 풀 수 있는 문제가 자주 출제되지만, 문제에 주어진 상황에 대한 확실한 이해가 필요하다.

01 A씨 부부는 대화를 하다 보면 사소한 다툼으로 이어지곤 한다. A씨의 아내는 A씨가 자신의 이야기를 제대로 들어주지 않기 때문이라고 생각한다. 다음 사례에 나타난 A씨의 경청을 방해하는 습관은 무엇인가?

> A씨의 아내가 남편에게 직장에서 업무 실수로 상사에게 혼난 일을 이야기하자 A씨는 "항상 일을 진행하면서 꼼꼼하게 확인하라고 했잖아요. 당신이 일을 처리하는 방법이 잘못됐어요. 다음부터는 일을 하기 전에 미리 계획을 세우고 체크리스트를 작성해보세요."라고 이야기했다. A씨의 아내는 이런 대답을 듣자고 이야기한 것이 아니라며 더 이상 이야기하고 싶지 않다고 말하며 밖으로 나가 버렸다.

① 짐작하기
② 걸러내기
③ 판단하기
④ 조언하기

02 직장생활에서 필요한 의사소통능력을 문서적인 의사소통능력으로서의 문서이해능력과 문서작성능력, 언어적인 의사소통능력으로서의 경청능력, 의사표현력으로 구분할 수 있다. 다음 사례에 필요한 의사소통능력을 종류에 따라 바르게 구분한 것은?

> 출판사에 근무하는 K대리는 아침에 출근하자마자 오늘 해야 할 주요 업무를 다음과 같이 정리하였다.
>
> 〈주요 업무〉
>
> ㉠ 입사 지원 이력서 메일 확인
> ㉡ 팀 회의 – 팀원 담당 업무 지시
> ㉢ 금일 출간 도서 발주서 작성
> ㉣ 유선 연락을 통한 채용 면접 일정 안내
> ㉤ 퇴근 전 업무 일지 작성

	문서적인 의사소통	언어적인 의사소통
①	㉠, ㉤	㉡, ㉢, ㉣
②	㉠, ㉢, ㉣	㉡, ㉤
③	㉠, ㉢, ㉤	㉡, ㉣
④	㉡, ㉢, ㉤	㉠, ㉣

CHAPTER 02

수리능력

합격 Cheat Key

수리능력은 사칙 연산·통계·확률의 의미를 정확하게 이해하고 이를 업무에 적용하는 능력으로, 기초 연산과 기초 통계, 도표 분석 및 작성의 문제 유형으로 출제된다. 수리능력 역시 채택하지 않는 공사·공단이 거의 없을 만큼 필기시험에서 중요도가 높은 영역이다.

특히, 난이도가 높은 공사·공단의 시험에서는 도표 분석, 즉 자료 해석 유형의 문제가 많이 출제되고 있고, 응용 수리 역시 꾸준히 출제하는 공사·공단이 많기 때문에 기초 연산과 기초 통계에 대한 공식의 암기와 자료 해석 능력을 기를 수 있는 꾸준한 연습이 필요하다.

1   응용 수리의 공식은 반드시 암기하라!

응용 수리는 공사·공단마다 출제되는 문제는 다르지만, 사용되는 공식은 비슷한 경우가 많으므로 자주 출제되는 공식을 반드시 암기하여야 한다. 문제에서 묻는 것을 정확하게 파악하여 그에 맞는 공식을 적절하게 적용하는 꾸준한 노력과 공식을 암기하는 연습이 필요하다.

2 자료의 해석은 자료에서 즉시 확인할 수 있는 지문부터 확인하라!

수리능력 중 도표 분석, 즉 자료 해석 능력은 많은 시간을 필요로 하는 문제가 출제되므로, 증가·감소 추이와 같이 눈으로 확인이 가능한 지문을 먼저 확인한 후 복잡한 계산이 필요한 지문을 확인하는 방법으로 문제를 풀이한다면 시간을 조금이라도 아낄 수 있다. 또한, 여러 가지 보기가 주어진 문제 역시 지문을 잘 확인하고 문제를 풀이한다면 불필요한 계산을 생략할 수 있으므로 항상 지문부터 확인하는 습관을 들여야 한다.

3 도표 작성에서 지문에 작성된 도표의 제목을 반드시 확인하라!

도표 작성은 하나의 자료 혹은 보고서와 같은 수치가 표현된 자료를 도표로 작성하는 형식으로 출제되는데, 대체로 표보다는 그래프를 작성하는 형태로 많이 출제된다. 지문을 살펴보면 각 지문에서 주어진 도표에도 소제목이 있는 경우가 대부분이다. 이때, 자료의 수치와 도표의 제목이 일치하지 않는 경우 함정이 존재하는 문제일 가능성이 높으므로 도표의 제목을 반드시 확인하는 것이 중요하다.

01 | 응용 수리

| 유형분석 |

- 문제에서 제공하는 정보를 파악한 뒤, 사칙연산을 활용하여 계산하는 전형적인 수리문제이다.
- 문제를 풀기 위한 정보가 산재되어 있는 경우가 많으므로 주어진 조건 등을 꼼꼼히 확인해야 한다.

대학 서적을 도서관에서 빌리면 10일간 무료이고, 그 이상은 하루에 100원의 연체료가 부과되며 한 달 단위로 연체료는 두 배로 늘어난다. 1학기 동안 대학 서적을 도서관에서 빌려 사용하는 데 얼마의 비용이 드는가?(단, 1학기의 기간은 15주이고, 한 달은 30일로 정한다)

① 18,000원
② 20,000원
③ 23,000원
④ 25,000원
⑤ 28,000원

정답 ④

- 1학기의 기간 : 15×7=105일
- 연체료가 부과되는 기간 : 105-10=95일
- 연체료가 부과되는 시점에서부터 한 달 동안의 연체료 : 30×100=3,000원
- 첫 번째 달부터 두 번째 달까지의 연체료 : 30×100×2=6,000원
- 두 번째 달부터 세 번째 달까지의 연체료 : 30×100×2×2=12,000원
- 95일(3개월 5일) 연체료 : 3,000+6,000+12,000+5×(100×2×2×2)=25,000원

따라서 1학기 동안 대학 서적을 도서관에서 빌려 사용한다면 25,000원의 비용이 든다.

풀이 전략!

문제에서 묻는 바를 정확하게 확인한 후, 필요한 조건 또는 정보를 구분하여 신속하게 풀어 나간다. 단, 계산에 착오가 생기지 않도록 유의한다.

01 서울에 소재한 K회사에 근무 중인 A씨와 B씨는 부산으로 출장을 가게 되었다. 서울에서 부산까지 400km를 달리는 열차는 일반 열차와 급행열차로, 일반 열차는 중간에 있는 4개의 역에서 10분씩 정차를 하고 급행열차는 정차하는 역 없이 한 번에 도착한다. 오전 10시에 일반 열차를 탄 A씨와 동시에 도착하려면 B씨는 몇 시에 출발하는 급행열차를 타야 하는가?(단, 일반 열차의 속력은 160km/h, 급행열차의 속력은 200km/h이다)

① 오전 11시   ② 오전 11시 10분
③ 오전 11시 20분   ④ 오전 11시 30분

02 농도 8%의 소금물 200g에서 한 컵의 소금물을 퍼내고 퍼낸 양만큼 물을 부었다. 그리고 다시 농도 2%의 소금물을 더 넣었더니 농도 3%의 소금물 320g이 되었다고 할 때, 퍼낸 소금물의 양은?

① 100g   ② 110g
③ 120g   ④ 130g

03 작년 K공단의 재직자 수는 재작년에 비해 10% 증가하였고, 올해 역시 작년에 비해 55명의 신입사원이 입사하여 작년보다 10% 증가하였다. 재작년 K공단의 재직자 수는?

① 400명   ② 455명
③ 500명   ④ 555명

04 K시 문화센터의 5월 회원 중 6월 글쓰기반에 등록한 회원은 전체의 $\dfrac{2}{3}$, 캘리그라피반에 등록한 회원은 전체의 $\dfrac{7}{10}$ 이다. 글쓰기반과 캘리그라피반에 모두 등록한 회원은 전체의 $\dfrac{13}{20}$ 일 때, 모두 등록하지 않은 회원은 얼마인가?

① $\dfrac{3}{20}$

② $\dfrac{17}{20}$

③ $\dfrac{17}{60}$

④ $\dfrac{23}{60}$

05 K공단에서는 공원 내 쓰레기를 수거해 올 때 포인트를 지급하는 '그린포인트제도'를 시행하고 있다. 쓰레기 1g당 2포인트를 지급하고, 젖은 쓰레기의 무게는 50% 감량해 적용한다. 어떤 등산객이 쓰레기를 수거하여 950포인트를 적립하였다. 이 중 $\dfrac{1}{3}$ 이 젖은 쓰레기라고 할 때, 젖지 않은 쓰레기의 양은?

① 360g

② 370g

③ 380g

④ 390g

06 인쇄소에 M1과 M2 두 대의 인쇄기가 있다. 하루에 M1은 50,000장을 인쇄하고, M2는 40,000장을 인쇄할 수 있다. M1의 불량률은 5%이고 M2의 불량률은 4%일 때, 방금 나온 오류 인쇄물이 M1에서 나온 인쇄물일 확률은?(단, 소수점 첫째 자리에서 반올림한다)

① 60%

② 61%

③ 62%

④ 63%

07 수민이가 혼자 하면 8시간, 현정이가 혼자 하면 5시간 걸리는 일이 있다. 오후 6시부터 야근을 시작하여 수민이와 현정이가 함께 일하다가, 중간에 현정이가 퇴근하고 수민이 혼자 나머지 일을 끝낸 후 시계를 봤더니 오후 10시 48분이었다. 현정이가 퇴근한 시각은?

① 오후 7시   ② 오후 7시 30분
③ 오후 8시   ④ 오후 8시 30분

08 숫자 0, 1, 2, 3, 4가 적힌 5장의 카드에서 2장을 뽑아 두 자리 정수를 만들 때 그 수가 짝수일 확률은?

① $\dfrac{3}{8}$ ② $\dfrac{1}{2}$

③ $\dfrac{5}{8}$ ③ $\dfrac{3}{4}$

09 원가에 20%의 이익을 붙여 정가를 정하고 1,000원을 할인하여 팔았더니 1,000원의 이익이 생겼다. 원가는 얼마인가?

① 9,000원   ② 10,000원
③ 11,000원   ④ 12,000원

02 | 수열 규칙

| 유형분석 |

- 나열된 수의 규칙을 찾아 해결하는 문제이다.
- 등차·등비수열 등 다양한 수열 규칙에 대한 사전 학습이 요구된다.

다음과 같이 일정한 규칙으로 수를 나열할 때, 빈칸에 들어갈 수는?

	1	2	8	( )	148	765	4,626

① 12   ② 16
③ 24   ④ 27
⑤ 33

정답 ⑤

앞의 항에 $\times 1+1^2$, $\times 2+2^2$, $\times 3+3^2$, $\times 4+4^2$, …인 수열이다.
따라서 ( )$=8\times 3+3^2=33$이다.

풀이 전략!

- 수열을 풀이할 때는 다음과 같은 규칙이 적용되는지를 순차적으로 판단한다.
  1) 각 항에 일정한 수를 사칙연산($+$, $-$, $\times$, $\div$)하는 규칙
  2) 홀수 항, 짝수 항 규칙
  3) 피보나치 수열과 같은 계차를 이용한 규칙
  4) 군수열을 활용한 규칙
  5) 항끼리 사칙연산을 하는 규칙

주요 수열 규칙

구분	내용
등차수열	앞의 항에 일정한 수를 더해 이루어지는 수열
등비수열	앞의 항에 일정한 수를 곱해 이루어지는 수열
피보나치 수열	앞의 두 항의 합이 그 다음 항의 수가 되는 수열
건너뛰기 수열	두 개 이상의 수열 또는 규칙이 일정한 간격을 두고 번갈아가며 적용되는 수열
계차수열	앞의 항과 차가 일정하게 증가하는 수열
군수열	일정한 규칙성으로 몇 항씩 묶어 나눈 수열

※ 다음과 같이 일정한 규칙으로 수를 나열할 때, 빈칸에 들어갈 수를 고르시오. [1~3]

01

4   6   12   24   (   )   96   108   384

① 9

② 16

③ 28

④ 36

02

64   16   12   3 $\dfrac{11}{2}$ (   ) $\dfrac{75}{16}$

① $\dfrac{5}{4}$

② $\dfrac{11}{4}$

③ $\dfrac{7}{8}$

④ $\dfrac{11}{8}$

03

12.3   15   7.5   10.2   (   )   7.8   3.9

① 4.2

② 5.1

③ 6.3

④ 7.2

03 | 자료 계산

| 유형분석 |

- 문제에 주어진 도표를 분석하여 각 선택지의 값을 계산해 정답 유무를 판단하는 문제이다.
- 주로 그래프와 표로 제시되며, 경영·경제·산업 등과 관련된 최신 이슈를 많이 다룬다.
- 자료 간의 증감률·비율·추세 등을 자주 묻는다.

다음은 2023년도 A지역 고등학교 학년별 도서 선호 분야 비율에 관한 자료이다. 취업 관련 도서를 선호하는 3학년 학생 수 대비 철학·종교 도서를 선호하는 1학년 학생 수의 비율로 옳은 것은?(단, 소수점 첫째 자리에서 반올림한다)

〈A지역 고등학교 학년별 도서 선호 분야 비율〉

(단위 : 명, %)

학년	사례 수	장르 소설	문학	자기 계발	취업 관련	예술· 문화	역사· 지리	과학· 기술	정치· 사회	철학· 종교	경제· 경영	기타
소계	1,160	28.9	18.2	7.7	6.9	5.4	6.1	7.9	5.8	4.2	4.5	4.4
1학년	375	29.1	18.1	7	6.4	8.7	5.3	7.8	4.1	3	6.5	4
2학년	417	28.4	18.7	8.9	7.5	3.8	6.3	8.3	8.1	5	3.1	1.9
3학년	368	29.3	17.8	7.1	6.6	3.7	6.8	7.6	4.8	4.5	4.1	7.7

① 42% ② 46%

③ 54% ④ 58%

정답 ②

취업 관련 도서를 선호하는 3학년 학생 수는 368×0.066≒24명이고, 철학·종교 도서를 선호하는 1학년 학생 수는 375×0.03≒11명이다.

따라서 취업 관련 도서를 선호하는 3학년 학생 수 대비 철학·종교 도서를 선호하는 1학년 학생 수의 비율은 $\frac{11}{24}×100≒46\%$이다.

풀이 전략!

선택지를 먼저 읽고 필요한 정보를 도표에서 확인하도록 하며, 계산이 필요한 경우에는 실제 수치를 사용하여 복잡한 계산을 하는 대신, 대소 관계의 비교나 선택지의 옳고 그름만을 판단할 수 있을 정도로 간소화하여 계산해 풀이시간을 단축할 수 있도록 한다.

01 다음은 로봇 산업현황 중 일부 자료이다. 2023년 제조업용 로봇 생산액의 2021년 대비 성장률은?
(단, 소수점 둘째 자리에서 반올림한다)

〈국내시장(생산기준) 규모〉

(단위 : 억 원, %)

구분	2021년		2022년			2023년		
	생산액	구성비	생산액	구성비	전년 대비	생산액	구성비	전년 대비
제조업용 로봇	6,272	87.2	6,410	85.0	2.2	7,016	84.9	9.5
서비스용 로봇	447	6.2	441	5.9	−1.1	483	5.9	9.4
전문 서비스용	124	1.7	88	1.2	−29.1	122	1.5	38.4
개인 서비스용	323	4.5	353	4.7	9.7	361	4.4	2.2
로봇부품 및 부분품	478	6.6	691	9.1	44.5	769	9.2	11.4
합계	7,197	100.0	7,542	100.0	4.8	8,268	100.0	9.6

① 7.3%

② 8.9%

③ 10.2%

④ 11.9%

02 다음은 A국가의 2014년부터 2023년까지 화재 및 인명피해 건수 현황에 대한 그래프이다. 화재발생
건수 대비 인명피해 건수 비율이 가장 낮은 연도는?(단, 비율은 소수점 둘째 자리에서 반올림한다)

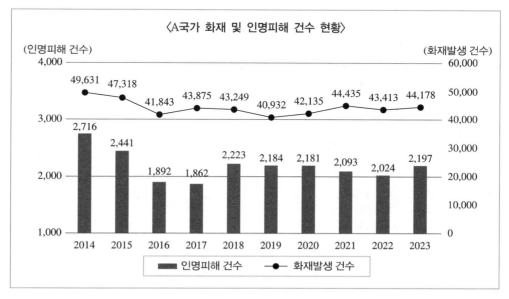

① 2016년

② 2017년

③ 2022년

④ 2023년

04 | 자료 이해

| 유형분석 |

- 제시된 표를 분석하여 선택지의 정답 유무를 판단하는 문제이다.
- 표의 수치 등을 통해 변화량이나 증감률, 비중 등을 비교하여 판단하는 문제가 자주 출제된다.
- 지원하고자 하는 기업이나 산업과 관련된 자료 등이 문제의 자료로 많이 다뤄진다.

다음은 연도별 근로자 수 변화 추이에 관한 자료이다. 이에 대한 설명으로 옳지 않은 것은?

〈연도별 근로자 수 변화 추이〉

(단위 : 천 명)

구분	전체	남성	비중	여성	비중
2019년	14,290	9,061	63.4%	5,229	36.6%
2020년	15,172	9,467	62.4%	5,705	37.6%
2021년	15,536	9,633	62.0%	5,902	38.0%
2022년	15,763	9,660	61.3%	6,103	38.7%
2023년	16,355	9,925	60.7%	6,430	39.3%

① 매년 남성 근로자 수가 여성 근로자 수보다 많다.
② 2023년 여성 근로자 수는 전년보다 약 5.4% 증가하였다.
③ 2019년 대비 2023년 근로자 수의 증가율은 여성이 남성보다 높다.
④ 2019 ~ 2023년 동안 남성 근로자 수와 여성 근로자 수의 차이는 매년 증가한다.

정답 ④

2019 ~ 2023년의 남성 근로자 수와 여성 근로자 수 차이를 구하면 다음과 같다.
- 2019년 : 9,061−5,229=3,832천 명
- 2020년 : 9,467−5,705=3,762천 명
- 2021년 : 9,633−5,902=3,731천 명
- 2022년 : 9,660−6,103=3,557천 명
- 2023년 : 9,925−6,430=3,495천 명
즉, 2019 ~ 2023년 동안 남성과 여성의 차이는 매년 감소한다.

① 제시된 자료를 통해 알 수 있다.

② 2022년 대비 2023년 여성 근로자 수의 증가율 : $\dfrac{6,430-6,103}{6,103}\times100 \fallingdotseq 5.36\%$

③ 2019년 대비 2023년 남성과 여성의 근로자 수의 증가율은 다음과 같다.

- 남성 : $\dfrac{9,925-9,061}{9,061}\times100 \fallingdotseq 9.54\%$

- 여성 : $\dfrac{6,430-5,229}{5,229}\times100 \fallingdotseq 22.97\%$

따라서 여성의 증가율이 더 높다.

풀이 전략!

평소 변화량이나 증감률, 비중 등을 구하는 공식을 알아두고 있어야 하며, 지원하는 기업이나 산업에 관한 자료 등을 확인하여 비교하는 연습 등을 한다.

01 다음은 전자책 이용 매체 사용비율에 대한 자료이다. 이에 대한 설명으로 옳은 것은?

〈전자책 이용 매체 사용비율〉

(단위 : %)

구분	2021년	2022년		2023년	
	성인	성인	학생	성인	학생
표본 인원(명)	47	112	1,304	338	1,473
컴퓨터	68.1	67	43.2	52.1	48.2
휴대폰·스마트폰	12.8	14.3	25.5	42.4	38
개인휴대단말기(PDA)	4.3	3.6	2.3	0.2	0.2
태블릿PC	0	2.7	0.5	3.8	2.3
휴대용 플레이어(PMP)	2.1	0.9	13.7	1	9.3
전자책 전용단말기	0	0	2.1	0.5	0.4
기타	12.7	11.5	12.7	0	1.6

① 2021년 휴대폰·스마트폰 성인 사용자 수는 2022년 태블릿 PC 성인 사용자 수보다 많다.
② 2023년에 개인휴대단말기 학생 사용자 수는 전년 대비 증가하였다.
③ 2023년 전자책 전용단말기 사용자 수는 20명 이상이다.
④ 2022년 컴퓨터 사용자 수는 성인이 학생의 20% 이상 차지한다.

02 다음은 산림병해충 방제 현황에 대한 자료이다. 이에 대한 설명으로 옳은 것은?

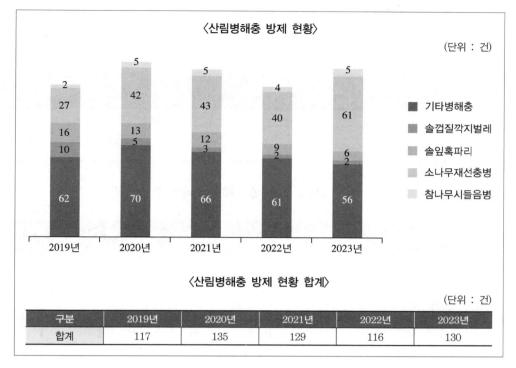

〈산림병해충 방제 현황〉

(단위 : 건)

■ 기타병해충
■ 솔껍질깍지벌레
■ 솔잎혹파리
■ 소나무재선충병
■ 참나무시들음병

〈산림병해충 방제 현황 합계〉

(단위 : 건)

구분	2019년	2020년	2021년	2022년	2023년
합계	117	135	129	116	130

① 기타병해충에 대한 방제는 매해 두 번째로 큰 비율을 차지한다.
② 매해 솔잎혹파리가 차지하는 방제 비율은 10% 미만이다.
③ 단일 항목 중 조사기간 내 변동폭이 가장 큰 방제는 소나무재선충병에 대한 방제이다.
④ 기타병해충과 소나무재선충병에 대한 방제는 서로 동일한 증감 추이를 보인다.

03 다음은 부문별·유형별 최종에너지 소비량에 관한 자료이다. 이에 대한 〈보기〉의 설명 중 옳은 것을 모두 고르면?

〈2021 ~ 2023년 유형별 최종에너지 소비량 비중〉

(단위 : %)

구분	석탄		석유제품	도시가스	전력	기타
	무연탄	유연탄				
2021년	2.7	11.6	53.3	10.8	18.2	3.4
2022년	2.8	10.3	54.0	10.7	18.6	3.6
2023년	2.9	11.5	51.9	10.9	19.1	3.7

〈2023년 부문별·유형별 최종에너지 소비량〉

(단위 : 천TOE)

구분	석탄		석유제품	도시가스	전력	기타	합계
	무연탄	유연탄					
산업	4,750	15,317	57,451	9,129	23,093	5,415	115,155
가정·상업	901	4,636	6,450	11,105	12,489	1,675	37,256
수송	–	–	35,438	188	1,312	–	36,938
기타	–	2,321	1,299	669	152	42	4,483
합계	5,651	22,274	100,638	21,091	37,046	7,132	193,832

보기

ㄱ. 2021 ~ 2023년 동안 전력 소비량은 매년 증가한다.
ㄴ. 2023년 산업부문의 최종에너지 소비량은 전체 최종에너지 소비량의 50% 이상을 차지한다.
ㄷ. 2021 ~ 2023년 동안 석유제품 소비량 비중 대비 전력 소비량 비중의 비율이 매년 증가한다.
ㄹ. 2023년에는 산업부문과 가정·상업부문에서 유연탄 소비량 대비 무연탄 소비량의 비율이 각각 25% 미만이다.

① ㄱ, ㄴ   ② ㄱ, ㄹ
③ ㄴ, ㄷ   ④ ㄴ, ㄹ

04 다음은 기계 100대의 업그레이드 전·후 성능지수에 대한 자료이다. 이에 대한 설명으로 옳은 것은?

〈업그레이드 전·후 성능지수별 대수〉

(단위 : 대)

구분 \ 성능지수	65	79	85	100
업그레이드 전	80	5	0	15
업그레이드 후	0	60	5	35

※ 성능지수는 네 가지 값(65, 79, 85, 100)만 존재하고, 그 값이 클수록 성능지수가 향상됨을 의미한다.

〈성능지수 향상 폭 분포〉

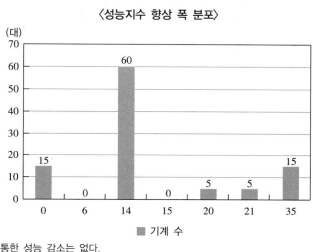

※ 업그레이드를 통한 성능 감소는 없다.
※ (성능지수 향상 폭)=(업그레이드 후 성능지수)−(업그레이드 전 성능지수)

① 업그레이드 후 1대당 성능지수는 20 이상 향상되었다.
② 업그레이드 전 성능지수가 65였던 기계의 15%가 업그레이드 후 성능지수 100이 되었다.
③ 업그레이드 전 성능지수가 79였던 모든 기계가 업그레이드 후 성능지수 100이 된 것은 아니다.
④ 업그레이드를 통한 성능지수 향상 폭이 35인 기계 대수는 업그레이드 전 성능지수가 100이었던 기계 대수와 같다.

03

문제해결능력

합격 Cheat Key

문제해결능력은 업무를 수행하면서 여러 가지 문제 상황이 발생하였을 때, 창의적이고 논리적인 사고를 통하여 이를 올바르게 인식하고 적절히 해결하는 능력으로, 하위 능력에는 사고력과 문제처리능력이 있다.

문제해결능력은 NCS 기반 채용을 진행하는 대다수의 공사·공단에서 채택하고 있으며, 다양한 자료와 함께 출제되는 경우가 많아 어렵게 느껴질 수 있다. 특히, 난이도가 높은 문제로 자주 출제되기 때문에 다른 영역보다 더 많은 노력이 필요할 수는 있지만 그렇기에 차별화를 할 수 있는 득점 영역이므로 포기하지 말고 꾸준하게 노력해야 한다.

1 질문의 의도를 정확하게 파악하라!

문제해결능력은 문제에서 무엇을 묻고 있는지 정확하게 파악하여 먼저 풀이 방향을 설정하는 것이 가장 효율적인 방법이다. 특히, 조건이 주어지고 답을 찾는 창의적·분석적인 문제가 주로 출제되고 있기 때문에 처음에 정확한 풀이 방향이 설정되지 않는다면 문제를 제대로 풀지 못하게 되므로 첫 번째로 출제 의도 파악에 집중해야 한다.

2 중요한 정보는 반드시 표시하라!

출제 의도를 정확히 파악하기 위해서는 문제의 중요한 정보를 반드시 표시하거나 메모하여 하나의 조건, 단서도 잊고 넘어가는 일이 없도록 해야 한다. 실제 시험에서는 시간의 압박과 긴장감으로 정보를 잘못 적용하거나 잊어버리는 실수가 많이 발생하므로 사전에 충분한 연습이 필요하다.

3 반복 풀이를 통해 취약 유형을 파악하라!

문제해결능력은 특히 시간관리가 중요한 영역이다. 따라서 정해진 시간 안에 고득점을 할 수 있는 효율적인 문제 풀이 방법을 찾아야 한다. 이때, 반복적인 문제 풀이를 통해 자신이 취약한 유형을 파악하는 것이 중요하다. 정확하게 풀 수 있는 문제부터 빠르게 풀고 취약한 유형은 나중에 푸는 효율적인 문제 풀이를 통해 최대한 고득점을 맞는 것이 중요하다.

01 | 명제 추론

| 유형분석 |

- 주어진 조건을 토대로 논리적으로 추론하여 참 또는 거짓을 구분하는 문제이다.
- 자료를 제시하고 새로운 결과나 자료에 주어지지 않은 내용을 추론해 가는 형식의 문제가 출제된다.

어느 도시에 있는 병원의 공휴일 진료 현황은 다음과 같다. 공휴일에 진료하는 병원의 수는?

- B병원이 진료를 하지 않으면, A병원은 진료를 한다.
- B병원이 진료를 하면, D병원은 진료를 하지 않는다.
- A병원이 진료를 하면, C병원은 진료를 하지 않는다.
- C병원이 진료를 하지 않으면, E병원이 진료를 한다.
- E병원은 공휴일에 진료를 하지 않는다.

① 1곳   ② 2곳
③ 3곳   ④ 4곳
⑤ 5곳

정답 ②

제시된 진료 현황을 각각의 명제로 보고 이들을 수식으로 설명하면 다음과 같다(단, 명제가 참일 경우 그 대우도 참이다).
- B병원이 진료를 하지 않으면 A병원이 진료한다($\sim$B → A / $\sim$A → B).
- B병원이 진료를 하면 D병원은 진료를 하지 않는다(B → $\sim$D / D → $\sim$B).
- A병원이 진료를 하면 C병원은 진료를 하지 않는다(A → $\sim$C / C → $\sim$A).
- C병원이 진료를 하지 않으면 E병원이 진료한다($\sim$C → E / $\sim$E → C).

이를 하나로 연결하면, D병원이 진료를 하면 B병원이 진료를 하지 않고, B병원이 진료를 하지 않으면 A병원은 진료를 한다. A병원이 진료를 하면 C병원은 진료를 하지 않고, C병원이 진료를 하지 않으면 E병원은 진료를 한다(D → $\sim$B → A → $\sim$C → E). 명제가 참일 경우 그 대우도 참이므로 $\sim$E → C → $\sim$A → B → $\sim$D가 된다. E병원은 공휴일에 진료를 하지 않으므로 위의 명제를 참고하면 C와 B병원만이 진료를 하는 경우가 된다. 따라서 공휴일에 진료를 하는 병원은 2곳이다.

풀이 전략!

명제와 관련한 기본적인 논법에 대해서는 미리 학습해 두며, 이를 바탕으로 각 문장에 있는 핵심단어 또는 문구를 기호화하여 정리한 후, 선택지와 비교하여 참 또는 거짓을 판단한다.

01 K공단의 건물에서는 엘리베이터 여섯 대(1 ~ 6호기)를 6시간에 걸쳐 검사하고자 한다. 한 시간에 한 대씩만 검사한다고 할 때, 다음 〈조건〉에 근거하여 바르게 추론한 것은?

조건
- 제일 먼저 검사하는 엘리베이터는 5호기이다.
- 가장 마지막에 검사하는 엘리베이터는 6호기가 아니다.
- 2호기는 6호기보다 먼저 검사한다.
- 3호기는 두 번째로 먼저 검사하며, 그 다음으로 검사하는 엘리베이터는 1호기이다.

① 6호기는 4호기보다 늦게 검사한다.
② 마지막으로 검사하는 엘리베이터는 4호기가 아니다.
③ 4호기 다음으로 검사할 엘리베이터는 2호기이다.
④ 6호기는 1호기 다다음에 검사하며, 다섯 번째로 검사한다.

02 A ~ E학생이 영어, 수학, 국어, 체육 수업 중 두 개의 수업을 듣는다고 할 때, 다음 〈조건〉을 보고 E학생이 듣는 수업으로 옳은 것을 모두 고르면?

조건
- A학생과 B학생은 영어 수업만 같이 듣는다.
- B학생은 C학생, E학생과 수학 수업을 함께 듣는다.
- C학생은 D학생과 체육 수업을 함께 듣는다.
- A학생은 D학생, E학생과 어떤 수업도 같이 듣지 않는다.

① 영어, 수학
② 영어, 국어
③ 수학, 체육
④ 국어, 체육

03 이번 학기에 4개의 강좌 A ~ D가 새로 개설되어 강의 지원자 甲 ~ 戊 중 4명에게 각 한 강좌씩 맡기려 한다. 배정 결과를 궁금해 하는 5명은 아래와 같이 예측했다. 배정 결과를 보니 이 중 한 명의 예측만 틀리고, 나머지는 옳은 예측이었다. 다음 중 바르게 추론한 것은?

> 甲 : 乙이 A강좌를 담당하고 丙은 강좌를 맡지 않을 것이다.
> 乙 : 丙이 B강좌를 담당할 것이다.
> 丙 : 丁은 D가 아닌 다른 강좌를 담당할 것이다.
> 丁 : 戊가 D강좌를 담당할 것이다.
> 戊 : 乙의 예측은 틀릴 것이다.

① 甲은 A강좌를 담당한다.
② 乙은 C강좌를 담당한다.
③ 丙은 강좌를 담당하지 않는다.
④ 丁은 D강좌를 담당한다.

04 이웃해 있는 10개의 건물에 초밥가게, 옷가게, 신발가게, 편의점, 약국, 카페가 있다. 카페가 3번째 건물에 있을 때, 다음 〈조건〉을 토대로 항상 옳은 것은?(단, 한 건물에 한 가지 업종만 들어갈 수 있다)

> **조건**
> • 초밥가게는 카페보다 앞에 있다.
> • 초밥가게와 신발가게 사이에 비어있는 건물을 포함하여 6개의 건물이 있다.
> • 옷가게와 편의점은 인접할 수 없으며, 옷가게와 신발가게는 인접해 있다.
> • 신발가게 뒤에 비어있는 건물이 2개 있다.
> • 2번째와 4번째 건물은 비어있는 건물이다.
> • 편의점과 약국은 인접해 있다.

① 카페와 옷가게는 인접해 있다.
② 초밥가게와 약국 사이에 2개의 건물이 있다.
③ 편의점은 6번째 건물에 있다.
④ 신발가게는 8번째 건물에 있다.

05 A ~ E 다섯 명은 팀을 이루어 총싸움을 하는 온라인 게임에 한 팀으로 참전하였다. 이때, 각각 늑대 인간과 드라큘라 중 하나의 캐릭터를 선택할 수 있다. 다음 〈조건〉을 참고할 때, 항상 옳은 것은?

> **조건**
> • A, B, C는 상대팀을 향해 총을 쏘고 있다.
> • D, E는 상대팀에게 총을 맞은 상태로 관전만 가능하다.
> • 늑대 인간은 2명만이 살아남아 총을 쏘고 있다.
> • A는 늑대 인간 캐릭터를 선택하였다.
> • D와 E의 캐릭터는 서로 같지 않다.

① 3명은 늑대 인간 캐릭터를, 2명은 드라큘라 캐릭터를 선택했다.
② B는 드라큘라 캐릭터를 선택했다.
③ C는 늑대 인간 캐릭터를 선택했다.
④ 드라큘라의 수가 늑대 인간의 수보다 많다.

06 K프랜차이즈 카페에서는 디저트로 빵, 케이크, 마카롱, 쿠키를 판매하고 있다. 최근 각 지점에서 디저트를 섭취하고 땅콩 알레르기가 발생했다는 컴플레인이 제기되었다. 해당 디저트에는 모두 땅콩이 들어가지 않으며, 땅콩을 사용한 제품과 인접 시설에서 제조하고 있다. 아래의 사례를 참고할 때, 다음 중 반드시 거짓인 것은?

> • 땅콩 알레르기 유발 원인이 된 디저트는 빵, 케이크, 마카롱, 쿠키 중 하나이다.
> • 각 지점에서 땅콩 알레르기가 있는 손님이 섭취한 디저트와 알레르기 유무는 아래와 같다.

A지점	빵과 케이크를 먹고, 마카롱과 쿠키를 먹지 않은 경우, 알레르기가 발생했다.
B지점	빵과 마카롱을 먹고, 케이크와 쿠키를 먹지 않은 경우, 알레르기가 발생하지 않았다.
C지점	빵과 쿠키를 먹고, 케이크와 마카롱을 먹지 않은 경우, 알레르기가 발생했다.
D지점	케이크와 마카롱을 먹고, 빵과 쿠키를 먹지 않은 경우, 알레르기가 발생했다.
E지점	케이크와 쿠키를 먹고, 빵과 마카롱을 먹지 않은 경우, 알레르기가 발생하지 않았다.
F지점	마카롱과 쿠키를 먹고, 빵과 케이크를 먹지 않은 경우, 알레르기가 발생하지 않았다.

① A, B, D지점의 사례만을 고려하면, 케이크가 알레르기의 원인이다.
② A, C, E지점의 사례만을 고려하면, 빵이 알레르기의 원인이다.
③ B, D, F지점의 사례만을 고려하면, 케이크가 알레르기의 원인이다.
④ C, D, F지점의 사례만을 고려하면, 마카롱이 알레르기의 원인이다.

02 | SWOT 분석

| 유형분석 |

- 상황에 대한 환경 분석 결과를 통해 주요 과제를 도출하는 문제이다.
- 주로 3C 분석 또는 SWOT 분석을 활용한 문제들이 출제되고 있으므로 해당 분석도구에 대한 사전 학습이 요구된다.

다음 설명을 참고하였을 때 〈보기〉의 K자동차가 취할 수 있는 전략으로 가장 적절한 것은?

'SWOT'는 Strength(강점), Weakness(약점), Opportunity(기회), Threat(위협)의 머리글자를 따서 만든 단어로, 경영 전략을 세우는 방법론이다. SWOT로 도출된 조직의 내・외부 환경을 분석하고, 이 결과를 통해 대응전략을 구상할 수 있다. 'SO전략'은 기회를 활용하기 위해 강점을 사용하는 전략이고, 'WO전략'은 약점을 보완 또는 극복하여 시장의 기회를 활용하는 전략이다. 'ST전략'은 위협을 피하기 위해 강점을 활용하는 방법이며, 'WT전략'은 위협요인을 피하기 위해 약점을 보완하는 전략이다.

보기

- 새로운 정권의 탄생으로 자동차 업계 내 새로운 바람이 불 것으로 예상된다. A당선인이 이번 선거에서 친환경차 보급 확대를 주요 공약으로 내세웠고, 공약에 따라 공공기관용 친환경차 비율을 70%로 상향시키기로 하고, 친환경차 보조금 확대 등을 통해 친환경차 보급률을 높이겠다는 계획을 세웠다. 또한 최근 환경을 생각하는 국민 의식의 향상과 친환경차의 연비 절감 부분이 친환경차 구매 욕구 상승에 기여하고 있다.
- K자동차는 기존의 전기자동차 모델들을 꾸준히 출시하여 성장세가 두드러지고 있는 데다가 고객들의 다양한 구매 욕구를 충족시킬 만한 전기자동차 상품의 다양성을 확보하였다. 또한, K자동차의 전기자동차 미국 수출이 증가하고 있는 만큼 앞으로의 전망도 밝을 것으로 예상된다.

① SO전략   ② WO전략

③ ST전략   ④ WT전략

정답 ①

- Strength(강점) : K자동차는 전기자동차 모델들을 꾸준히 출시하여 성장세가 두드러지고 있는 데다가 고객들의 다양한 구매 욕구를 충족시킬 만한 전기자동차 상품의 다양성을 확보하였다.
- Opportunity(기회) : 새로운 정권에서 친환경차 보급 확대에 적극 나설 것으로 보인다는 점과 환경을 생각하는 국민 의식의 향상과 친환경차의 연비 절감 부분이 친환경차 구매 욕구 상승에 기여하고 있으며 K자동차의 미국 수출이 증가하고 있다. 따라서 해당 기사를 분석하면 SO전략이 가장 적절하다.

풀이 전략!

문제에 제시된 분석도구를 확인한 후, 분석 결과를 종합적으로 판단하여 각 선택지의 전략 과제와 일치 여부를 판단한다.

01 최근 라면시장이 3년 만에 마이너스 성장한 것으로 나타남에 따라 K사에 근무하는 A대리는 신제품 개발 이전 라면시장에 대한 환경 분석과 관련된 보고서를 제출하라는 과제를 받았다. 다음 중 A대리가 작성한 SWOT 분석의 기회 요인에 작성할 수 있는 내용으로 옳지 않은 것은?

〈라면시장에 대한 SWOT 분석 결과〉

강점(Strength)	약점(Weakness)
• 식품그룹으로서의 시너지 효과 • 그룹 내 위상, 역할 강화 • M제품의 성공적인 개발 경험	• 유통업체의 영향력 확대 • 과도한 신제품 개발 • 신상품의 단명 • 유사상품의 영역침범 • 경쟁사의 공격적인 마케팅 대응 부족 • 원재료의 절대적 수입 비중
기회(Opportunity)	위협(Threat)
	• 저출산, 고령화로 취식인구 감소 • 소득증가 • 언론, 소비단체의 부정적인 이미지 이슈화 • 정보의 관리, 감독 강화

① 1인 가구의 증대(간편식, 편의식)　　② 조미료에 대한 부정적인 인식 개선
③ 1인 미디어 라면 먹방의 유행　　④ 난공불락의 B라면회사

02 다음 중 SWOT 분석을 이해한 내용으로 가장 적절한 것은?

> SWOT 분석에서 강점은 경쟁기업과 비교하여 소비자로부터 강점으로 인식되는 것이 무엇인지, 약점은 경쟁기업과 비교하여 소비자로부터 약점으로 인식되는 것이 무엇인지, 기회는 외부환경에서 유리한 기회요인은 무엇인지, 위협은 외부환경에서 불리한 위협요인은 무엇인지를 찾아내는 것이다. SWOT 분석의 가장 큰 장점은 기업의 내부 및 외부환경의 변화를 동시에 파악할 수 있다는 것이다.

① 제품의 우수한 품질은 기회 요인으로 볼 수 있다.
② 초고령화 사회는 실버산업에 있어 기회 요인으로 볼 수 있다.
③ 기업의 비효율적인 업무 프로세스는 위협 요인으로 볼 수 있다.
④ 살균제 달걀 논란은 빵집에게 있어 약점 요인으로 볼 수 있다.

03 K공단의 철도사업처에 근무하는 A대리는 자사에 대한 SWOT 분석 자료를 토대로 〈보기〉와 같이 판단했다. 다음 〈보기〉 중 SWOT 분석에 의한 경영 전략에 따른 판단으로 적절하지 않은 것은?

<table>
<tr><td colspan="2" align="center">〈SWOT 분석〉</td></tr>
<tr><td>Strength
(강점)</td><td>• 반부패·청렴 공기업으로서의 이미지
• 장기간 축적된 도시철도 운영 노하우
• 공사로서 법적·정책적 지위 확보, 영위 사업의 공익성
• 수송 수요가 매우 높은 서울시를 사업 지역으로 확보함(안정적인 사업 기반)
• 교통약자를 위해 지하철 이용 시스템을 개선하는 등 시민과 공존·소통하는 공기업
• 스마트 스테이션(디지털 기반의 미래형 도시철도 역사 관리 시스템) 구축 사업 본격화</td></tr>
<tr><td>Weakness
(약점)</td><td>• 전동차와 시설의 노후화 및 관련 투자 부담
• 정부, 특히 서울시의 영향으로부터 자유롭지 못함
• 공공요금 인상 제한 정책에 따른 열위한 수익 구조
• 무임수송, 환승할인 등에 따른 연간 1조 원의 정도의 만성 적자(누적 17조 원 적자)</td></tr>
<tr><td>Opportunity
(기회)</td><td>• 정부와 서울시의 지속적인 재정 지원
• 외국인 관광객 증가로 지하철 이용 또한 증가
• 서울시의 기본요금 인상(1,200원 → 1,400원) 승인으로 매출 증대 기대</td></tr>
<tr><td>Threat
(위협)</td><td>• 재무 감축 등 공기업 개혁 요구
• 에너지 가격(산업용 전기요금)의 인상
• 고령화 추세로 65세 이상의 무임승차 대상 증가</td></tr>
</table>

보기

㉠ 반부패·청렴 공기업으로서의 위상을 강화해 재무 감축 등 개혁에 대한 사회적 요구에 대응하는 방안은 SO전략에 해당한다.

㉡ 외국인 관광객의 증가에 부응해 외국인 전용 지하철 앱(Application)을 출시해 만성적인 적자를 줄이는 방안은 ST전략에 해당한다.

㉢ 서울시의 지하철 기본요금 인상 결정으로 기대되는 추가 수익을 보다 안전한 전동차로 교체하는 재원으로 활용하는 방안은 WO전략에 해당한다.

㉣ 스마트 스테이션 사업을 추진할 때 전기 사용량을 절감할 수 있는 기술을 전 역사에 적용하도록 해 에너지 가격 인상으로 인한 충격을 상쇄하는 방안은 WT전략에 해당한다.

① ㉠, ㉣

② ㉡, ㉢

③ ㉠, ㉡, ㉢

④ ㉠, ㉡, ㉣

04 다음은 국내 금융기관에 대한 SWOT 분석 자료이다. 이를 통해 SWOT 전략을 세운다고 할 때, 〈보기〉 중 분석 결과에 대응하는 전략과 그 내용이 바르게 연결된 것을 모두 고르면?

국내 대부분의 예금과 대출을 국내 은행이 차지하고 있을 정도로 국내 금융기관에 대한 우리나라 국민들의 충성도는 높은 편이다. 또한 국내 금융기관은 철저한 신용 리스크 관리로 해외 금융기관과 비교해 자산건전성 지표가 매우 우수한 편이다. 시장 리스크 관리도 해외 선진 금융기관 수준에 도달한 것으로 평가받는다. 국내 금융기관은 외환위기와 글로벌 금융위기 등을 거치며 꾸준히 자산건전성을 강화해 왔기 때문이다.

그러나 은행과 이자 이익에 수익이 편중되어 있다는 점은 국내 금융기관의 가장 큰 약점이 된다. 대부분 예금과 대출 거래 중심의 영업구조로 되어 있기 때문이다. 취약한 해외 비즈니스도 문제로 들 수 있다. 최근 동남아 시장을 중심으로 해외 진출에 박차를 가하고 있지만, 아직은 눈에 띄는 성과가 많지 않은 상황이다.

많은 어려움에도 불구하고 국내 금융기관의 발전 가능성은 아직 무궁무진하다. 우선 해외 시장으로 눈을 돌리면 다양한 기회가 열려 있다. 전 세계 신용 · 단기 자금 확대, 글로벌 무역 회복세로 국내 금융기관의 해외 진출 여건은 양호한 편이다. 따라서 해외 시장 개척을 통해 어떻게 신규 수익원을 확보하느냐가 성장의 새로운 기회로 작용할 전망이다. IT 기술 발달에 따른 핀테크의 등장도 새로운 기회가 될 수 있다. 국내의 발달된 인터넷과 모바일뱅킹 서비스, IT 인프라를 활용한 새로운 수익 창출 가능성이 열려 있는 것이다.

그러나 역설적으로 핀테크의 등장은 오히려 국내 금융기관의 발목을 잡을 수 있다. 블록체인 기술에 기반한 암호화폐, 간편결제와 송금, 로보어드바이저, 인터넷 은행, P2P 대출 등 다양한 핀테크 분야의 새로운 서비스들이 기존 금융 서비스의 대체재로서 출현하고 있기 때문이다. 금융시장 개방에 따른 글로벌 금융기관과의 경쟁 심화도 넘어야 할 산이다. 특히 중국 은행을 비롯한 중국 금융이 급성장하고 있어 이에 대한 대비책 마련이 시급하다.

보기

㉠ SO전략 : 높은 국내 시장점유율을 기반으로 국내 핀테크 사업에 진출한다.
㉡ WO전략 : 위기관리 역량을 강화하여 해외 금융시장에 진출한다.
㉢ ST전략 : 해외 금융기관과 비교해 우수한 자산건전성을 강조하여 글로벌 금융기관과의 경쟁에서 우위를 차지한다.
㉣ WT전략 : 해외 비즈니스 역량을 강화하여 해외 금융시장에 진출한다.

① ㉠, ㉡
② ㉠, ㉢
③ ㉡, ㉢
④ ㉡, ㉣

03 | 규칙 적용

| 유형분석 |

- 주어진 상황과 규칙을 종합적으로 활용하여 풀어 가는 문제이다.
- 일정, 비용, 순서 등 다양한 내용을 다루고 있어 유형을 한 가지로 단일화하기 어렵다.

갑은 다음 규칙을 참고하여 알파벳 단어를 숫자로 변환하고자 한다. 규칙을 적용한 〈보기〉의 ㉠ ~ ㉣ 단어에서 알파벳 Z에 해당하는 자연수들을 모두 더한 값은?

〈규칙〉

① 알파벳 'A'부터 'Z'까지 순서대로 자연수를 부여한다.
  예 A=2라고 하면 B=3, C=4, D=5이다.
② 단어의 음절에 같은 알파벳이 연속되는 경우 ①에서 부여한 숫자를 알파벳이 연속되는 횟수만큼 거듭제곱한다.
  예 A=2이고 단어가 'AABB'이면 AA는 '2^2'이고, BB는 '3^2'이므로 '49'로 적는다.

보기

㉠ AAABBCC는 100000010201110404로 변환된다.
㉡ CDFE는 3465로 변환된다.
㉢ PJJYZZ는 1712126729로 변환된다.
㉣ QQTSR은 625282726으로 변환된다.

① 154   ② 176
③ 199   ④ 212

정답 ④

㉠ A=100, B=101, C=102이다. 따라서 Z=125이다.
㉡ C=3, D=4, E=5, F=6이다. 따라서 Z=26이다.
㉢ P가 17임을 볼 때, J=11, Y=26, Z=27이다.
㉣ Q=25, R=26, S=27, T=28이다. 따라서 Z=34이다.
따라서 해당하는 Z값을 모두 더하면 125+26+27+34=212이다.

풀이 전략!

문제에 제시된 조건이나 규칙을 정확히 파악한 후, 선택지나 상황에 적용하여 문제를 풀어 나간다.

01 K야구단의 락커룸이 그림과 같이 8개가 준비되어 있다. 8명의 새로 영입된 선수들이 각각 하나의 락커룸을 배정받을 때, 〈조건〉에 따라 배정받을 수 있는 경우의 수는 모두 몇 가지인가?

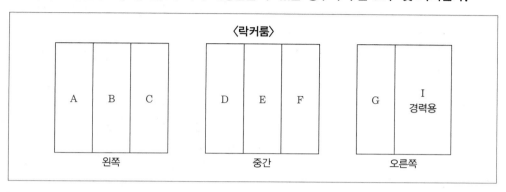

〈락커룸〉

A	B	C		D	E	F	G	I 경력용

왼쪽   중간   오른쪽

> **조건**
> • 락커룸은 그림과 같이 왼쪽에 3개, 중간에 3개, 오른쪽에 2개가 준비되어 있다.
> • 영입선수 중 2명은 경력선수이고, 나머지는 신입선수이다.
> • 오른쪽 끝 락커룸 I에는 경력선수 2명 중 1명만 배정될 수 있다.
> • 왼쪽 락커룸 A, B, C에는 신입선수 2명이 신청하였다.
> • 중간 락커룸에 D, E, F에는 신입선수 1명이 신청하였다.
> • 신청 의사가 없는 선수는 임의로 배정받는다.

① 72가지   ② 96가지
③ 432가지   ④ 864가지

02 다음 글을 근거로 판단할 때, 그림 2의 정육면체 아랫면에 쓰인 36개 숫자의 합은?

정육면체인 하얀 블록 5개와 검은 블록 1개를 일렬로 붙인 막대 30개를 만든다. 각 막대의 윗면에는 가장 위에 있는 블록부터, 아랫면에는 가장 아래에 있는 블록부터 세어 검은 블록이 몇 번째 블록인지를 나타내는 숫자를 쓴다. 이런 규칙에 따르면 그림 1의 예에서는 윗면에 2를, 아랫면에 5를 쓰게 된다. 다음으로 검은 블록 없이 하얀 블록 6개를 일렬로 붙인 막대를 6개 만든다. 검은 블록이 없으므로 윗면과 아랫면 모두에 0을 쓴다.

이렇게 만든 36개의 막대를 붙여 그림 2와 같은 큰 정육면체를 만들었더니, 윗면에 쓰인 36개 숫자의 합이 109였다.

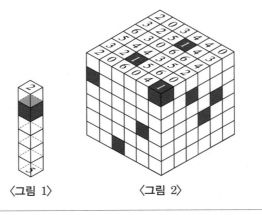

〈그림 1〉   〈그림 2〉

① 97

② 100

③ 101

④ 103

03 다음은 우리나라 자동차 등록번호 부여방법이다. 이를 바탕으로 〈보기〉에서 자동차 등록번호가 바르게 부여되지 않은 자동차의 수는 모두 몇 대인가?(단, 자동차는 모두 비사업용 승용차이다)

〈자동차 등록번호 부여방법〉

- 차량종류 – 차량용도 – 일련번호 순으로 부여한다.
- 차량종류별 등록번호

승용차	승합차	화물차	특수차	긴급차
100 ~ 699	700 ~ 799	800 ~ 979	980 ~ 997	998 ~ 999

- 차량용도별 등록번호

구분	문자열
비사업용 (32개)	가, 나, 다, 라, 마 거, 너, 더, 러, 머, 버, 서, 어, 저 고, 노, 도, 로, 모, 보, 소, 오, 조 구, 누, 두, 루, 무, 부, 수, 우, 주
운수사업용	바, 사, 아, 자
택배사업용	배
렌터카	하, 허, 호

- 일련번호
  1000 ~ 9999 숫자 중 임의 발급

> **보기**
>
> - 680 더 3412
> - 521 버 2124
> - 431 사 3019
> - 531 서 9898
> - 501 라 4395
> - 421 저 2031
> - 241 가 0291
> - 670 로 3502
> - 702 나 2838
> - 431 구 3050
> - 600 루 1920
> - 912 라 2034
> - 321 우 3841
> - 214 하 1800
> - 450 무 8402
> - 531 고 7123

① 3개   ② 4개

③ 5개   ④ 6개

04 | 자료 해석

| 유형분석 |

- 주어진 자료를 해석하고 활용하여 풀어가는 문제이다.
- 꼼꼼하고 분석적인 접근이 필요한 다양한 자료들이 출제된다.

K동에서는 임신한 주민에게 출산장려금을 지원하고자 한다. 출산장려금 지급 기준 및 K동에 거주하는 임산부에 대한 정보가 다음과 같을 때, 출산장려금을 가장 먼저 받을 수 있는 사람은?

〈K동 출산장려금 지급 기준〉

- 출산장려금 지급액은 모두 같으나, 지급 시기는 모두 다르다.
- 지급 순서 기준은 임신일, 자녀 수, 소득 수준 순서이다.
- 임신일이 길수록, 자녀가 많을수록, 소득 수준이 낮을수록 먼저 받는다(단, 자녀는 만 19세 미만의 아동 및 청소년으로 제한한다).
- 임신일, 자녀 수, 소득 수준이 모두 같으면 같은 날에 지급한다.

〈K동 거주 임산부 정보〉

임산부	임신일	자녀	소득 수준
A	150일	만 1세	하
B	200일	만 3세	상
C	100일	만 10세, 만 6세, 만 5세, 만 4세	상
D	200일	만 7세, 만 5세, 만 3세	중
E	200일	만 20세, 만 16세, 만 14세, 만 10세	상

① A임산부
② B임산부
③ C임산부
④ D임산부

정답 ④
출산장려금 지급 시기의 가장 우선순위인 임신일이 가장 긴 임산부는 B, D, E임산부이다. 이 중에서 만 19세 미만인 자녀 수가 많은 임산부는 D, E임산부이고, 소득 수준이 더 낮은 임산부는 D임산부이다. 따라서 D임산부가 가장 먼저 출산장려금을 받을 수 있다.

풀이 전략!
문제 해결을 위해 필요한 정보가 무엇인지 먼저 파악한 후, 제시된 자료를 분석적으로 읽고 해석한다.

01 다음은 서울시에서 진행 예정인 유지보수·개발구축 사업에 대한 기본 정보이다. 이에 대한 설명으로 옳지 않은 것은?

〈유지보수·개발구축 사업 기본 정보〉

사업명	사업내용	사업금액(원)	사업 기간
종로구 청계천 유지 사업	유지보수	12.5억	2년 이상
양천구 오목교 유지보수 사업	개발구축	17억	3년 이상
마포구 마포대교 보수 사업	유지보수	8억	2년 미만
강서구 까치산 둘레길 개발 사업	개발구축	5.6억	1년 미만
관악구 관악산 등산로 구축 사업	개발구축	9억	4년 이상
도봉구 도봉산 도로 개발 사업	개발구축	13억	3년 이상
영등포구 여의도 한강공원 보수 사업	개발구축	11억	1년 이상
종로구 낙산공원 유지 사업	유지보수	8억	2년 이상
서초구 반포 한강공원 유지보수 사업	유지보수	9.5억	1년 미만

① 사업내용이 '유지보수'로 잘못 적힌 것은 2개이다.
② 사업 기간이 1년 미만인 것은 2개이다.
③ 사업금액이 6억 원 미만인 것은 1개이다.
④ 사업금액이 가장 많이 드는 사업과 사업 기간이 2년 미만인 사업은 다르다.

02 K기업은 가전전시회에서 자사의 제품을 출품하기로 하였다. 자사의 제품을 보다 효과적으로 홍보하기 위하여 다음과 같이 행사장의 A ~ G 중 세 곳에서 홍보판촉물을 배부하기로 하였다. 가장 많은 사람들에게 홍보판촉물을 나눠 줄 수 있는 위치는 어디인가?

- 전시관은 제1전시관 → 제2전시관 → 제3전시관 → 제4전시관 순서로 배정되어 있다.
- 행사장 출입구는 한 곳이며, 다른 곳으로는 출입이 불가능하다.
- 방문객은 행사장 출입구로 들어와서 시계 반대 방향으로 돌며, 4개의 전시관 중 2개의 전시관만을 골라 관람한다.
- 방문객은 자신이 원하는 2개의 전시관을 모두 관람하면 행사장 출입구를 통해 나가기 때문에 한 바퀴를 초과해서 도는 방문객은 없다.
- 방문객은 전시관 입구로 들어가면 출구로 나오기 때문에 전시관의 입구와 출구 사이에 있는 외부 통로를 동시에 지나치지 않는다.
- 행사장에는 시간당 평균 400명이 방문하며, 각 전시관의 시간당 평균 방문객 수는 다음과 같다.

제1전시관	제2전시관	제3전시관	제4전시관
100명	250명	150명	300명

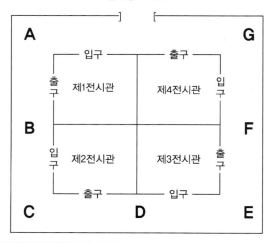

① A, B, C
② A, D, G
③ B, C, E
④ B, D, F

03 K씨는 자신에게 가장 적합한 신용카드를 발급받고자 한다. 다음에 제시된 4가지의 카드 중 무엇을 선택하겠는가?

〈K씨의 상황〉

K씨는 아침에 일어나 간단하게 끼니를 챙기고 출근을 한다. 자가용을 타고 가는 길은 항상 막혀 짜증이 날 법도 하지만, K씨는 라디오 뉴스로 주요 이슈를 확인하느라 정신이 없다. 출·퇴근 중에는 차에서 보내는 시간이 많아 주유비가 상당히 나온다. 그나마 기름값이 싸져서 부담은 덜하지만 여전히 지출에서 큰 비중을 차지한다. 보조석에는 공과금 용지가 펼쳐져 있다. 혼자 살기 때문에 많은 요금이 나오지 않아 납부하는 것을 신경쓰지 못하고 있다. 이제 곧 겨울이 올 것을 대비하여 오늘 오후에 차량 점검을 맡기려고 예약을 해두었다. 아직 사고는 난 적이 없지만 혹시나 하는 마음에 점검을 받으려고 한다.

〈신용카드 종류〉

A카드	B카드	C카드	D카드
• 놀이공원 할인	• 포인트 두 배 적립	• 공과금 할인	• 주유비 할인
• 커피 할인	• 6개월간 무이자 할인	• 온라인 쇼핑몰 할인	• 차량 소모품 할인
• Kids카페 할인		• 병원·약국 할인	• 상해보험 무료 가입

① A카드   ② B카드

③ C카드   ④ D카드

05 | 창의적 사고

| 유형분석 |

- 창의적 사고에 대한 개념을 묻는 문제가 출제된다.
- 창의적 사고 개발 방법에 대한 암기가 필요한 문제가 출제되기도 한다.

다음 글에서 설명하고 있는 창의적 사고의 개발방법은?

'신차 출시'라는 같은 주제에 대해서 판매방법, 판매대상 등의 힌트를 통해 사고 방향을 미리 정해서 발상한다. 이때, 판매방법이라는 힌트에 대해서는 '신규 해외 수출 지역을 물색한다.'라는 아이디어를 떠올릴 수 있을 것이다.

① 자유 연상법 ② 강제 연상법
③ 비교 발상법 ④ 비교 연상법
⑤ 자유 발상법

정답 ②

창의적 사고의 개발방법

- 자유 연상법 : 어떤 생각에서 다른 생각을 계속해서 떠올리는 작용을 통해 어떤 주제에서 생각나는 것을 계속해서 열거해 나가는 방법 예 브레인스토밍
- 강제 연상법 : 각종 힌트에서 강제적으로 연결지어서 발상하는 방법 예 체크리스트
- 비교 발상법 : 주제와 본질적으로 닮은 것을 힌트로 하여 새로운 아이디어를 얻는 방법 예 NM법, Synetics

풀이 전략!

문제와 관련된 모듈이론에 대한 전반적인 학습을 미리 해두어야 하며, 이를 주어진 문제에 적용하여 빠르게 풀이한다.

01 다음 중 문제를 해결할 때 필요한 분석적 사고에 대한 설명으로 옳은 것은?

① 전체를 각각의 요소로 나누어 그 요소의 의미를 도출한 다음 우선순위를 부여하고 구체적인 문제 해결방법을 실행하는 것이 요구된다.

② 성과 지향의 문제는 일상업무에서 일어나는 상식, 편견을 타파하여 사고와 행동을 객관적 사실로부터 시작해야 한다.

③ 가설 지향의 문제는 기대하는 결과를 명시하고 효과적인 달성 방법을 사전에 구상하고 실행에 옮겨야 한다.

④ 사실 지향의 문제는 현상 및 원인분석 전에 지식과 경험을 바탕으로 일의 과정이나 결과, 결론을 가정한 다음 검증 후 사실일 경우 다음 단계의 일을 수행해야 한다.

02 다음 중 문제해결절차에 따라 사용되는 문제해결방법을 〈보기〉에서 순서대로 바르게 나열한 것은?

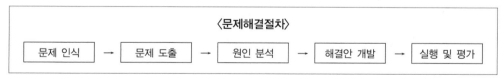

〈문제해결절차〉

문제 인식 → 문제 도출 → 원인 분석 → 해결안 개발 → 실행 및 평가

보기
㉠ 주요 과제를 나무 모양으로 분해·정리한다.
㉡ 자사, 경쟁사, 고객사에 대해 체계적으로 분석한다.
㉢ 부분을 대상으로 먼저 실행한 후 전체로 확대하여 실행한다.
㉣ 전체적 관점에서 방향과 방법이 같은 해결안을 그룹화한다.

① ㉠-㉡-㉢-㉣
② ㉠-㉡-㉣-㉢
③ ㉡-㉠-㉢-㉣
④ ㉡-㉠-㉣-㉢

> K기업 기획팀의 이현수 대리는 금일 오후 5시까지 전산시스템을 통해 제출해야 하는 사업계획서를 제출하지 못하였다. 이는 K기업이 정부로부터 지원금을 받을 수 있는 매우 중요한 사안으로, 이번 사건으로 K기업 전체에 비상이 걸렸다. 이현수 대리를 비롯하여 사업계획서와 관련된 담당자들은 금일 오후 4시 30분까지 제출 준비를 모두 마쳤으나, 회사 전산망 마비로 전산시스템 접속이 불가능해 사업계획서를 제출하지 못하였다. 이들은 정부기관 측 담당자에게 사정을 설명하였으나, 담당자는 예외는 없다고 답변하였다. 이를 지켜본 강민호 부장은 "㉠ 이현수 대리는 기획팀을 대표하는 인재인데 이런 실수를 하다니 기획팀이 하는 업무는 모두 실수투성일 것이 분명할 것"이라고 말하였다.

03 다음 중 윗글에서 나타난 문제와 문제점을 바르게 연결한 것은?

	문제	문제점
①	사업계획서 제출 실패	정부 담당자 설득 실패
②	정부 담당자 설득 실패	사업계획서 제출 실패
③	사업계획서 제출 실패	전산망 마비
④	전산망 마비	사업계획서 제출 실패

04 다음 중 윗글의 밑줄 친 ㉠에서 나타난 논리적 오류는?

① 권위나 인신공격에 의존한 논증

② 무지의 오류

③ 애매성의 오류

④ 연역법의 오류

※ 다음 상황과 회의 내용을 참고하여 이어지는 질문에 답하시오. [5~6]

〈상황〉

설탕과 프림을 넣지 않은 고급 인스턴트 블랙커피를 커피믹스와 같은 스틱 형태로 선보이겠다는 아이디어를 제시하였지만, 인스턴트커피를 제조하고 판매하는 K회사의 경영진의 반응은 차가웠다. K회사의 커피믹스 판매량이 호조로 상승세에 있기 때문이었다.

〈회의 내용〉

기획팀 부장 : 신제품 개발과 관련된 회의를 진행하도록 하겠습니다. 이 자리는 누구에게 책임이 있는지를 묻는 회의가 아닙니다. 신제품 개발에 대한 서로의 상황을 인지하고 문제 상황을 해결해 보자는 데 그 의미가 있습니다. 먼저 신제품 개발과 관련하여 마케팅팀 의견을 제시해 주십시오.

마케팅 부장 : A제품이 생산될 수 있도록 연구소 자체 공장에 파일럿 라인을 만들어 샘플을 생산하였으면 합니다.

연구소 소장 : 성공 여부가 불투명한 신제품을 위한 파일럿 라인을 만들기는 어렵습니다.

기획팀 부장 : 조금이라도 신제품 개발을 위해 생산현장에서 무언가 협력할 방안은 없을까요?

마케팅 부장 : 고급 인스턴트커피의 생산이 가능한지를 먼저 알아본 후 한 단계씩 전진하면 어떨까요?

기획팀 부장 : 좋은 의견인 것 같습니다. 소장님은 어떻게 생각하십니까?

연구소 소장 : 커피 전문점 수준의 고급 인스턴트커피를 만들기 위해서는 최대한 커피 전문점이 만드는 커피와 비슷한 과정을 거쳐야 할 것 같습니다.

마케팅 부장 : 그렇습니다. 하지만 100% 커피 전문점 원두커피를 만드는 것이 아닙니다. 전문점 커피를 100%로 봤을 때, 80 ~ 90% 정도 수준이면 됩니다.

연구소 소장 : 퀄리티는 높이고 일회용 스틱 형태의 제품인 믹스의 사용 편리성은 그대로 두자는 이야기죠?

마케팅 부장 : 그렇습니다. 우선 120℃로 커피를 추출하는 장비가 필요합니다. 또한 액체인 커피를 봉지에 담지 못하니 동결건조방식을 활용해야 할 것 같습니다.

연구소 소장 : 보통 믹스커피는 하루 1톤 분량의 커피를 만들 수 있는데, 이 방법으로는 하루에 100kg도 못 만듭니다.

마케팅 부장 : 예, 잘 알겠습니다. 그 부분에 대해서는 조금 더 논의가 필요할 것 같습니다. 검토를 해 보겠습니다.

05 다음 중 마케팅 부장이 취하는 문제해결방법은 무엇인가?

① 소프트 어프로치
② 하드 어프로치
③ 퍼실리테이션
④ 비판적 사고

06 다음 중 K회사의 신제품 개발과 관련하여 가장 필요했던 것은?

① 전략적 사고
② 분석적 사고
③ 발상의 전환
④ 내·외부자원의 효과적 활용

자원관리능력

합격 Cheat Key

자원관리능력은 현재 NCS 기반 채용을 진행하는 많은 공사·공단에서 핵심영역으로 자리 잡아, 일부를 제외한 대부분의 시험에서 출제되고 있다.

세부 유형은 비용 계산, 해외파견 지원금 계산, 주문 제작 단가 계산, 일정 조율, 일정 선정, 행사 대여 장소 선정, 최단거리 구하기, 시차 계산, 소요시간 구하기, 해외파견 근무 기준에 부합하는 또는 부합하지 않는 직원 고르기 등으로 나눌 수 있다.

1 시차를 먼저 계산하라!

시간 자원 관리의 대표유형 중 시차를 계산하여 일정에 맞는 항공권을 구입하거나 회의시 간을 구하는 문제에서는 각각의 나라 시간을 한국 시간으로 전부 바꾸어 계산하는 것이 편리하다. 조건에 맞는 나라들의 시간을 전부 한국 시간으로 바꾸고 한국 시간과의 시차 만 더하거나 빼면 시간을 단축하여 풀 수 있다.

2 선택지를 잘 활용하라!

계산을 해서 값을 요구하는 문제 유형에서는 선택지를 먼저 본 후 자리 수가 몇 단위로 끝나는지 확인해야 한다. 예를 들어 412,300원, 426,700원, 434,100원인 선택지가 있 다고 할 때, 제시된 조건에서 100원 단위로 나올 수 있는 항목을 찾아 그 항목만 계산하는 방법이 있다. 또한, 일일이 계산하는 문제가 많다. 예를 들어 640,000원, 720,000원, 810,000원 등의 수를 이용해 푸는 문제가 있다고 할 때, 만 원 단위를 절사하고 계산하여 64, 72, 81처럼 요약하는 방법이 있다.

3 　**최적의 값을 구하는 문제인지 파악하라!**

물적 자원 관리의 대표유형에서는 제한된 자원 내에서 최대의 만족 또는 이익을 얻을
수 있는 방법을 강구하는 문제가 출제된다. 이때, 구하고자 하는 값을 x, y로 정하고
연립방정식을 이용해 x, y 값을 구한다. 최소 비용으로 목표생산량을 달성하기 위한 업
무 및 인력 할당, 정해진 시간 내에 최대 이윤을 낼 수 있는 업체 선정, 정해진 인력으로
효율적 업무 배치 등을 구하는 문제에서 사용되는 방법이다.

4 　**각 평가항목을 비교하라!**

인적 자원 관리의 대표유형에서는 각 평가항목을 비교하여 기준에 적합한 인물을 고르거
나, 저렴한 업체를 선정하거나, 총점이 높은 업체를 선정하는 문제가 출제된다. 이런 유형
은 평가항목에서 가격이나 점수 차이에 영향을 많이 미치는 항목을 찾아 1 ～ 2개의 선택
지를 삭제하고, 남은 3 ～ 4개의 선택지만 계산하여 시간을 단축할 수 있다.

01 | 시간 계획

| 유형분석 |

- 시간 자원과 관련된 다양한 정보를 활용하여 풀어가는 문제이다.
- 대체로 교통편 정보나 국가별 시차 정보가 제공되며, 이를 근거로 '현지 도착시간 또는 약속된 시간 내에 도착하기 위한 방안'을 고르는 문제가 출제된다.

한국은 뉴욕보다 16시간 빠르고, 런던은 한국보다 8시간 느리다. 다음 비행기가 현지에 도착할 때의 시각 (㉠, ㉡)으로 옳은 것은?

구분	출발 일자	출발 시각	비행 시간	도착 시각
뉴욕행 비행기	6월 6일	22:20	13시간 40분	㉠
런던행 비행기	6월 13일	18:15	12시간 15분	㉡

	㉠	㉡
①	6월 6일 09시	6월 13일 09시 30분
②	6월 6일 20시	6월 13일 22시 30분
③	6월 7일 09시	6월 14일 09시 30분
④	6월 7일 13시	6월 14일 15시 30분
⑤	6월 7일 20시	6월 14일 20시 30분

정답 ②

㉠ 뉴욕행 비행기는 한국에서 6월 6일 22시 20분에 출발하고, 13시간 40분 동안 비행하기 때문에 6월 7일 12시에 도착한다. 한국 시간은 뉴욕보다 16시간 빠르므로 현지에 도착하는 시각은 6월 6일 20시가 된다.

㉡ 런던행 비행기는 한국에서 6월 13일 18시 15분에 출발하고, 12시간 15분 동안 비행하기 때문에 현지에 6월 14일 6시 30분에 도착한다. 한국 시간은 런던보다 8시간이 빠르므로 현지에 도착하는 시각은 6월 13일 22시 30분이 된다.

풀이 전략!

문제에서 묻는 것을 정확히 파악한다. 특히 제한사항에 대해서는 빠짐없이 확인해 두어야 한다. 이후 제시된 정보(시차 등)에서 필요한 것을 선별하여 문제를 풀어간다.

01 K공단에서는 7월 둘째 주(8 ~ 12일) 중에 2회에 걸쳐 전 직원을 대상으로 지역 문화회관에서 고객 개인정보 유출 방지에 대한 교육을 진행하려고 한다. 다음 자료를 토대로 K공단이 교육을 진행할 수 있는 요일과 시간대를 바르게 나열한 것은?(단, 교육은 1회당 3시간씩 진행된다)

〈문화회관 이용 가능 요일〉

구분	월요일	화요일	수요일	목요일	금요일
9 ~ 12시	○	×	○	×	○
12 ~ 13시	점심시간(운영 안 함)				
13 ~ 17시	×	○	○	×	×

〈주간 주요 일정표〉

일정	내용
7월 8일 월요일	08:30 ~ 09:30 주간조회 및 부서별 회의 14:00 ~ 15:00 팀별 전략 회의
7월 9일 화요일	09:00 ~ 10:00 경쟁력 강화 회의
7월 10일 수요일	11:00 ~ 13:00 부서 점심 회식 17:00 ~ 18:00 팀 회식
7월 11일 목요일	15:00 ~ 16:00 경력사원 면접
7월 12일 금요일	특이사항 없음

※ 주요 일정이 있는 시간 이외에 문화회관 이용 시간과 일정 시간이 겹치지 않는다면 언제든지 교육을 받을 수 있다.

① 월요일 오전, 수요일 오후, 목요일 오전
② 화요일 오전, 수요일 오후, 금요일 오전
③ 화요일 오후, 수요일 오전, 금요일 오전
④ 화요일 오후, 수요일 오후, 금요일 오전

02 K사는 직원들의 사기증진과 친화력 도모를 위해 전 직원이 참여하는 사내 가족 체육대회를 열기로 하였다. 7월 달력과 〈조건〉을 보고 체육대회를 열기에 가장 적절한 날은?

〈7월 달력〉

월요일	화요일	수요일	목요일	금요일	토요일	일요일
	1	2	3	4	5	6
7	8	9	10	11	12	13
14	15	16	17	18	19	20
21	22	23	24	25	26	27
28	29	30	31			

조건

- 7월 3일부터 7일까지는 장마기간으로 비가 온다.
- 가족 모두가 참여해야 하므로 주말로 정한다.
- 마케팅팀은 토요일에 격주로 출근을 한다.
- 서비스팀은 토요일에 격주로 출근을 한다.
- 사장님은 7월 11일부터 15일까지 중국으로 출장을 간다.
- 마케팅팀 M사원은 12일에 출근을 한다.
- 서비스팀 L과장은 5일에 출근을 한다.
- 체육대회를 진행할 운동장은 둘째, 넷째 주말에는 개방하지 않는다.

① 7월 6일
② 7월 12일
③ 7월 13일
④ 7월 20일

〈3월 일정표〉

월요일	화요일	수요일	목요일	금요일	토요일	일요일
			1 삼일절	2 김사원 휴가	3	4
5 K공단 전체회의	6 최사원 휴가	7	8 정대리 휴가	9	10	11
12 최팀장 휴가	13	14 정과장 휴가	15 정과장 휴가	16 김팀장 휴가	17	18
19 유부장 휴가	20	21	22	23 임사원 휴가	24	25
26 박과장 휴가	27 최대리 휴가	28	29 한과장 휴가	30 유부장 휴가	31	

• 소속 부서
 – 총무팀 : 최사원, 김대리, 한과장, 최팀장
 – 신용팀 : 임사원, 정대리, 박과장, 김팀장
 – 경제팀 : 김사원, 최대리, 정과장, 유부장
※ 휴가는 공휴일과 주말을 제외하고 사용하며, 전체 일정이 있는 경우 휴가를 사용하지 않는다.

03 K공단 직원들은 휴가일이 겹치지 않게 하루 이상 휴가를 쓰려고 한다. 다음 중 총무팀 김대리의 휴가일정으로 가장 적절한 것은?

① 1일
② 5일
③ 9 ~ 10일
④ 21 ~ 22일

04 K공단 직원들이 동일한 일수로 서로 겹치지 않게 휴가를 쓴다고 할 때, 한 사람당 최대 며칠까지 휴가를 쓸 수 있겠는가?

① 1일
② 2일
③ 3일
④ 4일

02 | 비용 계산

| 유형분석 |

- 예산 자원과 관련된 다양한 정보를 활용하여 풀어가는 문제이다.
- 대체로 한정된 예산 내에서 수행할 수 있는 업무 및 예산 가격을 묻는 문제가 출제된다.

A사원은 이번 출장을 위해 KTX 표를 미리 40% 할인된 가격에 구매하였으나, 출장 일정이 바뀌는 바람에 하루 전날 표를 취소하였다. 다음 환불 규정에 따라 16,800원을 돌려받았을 때, 할인되지 않은 KTX표의 가격은 얼마인가?

<KTX 환불 규정>

출발 2일 전	출발 1일 전 ~ 열차 출발 전	열차 출발 후
100%	70%	50%

① 40,000원 ② 48,000원
③ 56,000원 ④ 67,200원
⑤ 70,000원

정답 ①

할인되지 않은 KTX 표의 가격을 x원이라 하면, 표를 40% 할인된 가격으로 구매하였으므로 구매 가격은 $(1-0.4)x=0.6x$원이다. 환불 규정에 따르면 하루 전에 표를 취소하는 경우 70%의 금액을 돌려받을 수 있으므로 이를 식으로 정리하면 다음과 같다.
$0.6x \times 0.7 = 16,800$
$\rightarrow 0.42x = 16,800$
$\therefore x = 40,000$
따라서 할인되지 않은 KTX 표의 가격은 40,000원이다.

풀이 전략!

제한사항인 예산을 고려하여 문제에서 묻는 것을 정확히 파악한 후, 제시된 정보에서 필요한 것을 선별하여 문제를 풀어간다.

01 W마트 K점은 개점 10주년을 맞이하여 11월 27일부터 4일 동안 마트에서 구매하는 고객에게 소정의 사은품을 나누어 주는 행사를 진행하고자 한다. 올해 행사 기간 내 예상 방문 고객은 작년보다 20% 증가할 것으로 예측되며, 단가가 가장 낮은 품목부터 800개를 준비하여 100단위씩 줄여 준비하기로 하였다. 다음은 작년 행사 결과 보고서로 올해도 작년과 같은 상품을 준비한다고 할 때, 이번 행사에 필요한 예상금액은?

PART 1

〈K점 9주년 행사 결과〉

• 행사명 : 9주년 특별 고객감사제
• 행사기간 : 2023년 11월 21일(화) ~ 24일(금)
• 참여대상 : 행사기간 내 상품구매고객
• 추첨방법 : 주머니에 담긴 공 뽑기를 하여 공 색상에 따라 경품을 지급한다.
• 참여인원 : 3,000명

〈공 색상별 경품〉

구분	빨강	주황	노랑	초록	파랑	남색	보라	검정
경품	물티슈	수건세트	우산	다도세트	식기건조대	보조배터리	상품권	전자렌지

※ 소진된 경품의 공을 선택했을 때는 공을 주머니에 다시 넣고 다른 색의 공이 나올 때까지 뽑는다.

〈경품별 단가〉

(단위 : 원)

구분	물티슈	수건세트	우산	다도세트	전자렌지	식기건조대	보조배터리	상품권
단가	3,500	20,000	9,000	15,000	50,000	40,000	10,000	30,000

---

① 48,088,000원

② 49,038,000원

③ 50,080,000원

④ 52,600,000원

02 K공단은 직원들에게 매월 25일 월급을 지급하고 있다. A대리는 이번 달 급여명세서를 보고 자신의 월급이 잘못 나왔음을 알았다. 다음 〈조건〉을 참고하여, 다음 달 A대리가 상여금과 다른 수당들이 없다고 할 때, 소급된 금액과 함께 받을 월급은 총 얼마인가?(단, 4대 보험은 국민연금, 건강보험, 장기요양, 고용보험이며 금액의 10원 미만은 절사한다)

〈급여명세서〉

(단위 : 원)

성명 : A		직위 : 대리	지급일 : 2024-6-25	
지급항목	지급액	공제항목		공제액
기본급	2,000,000	소득세		17,000
야근수당(2일)	80,000	주민세		1,950
휴일수당	–	고용보험		13,000
상여금	50,000	국민연금		90,000
기타	–	장기요양		4,360
식대	100,000	건강보험		67,400
교통비	–	연말정산		–
복지후생	–			
		공제합계		193,710
지급총액	2,230,000	차감수령액		2,036,290

조건
- 국민연금은 9만 원이고, 건강보험은 기본급의 6.24%이며 회사와 50%씩 부담한다.
- 장기요양은 건강보험 총금액의 7.0% 중 50%만 내고 고용보험은 13,000원이다.
- 야근수당은 하루당 기본급의 2%이며, 상여금은 5%이다.
- 잘못 계산된 금액은 다음 달에 소급한다.
- 다른 항목들의 금액은 급여명세서에 명시된 것과 같으며 매달 같은 조건이다.

① 1,865,290원
② 1,866,290원
③ 1,924,290원
④ 1,966,290원

03 K기업에서 직원들에게 자기계발 교육비용을 일부 지원하기로 하였다. 총무인사팀에 A ~ E 5명의 직원이 자료와 같이 교육프로그램을 신청하였을 때, 기업에서 직원들에게 지원하는 총교육비는?

〈자기계발 수강료 및 지원 금액〉

구분	영어회화	컴퓨터활용	세무회계
수강료	7만 원	5만 원	6만 원
지원 금액 비율	50%	40%	80%

〈신청한 교육프로그램〉

구분	영어회화	컴퓨터활용	세무회계
A	○		○
B	○	○	○
C		○	○
D	○		
E		○	

① 307,000원
② 308,000원
③ 309,000원
④ 310,000원

04 다음은 총무업무를 담당하는 A대리의 통화내역이다. 국내통화가 1분당 15원, 국제통화가 1분당 40원이라면 A대리가 사용한 통화요금은 총 얼마인가?

일시	통화내용	시간
11/5(화) 10:00	신규직원 명함 제작 관련 인쇄소 통화	10분
11/6(수) 14:00	임직원 진급선물 선정 관련 거래업체 통화	30분
11/7(목) 09:00	예산편성 관련 해외 출장소 현지 담당자 통화	60분
11/8(금) 15:00	본사 청소용역 관리 관련 제휴업체 통화	30분

① 1,550원
② 1,800원
③ 2,650원
④ 3,450원

03 | 품목 확정

| 유형분석 |

- 물적 자원과 관련된 다양한 정보를 활용하여 풀어 가는 문제이다.
- 주로 공정도·제품·시설 등에 대한 가격·특징·시간 정보가 제시되며, 이를 종합적으로 고려하는 문제가 출제된다.

K공단 인재개발원에 근무하고 있는 A대리는 〈조건〉에 따라 신입사원 교육을 위한 스크린을 구매하려고 한다. 다음 중 가장 적절한 제품은 무엇인가?

조건

- 조명도는 5,000lx 이상이어야 한다.
- 예산은 150만 원이다.
- 제품에 이상이 생겼을 때 A/S가 신속해야 한다.
- 위 조건을 모두 충족할 시, 가격이 저렴한 제품을 가장 우선으로 선정한다.

※ lux(럭스) : 조명이 밝은 정도를 말하는 조명도에 대한 실용단위로 기호는 lx이다.

	제품	가격(만 원)	조명도(lx)	특이사항
①	A	180	8,000	2년 무상 A/S 가능
②	B	120	6,000	해외직구(해외 A/S)
③	C	100	3,500	미사용 전시 제품
④	D	130	7,000	2년 무상 A/S 가능

정답 ④

가격, 조명도, A/S 등의 요건이 주어진 조건에 모두 부합한다.

오답분석

① 예산이 150만 원이라고 했으므로 예산을 초과하였다.
② A/S가 신속해야 하는데 해외 A/S만 가능하여 적절하지 않다.
③ 조명도가 5,000lx 미만이므로 적절하지 않다.

풀이 전략!

문제에서 묻고자 하는 바를 정확히 파악하는 것이 중요하다. 문제에서 제시한 물적 자원의 정보를 문제의 의도에 맞게 선별하면서 풀어 간다.

01 다음 중 물적자원에 대한 설명으로 옳지 않은 것은?

① 세상에 존재하는 모든 물체가 물적자원에 포함되는 것은 아니다.
② 물적자원은 자연자원과 인공자원으로 나눌 수 있다.
③ 자연자원은 석유, 석탄, 나무 등을 가리킨다.
④ 인공자원은 사람들이 인위적으로 가공하여 만든 것이다.

PART 1

02 다음 중 물품의 특성에 맞는 보관 장소를 선정할 때 고려해야 할 요소로 적절하지 않은 것은?

> 물품은 개별 물품의 특성을 고려하여 적절하게 보관할 수 있는 장소를 선정해야 한다. 예를 들어 종이류와 유리, 플라스틱 등은 그 재질의 차이로 인해서 보관 장소를 다르게 하는 것이 적당하다. 특히 유리의 경우 쉽게 파손될 우려가 있기 때문에 따로 보관하는 것이 중요하다.

① 재질   ② 무게
③ 부피   ④ 모양

03 K회사 총무부에 근무하고 있는 Z사원은 업무에 필요한 프린터를 구매할 예정이다. 프린터 성능별 가중치를 고려하여 점수가 가장 높은 프린터를 구매한다고 할 때 Z사원이 구매할 프린터는?

〈제품별 프린터 성능〉

구분	출력 가능 용지 장수	출력 속도	인쇄 해상도
A프린터	5,500장	10ppm	500dpi
B프린터	7,300장	7ppm	900dpi
C프린터	4,700장	15ppm	600dpi
D프린터	10,000장	11ppm	400dpi

〈프린터 성능 점수표〉

출력 가능 용지 장수	출력 속도	인쇄 해상도	점수
4,000장 미만	10ppm 미만	500dpi 미만	60점
4,000장 이상 5,000장 미만	10ppm 이상 13ppm 미만	500dpi 이상 700dpi 미만	70점
5,000장 이상 6,000장 미만	13ppm 이상 15ppm 미만	700dpi 이상 900dpi 미만	80점
6,000장 이상 7,000장 미만	15ppm 이상 18ppm 미만	900dpi 이상 1,200dpi 미만	90점
7,000장 이상	18ppm 이상	1,200dpi 이상	100점

〈프린터 성능 가중치〉

출력 가능 용지 장수	출력 속도	인쇄 해상도
50%	30%	20%

① A프린터 　　　　　　　　　② B프린터

③ C프린터 　　　　　　　　　④ D프린터

04 K산업에서 생산하는 완제품은 총 3가지 공정을 순차적으로 거쳐 만들어진다. K산업은 A~C생산라인을 갖추고 있는데, 그중 A생산라인과 B생산라인만 첫 공정을 진행할 수 있다. 생산라인마다 공정별 생산성이 아래와 같을 때, 다음 중 가장 효율적인 생산구조는?

생산라인	제1공정	제2공정	제3공정
A	100개/h(불량률 : 20%)	80개/h(불량률 : 10%)	120개/h(불량률 : 20%)
B	100개/h(불량률 : 10%)	70개/h(불량률 : 20%)	110개/h(불량률 : 10%)
C	–	80개/h(불량률 : 20%)	100개/h(불량률 : 10%)

① A－B－C
② A－C－B
③ B－A－C
④ B－C－A

05 식료품 소매업을 하고 있는 A~C슈퍼가 있다. 콜라를 주문하려고 할 때, 다음 중 각 슈퍼와 가장 유리한 도매점을 바르게 연결한 것은?

〈도매점별 가격〉		
구분	회원가입비용(원)	콜라(원/병)
회원제 도매점	50,000	1,100
일반 도매점	–	1,500

〈주문량〉			
구분	A슈퍼	B슈퍼	C슈퍼
주문량(병)	100	120	150

	A슈퍼	B슈퍼	C슈퍼
①	회원제 도매점	일반 도매점	회원제 도매점
②	일반 도매점	일반 도매점	회원제 도매점
③	일반 도매점	일반 도매점	일반 도매점
④	회원제 도매점	회원제 도매점	회원제 도매점

04 | 인원 선발

| 유형분석 |

- 인적 자원과 관련된 다양한 정보를 활용하여 풀어 가는 문제이다.
- 주로 근무명단, 휴무일, 업무할당 등의 주제로 다양한 정보를 활용하여 종합적으로 풀어 가는 문제가 출제된다.

다음 자료를 토대로 K공단이 하루 동안 고용할 수 있는 최대 인원은?

<K공단의 예산과 고용비>

총예산	본예산	500,000원
	예비비	100,000원
고용비	1인당 수당	50,000원
	산재보험료	(수당)×0.504%
	고용보험료	(수당)×1.3%

① 10명
② 11명
③ 12명
④ 13명

정답 ②

(하루 1인당 고용비)=(1인당 수당)+(산재보험료)+(고용보험료)

$=50,000+(50,000×0.504\%)+(50,000×1.3\%)$

$=50,000+252+650=50,902$원

(하루에 고용할 수 있는 인원 수)=[(본예산)+(예비비)]÷(하루 1인당 고용비)

$=600,000÷50,902≒11.8$

따라서 하루 동안 고용할 수 있는 최대 인원은 11명이다.

풀이 전략!

문제에서 신입사원 채용이나 인력배치 등의 주제가 출제될 경우에는 주어진 규정 혹은 규칙을 꼼꼼히 확인하여야 한다. 이를 근거로 각 선택지가 어긋나지 않는지 검토하며 문제를 풀어 간다.

01 다음은 부서별로 핵심역량가치 중요도를 정리한 자료와 신입사원들의 핵심역량평가 결과표이다. 이를
바탕으로 한 C사원과 E사원의 부서배치로 적절한 것은?(단, '-'는 중요도가 상관없다는 표시이다)

〈핵심역량가치 중요도〉

구분	창의성	혁신성	친화력	책임감	윤리성
영업팀	-	중	상	중	-
개발팀	상	상	하	중	상
지원팀	-	중	-	상	하

〈핵심역량평가 결과표〉

구분	창의성	혁신성	친화력	책임감	윤리성
A사원	상	하	중	상	상
B사원	중	중	하	중	상
C사원	하	상	상	중	하
D사원	하	하	상	하	중
E사원	상	중	중	상	하

	C사원	E사원
①	개발팀	지원팀
②	영업팀	지원팀
③	개발팀	영업팀
④	지원팀	개발팀

02 다음 중 4차 산업혁명 시대의 인적자원관리 변화에 대한 설명으로 옳지 않은 것은?

① 영리기반 공유경제 플랫폼은 노동자의 고용안정성을 더욱 향상시킨다.

② 신기술의 등장과 기존 산업 간의 융합으로 새로운 산업의 생태계를 만들고, 직업에도 많은 변화가 발생한다.

③ 일자리의 양극화가 더욱 심화되며 대기업을 중심으로 우수인재 영입 및 유지를 위한 데이터 기반 인적자원관리가 강화된다.

④ 인간을 모방한 감각기능과 지능이 탑재되어 진보한 로봇이 다양한 수작업을 하고, 이는 산업에 영향을 주어 근로의 유형을 변화시킨다.

03 다음은 팀원들을 적절한 위치에 효과적으로 배치하기 위한 3가지 원칙에 대한 글이다. ㉠ ~ ㉣에 들어갈 말을 바르게 연결한 것은?

> ___㉠___는 개인에게 능력을 발휘할 수 있는 기회와 장소를 부여하고, 그 성과를 바르게 평가한 뒤 평가된 실적에 대해 그에 상응하는 보상을 주는 원칙을 말한다. 이때, 미래에 개발 가능한 능력 까지도 함께 고려해야 한다. 반면, ___㉡___는 팀의 효율성을 높이기 위해 팀원을 그의 능력이나 성격 등과 가장 적합한 위치에 배치하여 팀원 개개인의 능력을 최대로 발휘해 줄 것을 기대하는 것이다. 즉, 작업이나 직무가 요구하는 요건과 개인이 보유하고 있는 조건이 서로 균형 있고 적합하게 대응되어야 한다. 결국 ___㉢___는 ___㉣___의 하위개념이라고 할 수 있다.

	㉠	㉡	㉢	㉣
①	능력주의	적재적소주의	적재적소주의	능력주의
②	능력주의	적재적소주의	능력주의	적재적소주의
③	적재적소주의	능력주의	능력주의	적재적소주의
④	적재적소주의	능력주의	적재적소주의	능력주의

04 갑과 을은 0점, 4점, 9점 구간이 구분된 과녁을 놓고 양궁 게임을 하고 있다. 둘은 각각 20발의 화살을 쏘아 0점을 맞힌 개수만 점수표에 기록하였다. 〈조건〉에 근거하여 점수를 추론할 때, 갑과 을의 최종점수로 가능한 것은?

〈점수표〉

(단위 : 발)

점수	갑	을
0점	6	8
4점		
9점		

> **조건**
> • 최종점수는 각 화살이 맞힌 점수의 합으로 한다.
> • 둘이 쏜 화살 중 과녁 밖으로 날아간 것은 하나도 없다.
> • 갑과 을이 4점을 맞힌 화살의 개수는 동일하다.

	갑	을
①	51점	62점
②	74점	62점
③	74점	68점
④	86점	68점

CHAPTER 05

조직이해능력

합격 Cheat Key

조직이해능력은 업무를 원활하게 수행하기 위해 조직의 체제와 경영을 이해하고 국제적인 추세를 이해하는 능력이다. 현재 많은 공사·공단에서 출제 비중을 높이고 있는 영역이기 때문에 미리 대비하는 것이 중요하다. 실제 업무 능력에서 조직이해능력을 요구하기 때문에 중요도는 점점 높아질 것이다.

세부 유형은 조직 체제 이해, 경영 이해, 업무 이해, 국제 감각으로 나눌 수 있다. 조직도를 제시하는 문제가 출제되거나 조직의 체계를 파악해 경영의 방향성을 예측하고, 업무의 우선순위를 파악하는 문제가 출제된다.

1 문제 속에 정답이 있다!

경력이 없는 경우 조직에 대한 이해가 낮을 수밖에 없다. 그러나 문제 자체가 실무적인 내용을 담고 있어도 문제 안에는 해결의 단서가 주어진다. 부담을 갖지 않고 접근하는 것이 중요하다.

2 경영·경제학원론 정도의 수준은 갖추도록 하라!

지원한 직군마다 차이는 있을 수 있으나, 경영·경제이론을 접목시킨 문제가 꾸준히 출제되고 있다. 따라서 기본적인 경영·경제이론은 익혀 둘 필요가 있다.

3 **지원하는 공사·공단의 조직도를 파악하라!**

출제되는 문제는 각 공사·공단의 세부내용일 경우가 많기 때문에 지원하는 공사·공단의 조직도를 파악해 두어야 한다. 조직이 운영되는 방법과 전략을 이해하고, 조직을 구성하는 체제를 파악하고 간다면 조직이해능력에서 조직도가 나올 때 단기간에 문제를 풀수 있을 것이다.

4 **실제 업무에서도 요구되므로 이론을 익혀라!**

각 공사·공단의 직무 특성상 일부 영역에 중요도가 가중되는 경우가 있어서 많은 취업준비생들이 일부 영역에만 집중하지만, 실제 업무 능력에서 직업기초능력 10개 영역이 골고루 요구되는 경우가 많고, 현재는 필기시험에서도 조직이해능력을 출제하는 기관의 비중이 늘어나고 있기 때문에 미리 이론을 익혀 둔다면 모듈형 문제에서 고득점을 노릴수 있다.

01 | 경영 전략

| 유형분석 |

- 경영 전략에서 대표적으로 출제되는 문제는 마이클 포터(Michael Porter)의 본원적 경쟁전략이다.
- 경쟁 전략의 기본적인 이해와 구조를 물어보는 문제가 자주 출제되므로 전략별 특징 및 개념에 대한 이론 학습이 요구된다.

경영이 어떻게 이루어지느에 따라 조직의 생사가 결정된다고 할 만큼, 경영은 조직에 있어서 핵심적 요소이다. 다음 중 경영 전략을 추진하는 과정에 대한 설명으로 옳지 않은 것은?

① 경영 전략은 조직전략, 사업전략, 부문전략으로 분류된다.
② 환경 분석을 할 때는 조직의 내부환경뿐만 아니라 외부환경에 대한 분석도 필수이다.
③ 전략목표는 비전과 미션으로 구분되는데, 둘 다 있어야 한다.
④ 환경 분석 → 전략목표 설정 → 경영 전략 도출 → 경영 전략 실행 → 평가 및 피드백의 과정을 거쳐 이루어진다.

정답 ④
전략목표를 먼저 설정하고 환경을 분석해야 한다.

풀이 전략!

대부분의 기업들은 마이클 포터의 본원적 경쟁전략을 사용하고 있다. 각 전략에 해당하는 대표적인 기업을 연결하고, 그들의 경영 전략을 상기하며 문제를 풀어보도록 한다.

01   다음 중 수직적 체계에 따른 경영자의 역할에 대한 설명으로 가장 적절한 것은?

① 수직적 체계에 따라 최고경영자, 중간경영자, 하위경영자, 최하위경영자로 나눌 수 있다.

② 하위경영자는 현장에서 실제로 작업을 하는 근로자를 직접 지휘·감독하는 경영층을 의미한다.

③ 중간경영자는 조직의 최상위층으로 조직의 혁신기능과 의사결정기능을 조직 전체의 수준에서 담당하게 된다.

④ 최고경영자는 재무관리, 생산관리, 인사관리 등과 같이 경영부문별로 경영 목표·전략·정책을 집행하기 위한 제반활동을 수행하게 된다.

PART 1

02   다음 중 경영의 구성요소에 대하여 바르게 설명한 사람을 모두 고르면?

> 김사원 : 현대 사회에서는 실질적으로 경영(Administration)은 관리(Management)와 동일한 의미야.
> 최주임 : 기업만이 경영의 대상인 것이 아니라, 모든 조직은 경영의 대상에 해당돼.
> 박대리 : 경영은 크게 경영 목적, 자금, 인적자원, 경영 전략 이렇게 4가지로 구성되어 있어.
> 정주임 : 기업환경이 급변하는 만큼, 경영 전략의 중요성이 커지고 있어.

① 김사원, 최주임   ② 김사원, 박대리

③ 최주임, 박대리   ④ 최주임, 박대리, 정주임

03 다음 글에서 나타나고 있는 A사원의 행동에 대한 설명으로 옳지 않은 것은?

> K회사의 A사원은 이번 프로젝트를 기획을 보고 충격을 받았다. 임원들은 이 기획을 보고 괜찮다며 승인을 했지만 아무리 봐도 비효율적인 면이 너무 많이 있기 때문이었다. 괜히 나서면 '할 말 하는 부하'나 '싸가지 없는 부하' 등의 평가를 받을까봐 고민을 했지만 결국 직접 이 프로젝트 기획에 대한 문제점을 제기하고 대안책을 제시하였다. 임원들은 A사원의 지적과 대안책을 보고 그 사원을 칭찬하였고, 대안책을 승인하였다.

① 리더십보다 중요한 가치이다.
② 조직의 목표를 추구하는 데 열정적이다.
③ 자발적으로 참여한다.
④ 대안 제시 능력이 중요한 요소이다.

04 다음 사례의 쟁점과 협상전략을 바르게 묶은 것은?

> 대기업 영업부장인 김봉구 씨는 기존 재고를 처리할 목적으로 W사와 협상 중이다. 그러나 W사는 자금 부족을 이유로 이를 거절하고 있다. 하지만 김봉구 씨는 자신의 회사에서 물품을 제공하지 않으면 W사가 매우 곤란한 지경에 빠진다는 사실을 알고 있다. 그래서 김봉구 씨는 앞으로 W사와 거래하지 않을 것이라는 엄포를 놓았다.

① 자금 부족 – 협력전략
② 재고 처리 – 갈등전략
③ 재고 처리 – 경쟁전략(강압전략)
④ 정보 부족 – 양보전략(유화전략)

05 다음은 경영참가제도의 유형에 대한 자료이다. 밑줄 친 ㉠ ~ ㉢에 대한 설명으로 옳지 않은 것은?

① ㉠의 경우 초기단계에서는 경영자가 경영 관련 정보를 근로자에게 제공한다.
② ㉡은 구성원의 몰입과 관심을 높일 수 있는 방법이다.
③ ㉡은 생산의 판매 가치나 부가가치의 증대를 기준으로 성과배분을 하기도 한다.
④ ㉢의 사례로는 공동의사결정제도와 노사협의회제도를 볼 수 있다.

06 다음 그림은 세계적 기업인 맥킨지(McKinsey)에 의해서 개발된 7S 모형이다. 빈칸에 들어갈 요소로 옳은 것은?

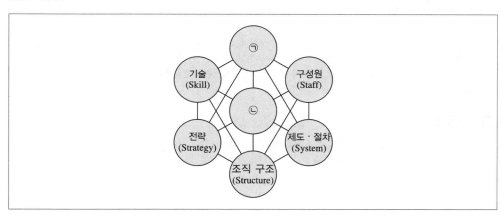

       ㉠   ㉡
①   스타일   공유가치
② 최고경영자   기술혁신
③ 최고경영자   공유가치
④   기술혁신   스타일

02 | 조직 구조

| 유형분석 |

- 조직 구조 유형에 대한 특징을 물어보는 문제가 자주 출제된다.
- 기계적 조직과 유기적 조직의 차이점과 사례 등을 숙지하고 있어야 한다.
- 조직 구조 형태에 따라 기능적 조직, 사업별 조직으로 구분하여 출제되기도 한다.

다음 중 조직체계의 구성 요소에 대한 설명으로 옳은 것은?

① 조직 목표, 조직 구조, 조직 문화, 규칙 및 규정으로 이루어진다.
② 조직 목표는 조직 내의 부문 사이에 형성된 관계이다.
③ 조직 구조는 조직이 달성하려는 장래의 상태이다.
④ 조직 문화는 조직의 목표나 전략에 따라 수행된다.

정답 ①

조직체계의 구성 요소

1. 조직 목표 : 조직이 달성하려는 장래의 상태로 조직이 존재하는 정당성과 합법성을 제공한다. 조직 목표에는 전체 조직의 성과, 자원, 시장, 인력개발, 혁신과 변화, 생산성에 대한 목표가 포함된다.
2. 조직 구조 : 조직 내의 부문 사이에 형성된 관계로 조직 목표를 달성하기 위한 조직구성원들의 상호작용을 보여준다. 조직 구조는 의사결정권의 집중정도, 명령계통, 최고경영자의 통제, 규칙과 규제의 정도에 따라 달라지며, 구성원들의 업무나 권한이 분명하게 정의된 기계적 조직과 의사 결정권이 하부구성원들에게 많이 위임되고 업무가 고정적이지 않은 유기적 조직으로 구분될 수 있다.
3. 조직 문화 : 조직이 지속되게 되면 조직구성원들 간 생활양식이나 가치를 공유하게 되는 것이다. 조직 문화는 조직구성원들의 사고와 행동에 영향을 미치며 일체감과 정체성을 부여하고 조직이 안정적으로 유지되게 한다.
4. 규칙 및 규정 : 조직의 목표나 전략에 따라 수립되어 조직구성원들의 활동범위를 제약하고 일관성을 부여하는 기능을 한다. 예를 들어 인사규정, 총무규정, 회계규정 등이 있다.

풀이 전략!

조직 구조는 유형에 따라 기계적 조직과 유기적 조직으로 나눌 수 있다. 기계적 조직과 유기적 조직은 서로 상반된 특징을 가지고 있으며, 기계적 조직이 관료제의 특징과 비슷함을 파악하고 있다면, 이와 상반된 유기적 조직의 특징도 수월하게 파악할 수 있다.

01 다음 중 밑줄 친 '이 조직'에 대한 설명으로 옳은 것은?

> <u>이 조직</u>은 기존 Top-down 방식의 기계적 구조가 한계를 나타내자 이에 대한 보완으로 등장한 조직으로 민첩한, 기민한 조직이라는 뜻을 가지고 있다. 코로나19의 확산 이후 금융권에서도 변화하는 시대에 대처하기 위해 이 조직을 도입하고 있으며, 이미 글로벌 기업인 마이크로소프트, 구글, 애플 등은 이 조직을 도입하여 운영하고 있다. 도입 초기에는 지속가능한 모델을 구축하지 못해 실패하는 경우도 있었지만, 시간이 지나면서 점점 지속가능한 모델을 구축하고 활성화되고 있다.

① 관리자형 리더가 적합하다.
② 외부 변화에 빠르게 대처할 수 없는 단점이 있다.
③ 부선 간 경계가 낮아 정보 공유 등을 한다.
④ 대규모 팀을 구성해서 프로젝트를 진행한다.

02 다음은 조직변화의 과정이다. 두 번째 단계의 내용으로 옳지 않은 것은?

① 세부목표 수정
② 추진전략별 우선순위 수립
③ 경영방식 수립
④ 구체적인 추진전략 수립

03 조직은 영리성 기준에 따라 유형을 달리 한다. 다음 〈보기〉 중 같은 성격을 가진 조직 유형으로만 이루어진 것은?

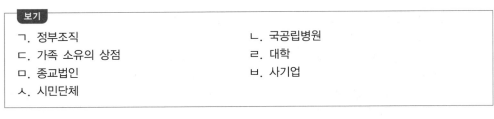

> **보기**
>
> ㄱ. 정부조직　　　　　　　　ㄴ. 국공립병원
> ㄷ. 가족 소유의 상점　　　　ㄹ. 대학
> ㅁ. 종교법인　　　　　　　　ㅂ. 사기업
> ㅅ. 시민단체

① ㄱ, ㄴ, ㄷ, ㅁ　　　　　　② ㄱ, ㄴ, ㄷ, ㅂ
③ ㄴ, ㄹ, ㅂ, ㅅ　　　　　　④ ㄱ, ㄴ, ㄹ, ㅁ, ㅅ

04 다음 중 공식적 조직과 비공식적 조직에 대한 설명으로 옳지 않은 것은?

① 공식적 조직은 구성원 간 역할과 권한에 대한 규정이 있다.
② 비공식적 조직은 조직 구성원에게 소속감 등을 제공한다.
③ 공식적 조직의 유형에는 라인 조직, 매트릭스 조직 등이 있다.
④ 비공식적 조직은 의도적으로 구성된 조직으로 수명이 길다.

05 직업인은 조직의 구성원으로서 조직체제의 구성 요소를 이해하는 체제이해능력이 요구된다. 조직체제의 구성 요소가 다음과 같을 때, 이에 대한 설명으로 옳지 않은 것은?

① 조직의 규칙과 규정은 조직구성원들의 자유로운 활동범위를 보장하는 기능을 가진다.
② 조직 구조는 의사결정권의 집중정도, 명령계통, 최고경영자의 통제 등에 따라 달라진다.
③ 조직의 목표는 조직이 달성하려는 장래의 상태로, 조직이 존재하는 정당성과 합법성을 제공한다.
④ 조직 문화는 조직구성원들의 사고와 행동에 영향을 미치며, 일체감과 정체성을 부여한다.

06 다음 〈보기〉 중 업무배정에 대한 설명으로 옳지 않은 것을 모두 고르면?

PART 1

> **보기**
>
> ㄱ. 조직의 업무는 반드시 사전에 직책에 따라 업무분장이 이루어진 대로 수행되어야 한다.
> ㄴ. 근속연수는 구성원 개인이 조직 내에서 책임을 수행하고 권한을 행사하는 기반이 된다.
> ㄷ. 동시간대에 수행해야 하는 업무들은 하나의 업무로 통합하여 수행하는 것이 효율적이다.
> ㄹ. 직위에 따라 수행해야 할 일정 업무가 할당되고, 그 업무를 수행하는 데 필요한 권한과 책임이 부여된다.

① ㄱ, ㄴ   ② ㄴ, ㄷ

③ ㄱ, ㄷ   ④ ㄴ, ㄹ

07 다음 중 조직 문화의 유형과 해당 유형의 특징이 바르게 연결되지 않은 것은?

① 계층문화 : 조직 내 책임소재 및 보고체계가 명확하다.
② 집단문화 : 조직구성원들의 조직 의사결정과정에의 참여를 중시한다.
③ 개발문화 : 조직의 발전을 위해 조직구성원의 자율성을 통제한다.
④ 합리문화 : 결과지향적이며 조직 내 경쟁을 장려한다.

08 다음 〈보기〉 중 조직 문화 모형인 7S모형에 대한 설명으로 옳지 않은 것을 모두 고르면?

> **보기**
>
> ㄱ. 7S모형에 제시된 조직 문화 구성요소는 공유가치, 스타일, 구성원, 제도ㆍ절차, 조직 구조, 전략, 기술을 가리킨다.
> ㄴ. '스타일'이란 조직 구성원들의 행동이나 사고를 특정 방향으로 이끌어 가는 원칙이나 기준을 의미한다.
> ㄷ. '조직 구조'는 조직의 전략을 수행하는 데 필요한 틀로서 구성원의 역할과 그들 간의 상호관계를 지배하는 공식요소를 가리킨다.
> ㄹ. '전략'은 조직의 장기적인 목적과 계획 그리고 이를 달성하기 위한 장기적인 행동지침을 가리킨다.

① ㄱ   ② ㄴ

③ ㄱ, ㄷ   ④ ㄴ, ㄹ

03 | 업무 종류

┃유형분석┃

- 부서별 주요 업무에 대해 묻는 문제이다.
- 부서별 특징과 담당 업무에 대한 이해가 필요하다.

다음은 기업의 각 부서에서 하는 일이다. 일반적인 상황에서 부서와 그 업무를 바르게 나열한 것은?

ㄱ. 의전 및 비서업무	ㄴ. 업무분장 및 조정
ㄷ. 결산 관련 업무	ㄹ. 임금제도
ㅁ. 소모품의 구입 및 관리	ㅂ. 법인세, 부가가치세
ㅅ. 판매 예산 편성	ㅇ. 보험가입 및 보상 업무
ㅈ. 견적 및 계약	ㅊ. 국내외 출장 업무 협조
ㅋ. 외상매출금 청구	ㅌ. 직원수급 계획 및 관리

① 총무부 : ㄱ, ㅁ, ㅅ   ② 영업부 : ㅅ, ㅈ, ㅋ

③ 회계부 : ㄷ, ㅇ, ㅋ   ④ 인사부 : ㄱ, ㄴ, ㄹ

정답 ②

영업부의 업무로는 판매 계획, 판매 예산 편성(ㅅ), 견적 및 계약(ㅈ), 외상매출금 청구 및 회수(ㅋ), 시장조사, 판매원가 및 판매가격의 조사 검토 등이 있다.

오답분석

① 총무부 : ㄱ, ㅁ, ㅊ
③ 회계부 : ㄷ, ㅂ, ㅇ
④ 인사부 : ㄴ, ㄹ, ㅌ

풀이 전략!

조직은 목적의 달성을 위해 업무를 효과적으로 분배하고 처리할 수 있는 구조를 확립해야 한다. 조직의 목적이나 규모에 따라 업무의 종류는 다양하지만, 대부분의 조직에서는 총무, 인사, 기획, 회계, 영업으로 부서를 나누어 업무를 담당하고 있다. 따라서 5가지 업무 종류에 대해서는 미리 숙지해야 한다.

01 다음은 K회사에서 근무하는 L사원의 업무일지이다. L사원이 출근 후 두 번째로 해야 할 일로 가장 적절한 것은?

날짜	2024년 10월 2일 수요일
내용	[오늘 할 일] • 팀 회의 준비 – 회의실 예약 후 마이크 및 프로젝터 체크 • 외주업체로부터 판촉 행사 브로슈어 샘플 디자인 받기 • 지난 주 외근 지출결의서 총무부 제출(늦어도 퇴근 전까지) • 회사 홈페이지, 관리자 페이지 및 업무용 메일 확인(출근하자마자 확인) • 14시 브로슈어 샘플 디자인 피드백 팀 회의 [주요 행사 확인] • 10월 12일 토요일 – 10월 데이행사(와인데이) • 10월 15일 화요일 – 또 하나의 마을(충북 제천 흑선동 본동마을)

① 회의실 예약 후 마이크 및 프로젝터 체크
② 외주업체로부터 브로슈어 샘플 디자인 받기
③ 외근 지출결의서 총무부 제출
④ 회사 홈페이지, 관리자 페이지 및 업무용 메일 확인

02 김부장과 박대리는 K공단의 고객지원실에서 근무하고 있다. 다음 상황에서 김부장이 박대리에게 지시할 사항으로 가장 적절한 것은?

> • 부서별 업무분장
>   – 인사혁신실 : 신규 채용, 부서·직무별 교육계획 수립 및 시행, 인사고과 등
>   – 기획조정실 : 조직문화 개선, 예산사용계획 수립 및 시행, 대외협력, 법률지원 등
>   – 총무지원실 : 사무실, 사무기기, 차량 등 업무지원 등
>
> **〈상황〉**
>
> 박대리 : 부서에서 사용하는 A4 용지와 볼펜이 부족해서 비품을 신청해야 할 것 같습니다. 그리고 지난번에 말씀하셨던 고객 상담 관련 사내 교육 일정이 이번에 확정되었다고 합니다. 부서 원들에게 관련 사항을 전달하려면 교육 일정 확인이 필요할 것 같습니다.

① 박대리, 기획조정실에 가서 교육 일정 확인하고, 인사혁신실에 가서 비품 신청하고 오도록 해요.
② 박대리, 총무지원실에 가서 교육 일정 확인하고, 간 김에 비품 신청도 하고 오세요.
③ 박대리, 인사혁신실에 전화해서 비품 신청하고, 전화한 김에 교육 일정도 확인해서 나한테 알려 줘요.
④ 박대리, 총무지원실에 전화해서 비품 신청하고, 인사혁신실에서 교육 일정 확인해서 나한테 알려 줘요.

04 | 국제 동향

| 유형분석 |

- 국제 매너에 대한 이해를 묻는 문제이다.
- 국제 공통 예절과 국가별 예절을 구분해서 알아야 하며, 특히 식사 예절은 필수로 알아 두어야 한다.

국제문화를 접할 때 완전히 다른 문화환경이나 새로운 사회환경을 접함으로써 감정의 불안을 느끼거나 무엇을 어떻게 해야 하는지 모르는 판단의 부재 상태에 놓일 수 있는데, 이를 문화충격이라고 한다. 다음 중 문화충격을 예방하는 방법으로 옳지 않은 것은?

① 다른 문화환경에 대한 개방적인 태도를 갖도록 한다.
② 자신이 속한 문화를 기준으로 다른 문화를 평가하지 않도록 한다.
③ 새롭고 다른 것을 경험하는 데 적극적인 자세를 취하도록 한다.
④ 새로운 사회환경에 적응하기 위해서 자신의 정체성은 포기하도록 한다.

정답 ④

새로운 사회환경을 접할 때는 개방적 태도를 갖는 동시에 자신의 정체성을 유지하도록 해야 한다.

풀이 전략!

국제 매너가 우리나라의 예절 상식과 항상 같지는 않음에 유의하며, 문제에서 묻는 내용(적절한, 적절하지 않은)을 분명히 확인한 후 문제를 풀어야 한다.

01 티베트에서는 손님이 찻잔을 비우면 주인이 계속 첨잔을 하는 것이 기본예절이며, 손님의 입장에서 주인이 권하는 차를 거절하면 실례가 된다. 티베트에 출장 중인 G사원은 이를 숙지하고 티베트인 집에서 차 대접을 받게 되었다. G사원이 찻잔을 비울 때마다 주인이 계속 첨잔을 하여 곤혹을 겪고 있을 때, G사원의 행동으로 가장 적절한 것은?

① 주인에게 그만 마시고 싶다며 단호하게 말한다.

② 잠시 자리를 피하도록 한다.

③ 차를 다 비우지 말고 입에 살짝 댄다.

④ 힘들지만 계속 마시도록 한다.

02 다음 중 외국인을 대하는 예절에 대한 설명으로 옳지 않은 것은?

① 미국인과는 상대의 눈을 마주보고 미소를 지으며 악수한다.

② 머리를 조아리거나 허리를 굽실거리는 수줍은 태도의 악수는 비겁하게 보일 수 있다.

③ 영문 명함이 아닐 경우에는 교환하지 않는다.

④ 여성에서 남성, 연장자에서 연소자 순으로 소개한다.

03 다음 중 국제매너와 관련된 식사 예절로 옳지 않은 것은?

① 뜨거운 수프는 숟가락으로 저어 식혀 먹는다.

② 생선 요리는 뒤집어 먹지 않는다.

③ 수프를 먹을 때는 숟가락을 몸 쪽에서 바깥쪽으로 사용한다.

④ 식사 시 포크와 나이프는 안쪽에 놓인 것부터 순서대로 사용한다.

06

기술능력

합격 Cheat Key

기술능력은 업무를 수행함에 있어 도구, 장치 등을 포함하여 필요한 기술에 어떠한 것들이 있는지 이해하고, 실제 업무를 수행함에 있어 적절한 기술을 선택하여 적용하는 능력이다.

세부 유형은 기술 이해 · 기술 선택 · 기술 적용으로 나눌 수 있다. 제품설명서나 상황별 매뉴얼을 제시하는 문제 또는 명령어를 제시하고 규칙을 대입할 수 있는지 묻는 문제가 출제되기 때문에 이런 유형들을 공략할 수 있는 전략을 세워야 한다.

1 긴 지문이 출제될 때는 보기의 내용을 미리 보라!

기술능력에서 자주 출제되는 제품설명서나 상황별 매뉴얼을 제시하는 문제에서는 기술을 이해하고, 상황에 알맞은 원인 및 해결방안을 고르는 문제가 출제된다. 실제 시험장에서 문제를 풀 때는 시간적 여유가 없기 때문에 보기를 먼저 읽고, 그 다음 긴 지문을 보면서 동시에 보기와 일치하는 내용이 나오면 확인해 가면서 푸는 것이 좋다.

2 모듈형에도 대비하라!

모듈형 문제의 비중이 늘어나는 추세이므로 공기업을 준비하는 취업준비생이라면 모듈형 문제에 대비해야 한다. 기술능력의 모듈형 이론 부분을 학습하고 모듈형 문제를 풀어보고 여러 번 읽으며 이론을 확실히 익혀두면 실제 시험장에서 이론을 묻는 문제가 나왔을 때 단번에 답을 고를 수 있다.

3 전공 이론도 익혀 두어라!

지원하는 직렬의 전공 이론이 기술능력으로 출제되는 경우가 많기 때문에 전공 이론을 익혀두는 것이 좋다. 깊이 있는 지식을 묻는 문제가 아니더라도 출제되는 문제의 소재가 전공과 관련된 내용일 가능성이 크기 때문에 최소한 지원하는 직렬의 전공 용어는 확실히 익혀 두어야 한다.

4 쉽게 포기하지 말라!

직업기초능력에서 주요 영역이 아니면 소홀한 경우가 많다. 시험장에서 기술능력을 읽어 보지도 않고 포기하는 경우가 많은데 차근차근 읽어보면 지문만 잘 읽어도 풀 수 있는 문제들이 출제되는 경우가 있다. 이론을 모르더라도 풀 수 있는 문제인지 파악해보자.

01 | 기술 이해

| 유형분석 |

- 업무수행에 필요한 기술의 개념 및 원리, 관련 용어에 대한 문제가 자주 출제된다.
- 기술 시스템의 개념과 발전 단계에 대한 문제가 출제되므로 각 단계의 순서와 그에 따른 특징을 숙지하여야 하며, 단계별로 요구되는 핵심 역할이 다름에 유의한다.

다음 사례와 같은 재해를 예방하기 위한 대책으로 옳지 않은 것은?

〈재해 개요〉

X기업에 설치된 소각로 하부에서 피해자가 소각재 및 이물질을 하부 배출구로 밀어주는 4번 푸셔가 정상 작동되지 않아 경고판을 무시한 채 전원부의 차단 없이, 에어건을 사용하여 정비 작업 중, 갑자기 작동된 4번 푸셔에 상체가 끼어 사망한 재해이다.

---

① 근로자 상호 간에 불안전한 행동을 지적하여 안전에 대한 이해를 증진시킨다.

② 설비의 정비, 청소 등의 작업 시 근로자가 위험해질 우려가 있는 경우 설비를 정지시킨다.

③ 설비의 운전을 정지하였을 때, 타인이 설비를 운전하는 것을 방지한다.

④ 끼임에 대한 위험성이 있는 장소에는 방호울이나 방책을 설치한다.

정답 ①

사례는 불안전한 상태가 원인으로 이에 대한 예방 대책을 세워야 한다. 근로자 상호 간에 불안전한 행동을 지적하여 안전에 대한 이해를 증진시키는 것은 불안전한 행동에 대한 방지 방법이므로, 해당 사례의 재해를 예방하기 위한 대책으로 적절하지 않다.

풀이 전략!

문제에 제시된 내용만으로는 풀이가 어려울 수 있으므로, 사전에 관련 기술 이론을 숙지하고 있어야 한다. 자주 출제되는 개념을 확실하게 암기하여 빠르게 문제를 풀 수 있도록 하는 것이 좋다.

01 다음은 기술선택을 설명한 글이다. 이를 이해한 내용으로 옳지 않은 것은?

> 기술선택이란 기업이 어떤 기술에 대하여 외부로부터 도입하거나 또는 그 기술을 자체 개발하여 활용할 것인가를 결정하는 것이다. 기술을 선택하는 데에 대한 의사결정은 크게 다음과 같이 두 가지 방법으로 볼 수 있다.
> 먼저 상향식 기술선택(Bottom-Up Approach)은 기업 전체 차원에서 필요한 기술에 대한 체계적인 분석이나 검토 없이 연구자나 엔지니어들이 자율적으로 기술을 선택하도록 하는 것이다.
> 다음으로 하향식 기술선택(Top-Down Approach)은 기술경영진과 기술기획담당자들에 의한 체계적인 분석을 통해 기업이 획득해야 하는 대상기술과 목표기술수준을 결정하는 것이다.

① 상향식 기술선택은 기술자들의 창의적인 아이디어를 얻기 어려운 단점을 볼 수 있다.

② 하향식 기술선택은 먼저 기업이 직면하고 있는 외부환경과 보유 자원에 대한 분석을 통해 중장기적인 사업목표를 설정하는 것이다.

③ 상향식 기술선택은 시장의 고객들이 요구하는 제품이나 서비스를 개발하는 데 부적합한 기술이 선택될 수 있다.

④ 하향식 기술선택은 사업전략의 성공적인 수행을 위해 필요한 기술들을 열거하고, 각각의 기술에 대한 획득의 우선순위를 결정하는 것이다.

02 다음 글에서 설명하는 용어로 옳은 것은?

> 기술 혁신은 신기술이 발생, 발전, 채택되고, 다른 기술에 의해 사라질 때까지의 일정한 패턴을 가지고 있다. 기술의 발달은 처음에는 서서히 시작되다가 성과를 낼 수 있는 힘이 축적되면 급속한 진전을 보인다. 그리고 기술의 한계가 오면 성과는 점차 줄어들게 되고, 한계가 온 기술은 다시 성과를 내는 단계로 상승할 수 없으며, 여기에 혁신적인 새로운 기술이 출현한다. 혁신적인 새로운 기술은 기존의 기술이 한계에 도달하기 전에 출현하는 경우가 많으며, 기존에 존재하는 시장의 요구를 만족시키면서 전혀 새로운 지식을 기반으로 하는 기술이다. 이러한 기술의 예로 필름 카메라에서 디지털카메라로, 콤팩트 디스크(Compact Disk)에서 MP3 플레이어(MP3 Player)로의 전환 등을 들 수 있다.

① 바그너 법칙

② 기술의 S곡선

③ 빅3 법칙

④ 생산비의 법칙

PART 1

03 다음 뉴스 내용에서 볼 수 있는 기술경영자의 능력으로 옳은 것은?

> 앵커 : 현재 국제 원유 값이 고공 행진을 계속하면서 석유자원에서 탈피하려는 기술 개발이 활발히
> 진행되고 있는데요. 석유자원을 대체하고 에너지의 효율성을 높일 수 있는 연구개발 현장을
> 이은경 기자가 소개합니다.
> 기자 : 네. 여기는 메탄올을 화학 산업에 많이 쓰이는 에틸렌과 프로필렌, 부탄 등의 경질 올레핀으
> 로 만드는 공정 현장입니다. 석탄과 바이오매스, 천연가스를 원료로 만들어진 메탄올에서
> 촉매반응을 통해 경질 올레핀을 만들기 때문에 석유 의존도를 낮출 수 있는 기술을 볼 수
> 있는데요. 기존 석유 나프타 열분해 공정보다 수율이 높고, 섭씨 400도 이하에서 제조가 가
> 능해 온실가스는 물론 에너지 비용을 50% 이상 줄일 수 있어 화제가 되고 있습니다.

① 빠르고 효과적으로 새로운 기술을 습득하고 기존의 기술에서 탈피하는 능력
② 기술 전문 인력을 운용할 수 있는 능력
③ 조직 내의 기술 이용을 수행할 수 있는 능력
④ 새로운 제품개발 시간을 단축할 수 있는 능력

04 다음 글을 읽고 노와이(Know-why)의 사례로 가장 적절한 것은?

> 기술은 노하우(Know-how)와 노와이(Know-why)로 구분할 수 있다. 노하우는 특허권을 수반하
> 지 않는 과학자, 엔지니어 등이 가지고 있는 체화된 기술을 의미하며, 노와이는 어떻게 기술이 성립
> 하고 작용하는지에 대한 원리적 측면에 중심을 둔 개념이다.
> 이 두 가지는 획득과 전수방법에 차이가 있다. 노하우는 경험적이고 반복적인 행위에 의해 얻어지는
> 것이며, 이러한 성격의 지식을 흔히 Technique, 혹은 Art라고 부른다. 반면, 노와이는 이론적인
> 지식으로서 과학적인 탐구에 의해 얻어진다.
> 오늘날 모든 기술과 경험이 공유되는 시대에서 노하우는 점점 경쟁력을 잃어가고 있으며, 노와이가
> 점차 각광받고 있다. 즉, 노하우가 구성하고 있는 환경, 행동, 능력을 벗어나 신념과 정체성, 영성
> 부분도 관심받기 시작한 것이다. 과거에는 기술에 대한 공급이 부족하고 공유가 잘 되지 않았기 때
> 문에 노하우가 각광받았지만, 현재는 기술에 대한 원인과 결과에 대한 관계를 파악하고, 그것을 통
> 해 목적과 동기를 새로 설정하는 노와이의 가치가 높아졌다. 노와이가 말하고자 하는 핵심은 왜 이
> 기술이 필요한지를 알아야 기술의 가치가 무너지지 않는다는 것이다.

① 회사에 근무 중인 C씨는 은퇴 후 중장비학원에서 중장비 운영 기술을 열심히 공부하고 있다.
② 자판기 사업을 운영하고 있는 K씨는 이용자들의 화상을 염려하여 화상 방지 시스템을 개발하였다.
③ 요식업에 종사 중인 S씨는 영업시간 후 자신의 초밥 만드는 비법을 아들인 B군에게 전수하고
  있다.
④ 병원에 근무 중인 의사인 G씨는 방글라데시의 의료진에게 자신이 가지고 있는 선진의술을 전수하
  기 위해 다음 주에 출국할 예정이다.

- 인쇄기기 제조업체 A사는 타 업체에 시장점유율이 밀리자 해당 업체의 프린터기를 구입하여 분해한 뒤 분석하여, 성공요인을 도출하였다. 이러한 성공요인을 신제품 개발에 활용하거나 기존 제품에 적용함으로써 자사의 제품 경쟁력을 향상시켰다.
- 대형 유통판매업체 B사는 해외 대형 할인점을 따라 다수의 패션브랜드를 매장 안에 입점시킴으로써 매장의 분위기를 전환하였다. B사의 관계자는 해외 대형 할인점을 참고한 것은 맞으나, 구체적인 방법은 국내 현실 및 소비자 성향에 맞게 조정하였다고 밝혔다.
- 국내 금융업체인 C금융사의 본사에는 대형 디스플레이가 설치되어 있다. 이 디스플레이에는 C금융사 고객이 남긴 불만사항이 실시간으로 업데이트되고 있다. 이러한 방식은 뉴욕의 한 신문사에서 본사에 설치된 모니터의 독자의 댓글들이 실시간으로 나타나는 것을 보게 된 경영진이 C금융사에도 도입하게 된 것이다. 그러나 디스플레이 도입 후, 직원들은 디스플레이가 부담스럽고 심리적 압박감을 유발한다고 불만사항을 제기하였다. 예상치 못한 결과에 C금융사의 경영진들은 직원들에게 불만을 잠재우면서도 디스플레이의 설치 목적은 그대로 유지할 수 있는 방안을 마련하고자 한다.

05 다음 중 A ~ C사가 수행한 기술 선택의 방법에 대한 설명으로 옳지 않은 것은?

① 우수 기업이나 성공 사례의 장점을 자사에 그대로 적용하는 방법이다.
② 특정 분야에서 뛰어난 업체나 상품, 기술, 경영 방식 등을 배워 합법적으로 응용하는 것이다.
③ 비교대상에 따른 분류와 수행방식에 따른 분류로 그 종류를 나눌 수 있다.
④ 수행방식에 따른 분류에는 직·간접적 방법이 있다.

06 다음 중 C금융사가 수행한 기술선택의 방법으로 옳은 것을 〈보기〉에서 모두 고르면?

> **보기**
> ㉠ 같은 기업 내의 다른 지역, 타 부서, 국가 간의 유사한 활용을 대상으로 하는 기술선택 방법이다.
> ㉡ 동일 업종에서 고객을 직접적으로 공유하는 경쟁기업을 대상으로 하는 기술선택 방법이다.
> ㉢ 제품, 서비스 및 프로세스의 단위 분야에 있어 가장 우수한 실무를 보이는 비경쟁적 기업 내의 유사 분야를 대상으로 하는 기술선택 방법이다.
> ㉣ 대상을 직접 방문하여 수행하는 기술선택 방법이다.
> ㉤ 인터넷 및 문서 형태의 자료를 통해서 수행하는 기술선택 방법이다.

① ㉠, ㉡
② ㉠, ㉤
③ ㉡, ㉤
④ ㉢, ㉣

02 | 기술 적용

| 유형분석 |

- 주어진 자료를 해석하고 기술을 적용하여 풀어가는 문제이다.
- 자료 등을 읽고 제시된 문제 상황에 적절한 해결 방법을 찾는 문제가 자주 출제된다.
- 지문의 길이가 길고 복잡하므로, 문제에서 요구하는 정보를 놓치지 않도록 주의해야 한다.

E사원은 회사의 기기를 관리하는 업무를 맡고 있다. 어느 날 동료 사원들로부터 전자레인지를 사용할 때 가끔씩 불꽃이 튀고 음식이 잘 데워지지 않는다는 이야기를 들었다. 다음 제품 설명서를 토대로 E사원이 서비스를 접수하기 전에 점검할 사항이 아닌 것은?

증상	원인	조치 방법
전자레인지가 작동하지 않는다.	• 전원 플러그가 콘센트에 바르게 꽂혀 있습니까? • 문이 확실히 닫혀 있습니까? • 배전판 퓨즈나 차단기가 끊어지지 않았습니까? • 조리방법을 제대로 선택하셨습니까? • 혹시 정전은 아닙니까?	• 전원 플러그를 바로 꽂아 주십시오. • 문을 다시 닫아 주십시오. • 배전반 퓨즈나 차단기가 끊어졌으면 교체하고 연결시켜 주십시오. • 취소를 누르고 다시 시작하십시오.
작동 시 불꽃이 튄다.	• 조리실 내벽에 금속 제품 등이 닿지 않았습니까? • 금선이나 은선으로 장식된 그릇을 사용하고 계십니까? • 조리실 내에 찌꺼기가 있습니까?	• 벽에 닿지 않도록 하십시오. • 금선이나 은선으로 장식된 그릇은 사용하지 마십시오. • 깨끗이 청소해 주십시오.
조리 상태가 나쁘다.	• 조리 순서, 시간 등 사용 방법을 잘 선택하셨습니까?	• 요리책을 다시 확인하고 사용해 주십시오.
회전 접시가 불균일하게 돌거나 돌지 않는다.	• 회전 접시와 회전 링이 바르게 놓여 있습니까?	• 각각을 정확한 위치에 놓아 주십시오.
불의 밝기나 작동 소리가 불균일하다.	• 출력의 변화에 따라 일어난 현상이니 안심하고 사용하셔도 됩니다.	

① 조리실 내 위생 상태 점검
② 사용 가능 용기 확인
③ 사무실과 전자레인지의 전압 확인
④ 조리실 내벽 확인

정답 ③

전자레인지를 사용하면서 불꽃이 튀는 경우와 조리 상태에 만족하지 않을 때 확인해야 할 사항에 사무실, 전자레인지의 전압을 확인해야 한다는 내용은 명시되어 있지 않다.

풀이 전략!

문제 해결을 위해 필요한 정보와 기술능력이 무엇인지 먼저 파악한 후, 제시된 자료를 분석적으로 읽고 문제를 풀이한다.

01 농한기인 1～2월에 자주 발생하는 영농기자재 고장을 방지하고자 영농기자재 관리 방법에 대한 매뉴얼을 작성하여 농가에 배포하였다. 매뉴얼에 따라 영농기자재를 바르게 관리한 것은?

〈매뉴얼〉

월	기계종류	내용
1월	트랙터	(보관 중 점검) • 유압실린더는 완전상승 상태로 함 • 엔진 계통의 누유점검(연료탱크, 필터, 파이프) • 축전지 보충충전
	이앙기	(장기보관 중 점검) • 본체의 누유, 누수 점검 • 축전지 보관 상태 점검, 보충충전 • 페인트가 벗겨진 부분에는 방청유를 발라 녹 발생 방지 • 커버를 씌워 먼지, 이물질에 의한 부식 방지
	콤바인	(장기보관 중 점검) • 각 부의 누유 여부 점검 • 회전부, 작동부, 와이어류에 부식방지를 위해 오일 주입 • 스프링 및 레버류에 부식방지를 위해 그리스를 바름
2월	트랙터	(사용 전 점검) • 팬벨트 유격 10mm 이상 시 발전기 고정 볼트를 풀어 유격 조정 • 냉각수량 – 외기온도에 알맞은 비중의 부동액 확인(40% 확인) • 축전지액량 및 접속상태, 배선 및 각종 라이트 경고등 점검, 충전상태 점검 • 좌우 브레이크 페달 유격 및 작동 상태 점검
	이앙기	(장기보관 중 점검) • 본체의 누유, 누수 점검 • 축전지 보충충전 • 녹이 발생된 부분은 녹을 제거하고 방청유를 바름
	콤바인	(장기보관 중 점검) • 엔진을 회전시켜 윤활시킨 후, 피스톤을 압축상사점에 보관 • 회전부, 작동부, 와이어류에 부식방지를 위해 오일 주입 • 스프링 및 레버류에 부식방지를 위해 그리스를 바름

① 1월에 트랙터의 브레이크 페달 작동 상태를 점검하였다.

② 2월에 장기보관 중이던 이앙기에 커버를 씌워 먼지 및 이물질에 의한 부식을 방지하였다.

③ 1～2월 모두 이앙기에 부식방지를 위해 방청유를 발랐다.

④ 트랙터 사용 전에 유압실린더와 엔진 누유 상태를 중점적으로 점검하였다.

※ K씨는 이번 달 내로 모든 사무실의 복합기를 ★★복합기로 교체하라는 지시를 받았다. 모든 사무실의 복합기를 교체하였지만, 추후 문제가 생길 것을 대비해 신형 복합기의 문제 해결법을 인트라넷에 게시하였다. 이어지는 질문에 답하시오. **[2~3]**

〈문제 해결법〉

Q. 복합기가 비정상적으로 종료됩니다.

A. 제품의 전원 어댑터가 전원 콘센트에 정상적으로 연결되었는지 확인하십시오.

Q. 제품에서 예기치 못한 소음이 발생합니다.

A. 복합기의 자동 서비스 기능으로 프린트 헤드의 수명을 관리할 때에 제품에서 예기치 못한 소음이 발생할 수 있습니다.
  ▲ 참고
- 프린트 헤드의 손상을 방지하려면, 복합기에서 인쇄하는 동안에는 복합기를 끄지 마십시오.
- 복합기의 전원을 끌 때에는 반드시 전원 버튼을 사용하고, 복합기가 정지할 때까지 기다린 후 전원을 끄십시오.
- 잉크 카트리지를 모두 바르게 장착했는지 확인합니다.
- 잉크 카트리지가 하나라도 없을 경우, 복합기는 프린트 헤드를 보호하기 위해 자동으로 서비스 기능을 수행할 수 있습니다.

Q. 복합기가 응답하지 않습니다(인쇄되지 않음).

A. 1. 인쇄 대기열에 걸려 있는 인쇄 작업이 있는지 확인하십시오.
- 인쇄 대기열을 열어 모든 문서 작업을 취소한 다음 PC를 재부팅합니다.
- PC를 재부팅한 후 인쇄를 다시 시작합니다.
  2. ★★소프트웨어 설치를 확인하십시오.
- 인쇄 도중 복합기가 꺼지면 PC 화면에 경고 메시지가 나타납니다.
- 메시지가 나타나지 않을 경우 ★★소프트웨어가 제대로 설치되지 않았을 수 있습니다.
- ★★소프트웨어를 완전히 제거한 다음 다시 설치합니다. 자세한 내용은 [프린터 소프트웨어 삭제하기]를 참고하십시오.
  3. 케이블 및 연결 상태를 확인하십시오.
- USB 케이블이 복합기와 PC에 제대로 연결되었는지 확인합니다.
- 복합기가 무선 네트워크에 연결되어 있을 경우 복합기와 PC의 네트워크 연결 상태를 확인합니다.
- PC에 개인 방화벽 소프트웨어가 설치되어 있는지 확인합니다.
    – 개인 방화벽 소프트웨어는 외부 침입으로부터 PC를 보호하는 보안 프로그램입니다.
    – 방화벽으로 인해 PC와 복합기의 통신이 차단될 수 있습니다.
    – 복합기와 통신이 문제가 될 경우에는 방화벽을 일시적으로 해제하십시오. 해제 후에도 문제가 발생하면 방화벽에 의한 문제가 아니므로 방화벽을 다시 실행하십시오.

> Q. 인쇄 속도가 느립니다.

A. 1. 인쇄 품질 설정을 확인하십시오.
   - 인쇄 품질(해상도)이 최상 및 최대 DPI로 설정되었을 경우 인쇄 품질이 향상되나 인쇄 속도가 느려질 수 있습니다.
   2. 잉크 카트리지의 잉크 잔량을 확인하십시오.
   - 잉크 카트리지에 남아 있는 예상 잉크량을 확인합니다.
   - 잉크 카트리지가 소모된 상태에서 인쇄를 할 경우 인쇄 속도가 느려질 수 있습니다.
   - 위와 같은 방법으로 해결되지 않을 경우 복합기에 문제가 있을 수 있으므로, ★★서비스 센터에 서비스를 요청하십시오.

02 A사원은 ★★복합기에서 소음이 발생하자 문제 해결법을 통해 복합기의 자동 서비스 기능으로 프린트 헤드의 수명을 관리할 때 소음이 발생할 수 있다는 것을 알았다. 다음 중 A사원이 숙지할 수 있는 참고 사항으로 옳지 않은 것은?

① 프린트 헤드의 손상을 방지하려면, 복합기에서 인쇄하는 동안에는 복합기를 끄지 않는다.

② 프린트 헤드 정렬 및 청소를 불필요하게 실시하면 많은 양의 잉크가 소모된다.

③ 잉크 카트리지를 모두 바르게 장착했는지 확인한다.

④ 복합기의 전원을 끌 때에는 반드시 전원 버튼을 사용하고, 복합기가 정지할 때까지 기다린 후 전원을 끈다.

03 팀장에게 보고서를 제출하기 위해 인쇄를 하려던 Z사원은 보고서가 인쇄되지 않는다는 것을 알았다. 다음 중 Z사원이 복합기 문제를 해결할 수 있는 방안으로 옳지 않은 것은?

① 인쇄 작업이 대기 중인 문서가 있는지 확인한다.

② 복합기 소프트웨어를 완전히 제거한 다음 다시 설치한다.

③ USB 케이블이 복합기와 PC에 제대로 연결되었는지 확인한다.

④ 잉크 카트리지에 남아 있는 예상 잉크량을 확인한다.

※ 기획전략팀에서는 사무실을 간편히 청소할 수 있는 새로운 청소기를 구매하였다. 기획전략팀의 A대리는 새 청소기를 사용하기 전에 다음 사용 설명서를 참고하였다. 이어지는 질문에 답하시오. [4~6]

〈사용 설명서〉

1. 충전

- 충전 시 작동 스위치 2곳을 반드시 꺼 주십시오.
- 타 제품의 충전기를 사용할 경우 고장의 원인이 되오니 반드시 전용 충전기를 사용하십시오.
- 충전 시 충전기에 열이 느껴지는 것은 고장이 아닙니다.
- 본 제품에는 배터리 보호를 위하여 과충전 보호회로가 내장되어 있어 적정 충전시간을 초과하여도 배터리는 심한 손상이 없습니다.
- 충전기의 줄을 잡고 뽑을 경우 감전, 쇼트, 발화 및 고장의 원인이 됩니다.
- 충전하지 않을 때는 전원 콘센트에서 충전기를 뽑아 주십시오. 절연 열화에 따른 화재, 감전 및 고장의 원인이 됩니다.

2. 이상 증상 발생 시 해결 방법

증상	확인사항	해결 방법
스위치를 켜도 청소기가 작동하지 않는다면?	• 청소기가 충전잭에 꽂혀 있는지 확인하세요. • 충전이 되어 있는지 확인하세요. • 본체에 핸디 청소기가 정확히 결합되었는지 확인하세요. • 접점부(핸디, 본체)를 부드러운 면으로 깨끗이 닦아 주세요.	청소기에서 충전잭을 뽑아 주세요.
사용 중 갑자기 흡입력이 떨어진다면?	• 흡입구를 커다란 이물질이 막고 있는지 확인하세요. • 먼지 필터가 막혀 있는지 확인하세요. • 먼지통 내에 오물이 가득 차 있는지 확인하세요.	이물질을 없애고 다시 사용하세요.
청소기가 멈추지 않는다면?	• 스틱 손잡이와 핸디 손잡이 스위치 2곳 모두 꺼져 있는지 확인하세요. • 청소기 본체에서 핸디 청소기를 분리하세요.	
사용시간이 짧다고 느껴진다면?	• 10시간 이상 충전하신 후 사용하세요.	
라이트 불이 켜지지 않는다면?	• 청소기 작동 스위치를 ON으로 하셨는지 확인하세요. • 라이트 스위치를 ON으로 하셨는지 확인하세요.	
파워브러시가 작동하지 않는다면?	• 머리카락이나 실 등 이물질이 감겨있는지 확인하세요.	청소기 전원을 끄고 이물질 제거 후 전원을 켜면 파워브러시가 재작동하며 평상시에도 파워브러시가 멈추었을 때는 전원 스위치를 껐다 켜시면 브러시가 재작동합니다.

04 사용 중 충전으로 인한 고장이 발생한 경우, 다음 중 그 원인에 해당하지 않는 것은?

① 충전 시 작동 스위치 2곳을 모두 끄지 않은 경우
② 충전기를 뽑을 때 줄을 잡고 뽑은 경우
③ 충전하지 않을 때 충전기를 계속 꽂아 둔 경우
④ 적정 충전시간을 초과하여 충전한 경우

PART 1

05 A대리는 청소기의 전원을 껐다 켬으로써 청소기의 작동 불량을 해결하였다. 어떤 작동 불량이 발생하였는가?

① 청소기가 멈추지 않았다.
② 사용시간이 짧게 느껴졌다.
③ 파워브러시가 작동하지 않았다.
④ 사용 중 흡입력이 떨어졌다.

06 다음 중 청소기에 이물질이 많이 들어있을 때 나타날 수 있는 증상은?

① 사용시간이 짧아진다.
② 라이트 불이 켜지지 않는다.
③ 스위치를 켜도 청소기가 작동하지 않는다.
④ 사용 중 갑자기 흡입력이 떨어진다.

지식에 대한 투자가 가장 이윤이 많이 남는 법이다.

– 벤자민 프랭클린 –

PART 2

최종점검 모의고사

제1회
최종점검 모의고사

※ 국가철도공단 최종점검 모의고사는 2024년 채용공고와 시험 후기를 기준으로 구성한 것으로, 실제 시험과 다를 수 있습니다.

■ 취약영역 분석

번호	O/×	영역	번호	O/×	영역	번호	O/×	영역
01			18		수리능력	35		
02			19			36		
03			20			37		자원관리능력
04			21			38		
05		의사소통능력	22			39		
06			23			40		
07			24			41		
08			25			42		
09			26		문제해결능력	43		
10			27			44		
11			28			45		조직이해능력 / 기술능력
12			29			46		
13			30			47		
14		수리능력	31			48		
15			32		자원관리능력	49		
16			33			50		
17			34					

평가문항	50문항	평가시간	50분
시작시간	:	종료시간	:
취약영역			

최종점검 모의고사

🕐 응시시간 : 50분   📋 문항 수 : 50문항

사무직   기술직

정답 및 해설 p.048

---

01 공통 영역

01 다음 글의 내용으로 가장 적절한 것은?

> 사회 진화론은 다윈의 생물 진화론을 개인과 집단에 적용시킨 사회 이론이다. 사회 진화론의 중심 개념은 19세기에 등장한 '생존경쟁'과 '적자생존'인데, 이 두 개념의 적용 범위가 개인일 경우에는 자유방임주의와 결합하기도 하고, 집단일 경우에는 민족주의나 제국주의와 결합하기도 하였다. 1860년대 대표적인 사회 진화론자인 스펜서는 인간 사회의 생활은 개인 간의 '생존경쟁'이며, 그 경쟁은 '적자생존'에 의해 지배된다고 주장하였다. 19세기 말 키드, 피어슨 등은 인종이나 민족, 국가 등의 집단 단위로 '생존경쟁'과 '적자생존'을 적용하여 우월한 집단이 열등한 집단을 지배하는 것은 자연법칙이라고 주장함으로써 인종 차별이나 제국주의를 정당화하였다. 또한, 일본에서는 19세기 말 문명개화론자들이 사회 진화론을 수용하였다. 이들은 '생존경쟁'과 '적자생존'을 국가와 민족 단위에 적용하여 '약육강식'과 '우승열패'의 논리를 바탕으로 서구식 근대 문명국가 건설과 군국주의를 역설하였다.

① 사회 진화론은 생물 진화론을 개인에게만 적용시킨 사회 이론이다.
② 사회 진화론은 19세기 이전에는 존재하지 않았다.
③ '생존경쟁'과 '적자생존'의 개념이 개인의 범위에 적용되면 민족주의와 결합한다.
④ 키드, 피어슨 등의 주장은 사회 진화론의 개념을 집단 단위에 적용한 결과이다.

02 P사원의 상사가 P사원에게 다음과 같이 문서를 작성해 제출할 것을 요청하였을 때, P사원이 작성해야 할 문서의 종류는 무엇인가?

> 이번 문서를 토대로 P사원의 업무 결과가 평가되므로 이 점 유의하여 작성해 주시길 바랍니다. 최대한 핵심적인 내용으로 간결하게 작성하시고, 복잡한 내용은 도표나 그림을 활용하는 것이 좋겠죠? 그리고 참고한 자료가 있다면 모두 함께 제시해 주어야 합니다. 최종적으로 부장님께 제출하기 전에 제가 확인을 할 예정이지만, P사원도 제출하기 전에 잘못 작성된 부분은 없는지 등의 점검을 해 주시기 바랍니다.

① 기획서   ② 설명서
③ 보고서   ④ 제안서

※ 다음 글을 읽고 이어지는 질문에 답하시오. [3~4]

이혜민 사원은 급하게 ㉠ 상사와 통화를 원하는 외부전화를 받았다. 상사는 현재 사내 상품개발팀과 신제품개발 아이디어 수집에 대해 전화회의를 하고 있다. 상대방의 양해를 얻어 전화를 대기시키고 ㉡ 메모지에 내용을 적어 통화 중인 상사에게 전하고 잠시 기다렸다. 통화 중인 상사는 이혜민 사원에게 전화를 ㉢ 받을 수 없다는 손짓을 하고, 메모지에 ㉣ '나중에 통화'라고 적었다. 이혜민 사원은 상사의 뜻을 전하고 ㉤ 전화번호를 물어보았다. 잠시 후 상품개발팀장과 통화를 끝낸 상사는 이혜민 사원에게 다음과 같이 지시하였다. "㉥ 다음 주에 약 12명이 모여 신상품 아이디어에 대한 브레인스토밍 회의를 할 겁니다. 화요일을 제외하고 날짜를 잡아 팀장과 의논해서 준비하세요."

03 의사전달 매체를 말, 글, 비언어적 수단 등으로 구분할 때, 다음 중 밑줄 친 ㉠ ~ ㉤에서 같은 매체로 짝지어진 것은?

① ㉠, ㉢
② ㉡, ㉣
③ ㉡, ㉤
④ ㉢, ㉣

04 다음 중 밑줄 친 ㉥과 같은 형태의 회의 특징과 가장 거리가 먼 것은?

① 고정관념을 버린다.
② 의사결정에 있어 양보다 질을 추구한다.
③ 자유로운 분위기를 조성한다.
④ 여러 사람의 아이디어를 활용하여 더 좋은 안을 도출한다.

05 다음 글에서 〈보기〉의 문장이 들어갈 위치로 가장 적절한 곳은?

(가) 자연계는 무기적인 환경과 생물적인 환경이 상호 연관되어 있으며 그것은 생태계로 불리는 한 시스템을 이루고 있음이 밝혀진 이래, 이 이론은 자연을 이해하기 위한 가장 기본이 되는 것으로 받아들여지고 있다. (나) 그동안 인류는 더 윤택한 삶을 누리기 위하여 산업을 일으키고 도시를 건설하며 문명을 이룩해왔다. (다) 이로써 우리의 삶은 매우 윤택해졌으나 우리의 생활환경은 오히려 훼손되고 있으며 환경오염으로 인한 공해가 누적되고 있고, 우리 생활에서 없어서는 안 될 각종 자원도 바닥이 날 위기에 놓이게 되었다. (라) 따라서 우리는 낭비되는 자원, 그리고 날로 황폐해져 가는 자연에 대하여 우리가 해야 할 시급한 임무가 무엇인지를 깨닫고, 이를 실천하기 위해 우리 모두의 지혜와 노력을 모아야만 한다.

> **보기**
> 만약 우리가 이 위기를 슬기롭게 극복해내지 못한다면 인류는 머지않아 파멸에 이르게 될 것이다.

① (가)　　　　　　　　　　　　　　　② (나)
③ (다)　　　　　　　　　　　　　　　④ (라)

06 다음 빈칸에 들어갈 내용으로 가장 적절한 것은?

민주주의의 목적은 다수가 소수의 폭군이나 자의적인 권력 행사를 통제하는 데 있다. 민주주의의 이상은 모든 자의적인 권력을 억제하는 것으로 이해되었는데 이것이 오늘날에는 자의적 권력을 정당화하기 위한 장치로 변화되었다. 이렇게 변화된 민주주의는 민주주의 그 자체를 목적으로 만들려는 이념이다. 이것은 법의 원천과 국가권력의 원천이 주권자 다수의 의지에 있기 때문에, 국민의 참여와 표결 절차를 통하여 다수가 결정한 법과 정부의 활동이라면 그 자체로 정당성을 갖는다는 것이다. 즉, 유권자 다수가 원하는 것이면 무엇이든 실현할 수 있다는 말이다.
이런 민주주의는 '무제한적 민주주의'이다. 어떤 제약도 없는 민주주의라는 의미이다. 이런 민주주의는 자유주의와 부합할 수가 없다. 그것은 다수의 독재이고 이런 점에서 전체주의와 유사하다. 폭군의 권력이든, 다수의 권력이든, 군주의 권력이든, 위험한 것은 권력 행사의 무제한성이다. 중요한 것은 이러한 권력을 제한하는 일이다.
민주주의 그 자체를 수단이 아니라 목적으로 여기고 다수의 의지를 중시한다면, 그것은 다수의 독재를 초래할 뿐만 아니라 전체주의만큼이나 위험하다. 민주주의 존재 그 자체가 언제나 개인의 자유에 대한 전망을 밝게 해준다는 보장은 없다. 개인의 자유와 권리를 보장하지 못하는 민주주의는 본래의 민주주의가 아니다. 본래의 민주주의는 _____

① 다수의 의견을 수렴하여 이를 그대로 정책에 반영해야 한다.
② 서로 다른 목적의 충돌로 인한 사회적 불안을 해소할 수 있어야 한다.
③ 민주적 절차 준수에 그치지 않고 과도한 권력을 실질적으로 견제할 수 있어야 한다.
④ 무제한적 민주주의를 과도기적으로 거치며 개인의 자유와 권리 보장에 기여해야 한다.

다음 문단을 논리적 순서대로 바르게 나열한 것은?

(가) 다음으로 온건한 도덕주의는 오직 일부 예술작품만이 도덕적 판단의 대상이 된다고 보는 입장이다. 따라서 일부의 예술작품들에 대해서만 긍정적인 또는 부정적인 도덕적 가치판단이 가능하다고 본다.

(나) 또한 도덕적 가치는 미적 가치를 비롯한 다른 가치들보다 우선한다. 이러한 도덕주의 입장을 대표하는 사람이 바로 톨스토이이다. 그는 인간의 형제애에 관한 정서를 전달함으로써 인류의 심정적 통합을 이루는 것이 예술의 핵심적 가치라고 보았다.

(다) 그 관계에 대한 입장들로는 '극단적 도덕주의', '온건한 도덕주의', '자율성주의'가 있다. 이 입장들은 예술작품이 도덕적 가치판단의 대상이 될 수 있느냐는 물음에 각기 다른 대답을 한다.

(라) 마지막으로 자율성주의는 어떠한 예술작품도 도덕적 가치판단의 대상이 될 수 없다고 보는 입장이다. 이 입장에 따르면, 도덕적 가치와 미적 가치는 서로 자율성을 유지한다.

(마) 예술과 도덕의 관계, 더 구체적으로는 예술작품의 미적 가치와 도덕적 가치의 관계는 동서양을 막론하고 사상사의 중요한 주제들 중 하나이다.

(바) 온건한 도덕주의 입장에 따르면, 도덕적 판단의 대상이 되는 예술작품의 도덕적 가치와 미적 가치는 서로 독립적으로 성립하는 것이 아니다. 그것들은 서로 내적으로 연결되어 있기 때문에 어떤 예술작품이 가지는 도덕적 장점이 그 예술작품의 미적 장점이 된다.

(사) 즉, 도덕적 가치와 미적 가치는 각각 독립적인 영역에서 구현되고 서로 다른 기준에 의해 평가된다는 것이다. 결국 자율성 주의는 예술작품에 대한 도덕적 가치판단을 범주착오에 해당하는 것으로 본다.

(아) 극단적 도덕주의 입장은 모든 예술작품을 도덕적 가치판단의 대상으로 본다. 이 입장은 도덕적 가치를 가장 우선적인 가치이자 가장 포괄적인 가치로 본다. 따라서 모든 예술 작품은 도덕적 가치에 의해서 긍정적으로 또는 부정적으로 평가된다.

---

① (가) – (라) – (다) – (아) – (나) – (사) – (마) – (바)

② (다) – (라) – (아) – (가) – (마) – (나) – (바) – (사)

③ (마) – (다) – (아) – (나) – (가) – (바) – (라) – (사)

④ (마) – (아) – (가) – (나) – (다) – (사) – (라) – (바)

08 다음 글의 내용으로 가장 적절한 것은?

개인의 소득을 결정하는 데에는 다양한 요인들이 작용한다. 가장 중요한 변수는 직업일 것이다. 일 반적으로 전문직의 경우 고소득이 보장되며 단순노무직의 경우 저소득층의 분포가 많다. 직업의 선 택에 영향을 미치는 요인 가운데 가장 중요한 것이 개인의 학력과 능력일 것이다. 그러나 개인의 학력과 능력을 결정하는 배경 변수로 무수히 많은 요인들이 작용한다. 그 가운데에서는 개인의 노력 이나 선택과 관련된 요인들이 있고 그것과 무관한 환경적 요인들이 있다. 상급학교에 진학하기 위해 얼마나 공부를 열심히 했는가, 어떤 전공을 선택했는가, 직장에서 요구하는 숙련과 지식을 습득하기 위해 얼마나 노력을 했는가 하는 것들이 전자에 해당된다. 반면 부모가 얼마나 자식의 교육을 위해 투자했는가, 어떤 환경에서 성장했는가, 개인의 성이나 연령은 무엇인가 등은 개인의 선택과 무관한 대표적인 환경적 요인일 것이다. 심지어 운도 개인의 직업과 소득을 결정하는 데 직·간접적으로 작용한다.

환경적 요인에 대한 국가의 개입이 정당화될 수 있는 근거는 그러한 요인들이 개인의 통제를 벗어난 요인이라는 것이다. 따라서 개인이 어찌할 수 없는 이유로 발생한 불리함에 대해 전적으로 개인에게 책임을 묻는 것은 분배정의론의 관점에서 정당하다고 보기 힘들다. 부모의 학력은 전적으로 자녀가 선택할 수 없는 변수이다. 그런데 부모의 학력은 부모의 소득과 직결되기 쉽고, 자녀에 대한 교육비 지출 등 교육투자의 격차를 발생시키기 쉽다. 가난한 부모에게서 태어나고 성장한 자녀들은 동일한 능력을 가지고 부유한 부모에게서 태어나서 성장한 사람에 비해 본인의 학력과 직업적 능력을 취득 할 기회를 상대적으로 박탈당했다고 볼 수 있다. 그 결과 저소득층 자녀들은 고소득층 자녀에 비해 상대적으로 낮은 소득을 얻을 확률이 높다. 이러한 현상이 극단적으로 심화된다면 이른바 빈부격차 의 대물림 현상이 나타날 것이다. 이와 같이 부모의 학력이 자녀 세대의 소득에 영향을 미친다면, 자녀 세대의 입장에서는 본인의 노력과 무관한 요인에 의해 경제적 불이익을 당하는 것이다. 기회의 균등 원칙은 이러한 분배적 부정의를 해소하기 위한 정책적 개입을 정당화한다.

외국의 경우와 비교하여 볼 때, 사회민주주의 국가의 경우에는 이미 현재의 조세정책으로도 충분히 기회 균등화 효과를 거두고 있음을 확인하였다. 반면 미국, 이탈리아, 스페인 등 영미권이나 남유럽 국가의 경우 우리나라의 경우와 유사하거나 더 심한 기회의 불평등 양상을 보여주었다.

따라서 부모의 학력이 자녀의 소득에 영향을 미치는 효과를 차단하기 위해서는 더욱 적극적인 재정 정책이 필요하다. 세율을 보다 높이고 대신 이전지출의 크기를 늘리는 것이 세율을 낮추고 이전지출 을 줄이는 것에 비해 재분배 효과가 더욱 있으리라는 것은 자명한 사실이다. 기회 균등화란 관점에 서 볼 때 우리나라의 재분배 정책은 훨씬 강화되어야 한다는 시사점을 얻을 수 있다.

① 사회민주주의 국가의 경우 더 심한 기회의 불평등 양상이 나타나는 것으로 확인된다.

② 이전지출을 줄이는 것은 세율을 낮추는 것보다 재분배 효과가 더욱 클 것으로 전망된다.

③ 분배정의론의 관점에서 개인의 선택에 의한 불리함에 대해 개인에게 책임을 묻는 것은 정당하지 않다.

④ 부모의 학력이 자녀의 소득에 영향을 미치는 현상이 심화된다면 빈부격차의 대물림 현상이 나타 날 것이다.

09 다음 글의 중심 주제로 가장 적절한 것은?

맹자는 다음과 같은 이야기를 전한다. 송나라의 한 농부가 밭에 나갔다 돌아오면서 처자에게 말한다. "오늘 일을 너무 많이 했다. 밭의 싹들이 빨리 자라도록 하나하나 잡아당겨줬더니 피곤하구나." 아내와 아이가 밭에 나가보았더니 싹들이 모두 말라 죽어 있었다. 이렇게 자라는 것을 억지로 돕는 일, 즉 조장(助長)을 하지 말라고 맹자는 말한다. 싹이 빨리 자라기를 바란다고 싹을 억지로 잡아 올려서는 안 된다. 목적을 이루기 위해 가장 빠른 효과를 얻고 싶겠지만 이는 도리어 효과를 놓치는 길이다. 억지로 효과를 내려고 했기 때문이다. 싹이 자라기를 바라 싹을 잡아당기는 것은 이미 시작된 과정을 거스르는 일이다. 효과가 자연스럽게 나타날 가능성을 방해하고 막는 일이기 때문이다. 당연히 싹의 성장 가능성은 땅 속의 씨앗에 들어있는 것이다. 개입하고 힘을 쏟고자 하는 대신에 이 잠재력을 발휘할 수 있도록 하는 것이 중요하다.

피해야 할 두 개의 암초가 있다. 첫째는 싹을 잡아당겨서 직접적으로 성장을 이루려는 것이다. 이는 목적성이 있는 적극적 행동주의로써 성장의 자연스러운 과정을 존중하지 않는 것이다. 달리 말하면 효과가 숙성되도록 놔두지 않는 것이다. 둘째는 밭의 가장자리에 서서 자라는 것을 지켜보는 것이다. 싹을 잡아당겨서도 안 되고 그렇다고 단지 싹이 자라는 것을 지켜만 봐서도 안 된다. 그렇다면 무엇을 해야 하는가? 싹 밑의 잡초를 뽑고 김을 매주는 일을 해야 하는 것이다. 경작이 용이한 땅을 조성하고 공기를 통하게 함으로써 성장을 보조해야 한다. 기다리지 못함도 삼가고 아무것도 안 함도 삼가야 한다. 작동 중에 있는 자연스런 성향이 발휘되도록 기다리면서도 전력을 다할 수 있도록 돕는 노력도 멈추지 말아야 한다.

① 인류사회는 자연의 한계를 극복하려는 인위적 노력에 의해 발전해 왔다.
② 싹이 스스로 성장하도록 그대로 두는 것이 수확량을 극대화하는 방법이다.
③ 어떤 일을 진행할 때 가장 중요한 것은 명확한 목적성을 설정하는 것이다.
④ 잠재력을 발휘하도록 하려면 의도적 개입과 방관적 태도 모두를 경계해야 한다.

10 다음 중 (가) ~ (다)에 들어갈 접속어가 바르게 연결된 것은?

무더운 여름 기차나 지하철을 타면 "실내가 춥다는 민원이 있어 냉방을 줄인다."라는 안내방송을 쉽게 들을 수 있을 정도로 우리는 쾌적한 기차와 지하철을 이용할 수 있는 시대에 살고 있다. ___(가)___ 이러한 쾌적한 환경을 누리기 시작하게 된 것은 그리 오래되지 않은 일이다. 1825년 세계 최초로 영국의 증기기관차가 시속 16km로 첫 주행을 시작하였고, 이 당시까지만 해도 열차 내의 유일한 냉방 수단은 창문뿐이었다. 열차에 에어컨이 설치되기 시작된 것은 100년이 더 지난 1930년대 초반 미국에서였고, 우리나라는 이보다 훨씬 후인 1969년 지금의 새마을호라 불리는 '관광호'에서였다. 이는 국내에 최초로 철도가 개통된 1899년 이후 70년 만으로, 관광호 이후 국내에 도입된 특급열차들은 대부분 전기 냉난방시설을 갖추게 되었다.

___(나)___ 지하철의 에어컨 도입은 열차보다 훨씬 늦었는데, 이는 우리나라뿐만 아니라 해외도 마찬가지였으며, 실제로 영국의 경우 아직도 지하철에는 에어컨이 없는 상황이다.

우리나라는 1974년 서울 지하철이 개통되었는데, 이 당시 객실에는 천장의 달린 선풍기가 전부였기 때문에 한여름에는 땀 냄새가 가득한 찜통 지하철이 되었다. ___(다)___ 1983년이 되어서야 에어컨이 설치된 지하철이 등장하기 시작하였고, 기존에 에어컨이 설치되지 않았던 지하철들은 1989년이 되어서야 선풍기를 떼어내고 에어컨으로 교체하기 시작하였다.

	(가)	(나)	(다)
①	따라서	그래서	마침내
②	하지만	반면	마침내
③	하지만	왜냐하면	그래서
④	왜냐하면	반면	마침내

※ 일정한 규칙으로 수를 나열할 때, 빈칸에 들어갈 알맞은 수를 고르시오. [11~12]

11

10	49	33	47	102	45	( )

① 307
② 308
③ 309
④ 310

12

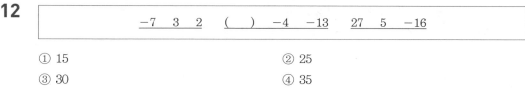

-7　3　2　$(\quad)$　-4　-13　27　5　-16

① 15
② 25
③ 30
④ 35

13 희진이는 단팥빵과 크림빵만 만드는 빵집을 운영하고 있다. 빵집에는 빵을 1개씩만 구울 수 있는 오븐이 있고, 단팥빵과 크림빵을 굽는 데는 각각 3분, 7분이 걸리며, 1개를 굽고 나서 바로 다음 것을 굽는다. 희진이가 반죽을 만드는 데 걸리는 시간은 12분이고, 반죽은 신선도를 유지하기 위해 1시간에 한 번씩 만든다. 희진이가 1시간을 모두 활용하여 단팥빵과 크림빵을 굽는다고 할 때, 굽는 순서를 다르게 할 수 있는 방법은 총 몇 가지인가?(단, 희진이는 모든 빵을 2개 이상 만든다)

① 200가지
② 212가지
③ 224가지
④ 248가지

14 서울에서 부산까지의 거리는 400km이고 서울에서 부산까지 가는 기차는 120km/h의 속력으로 달리며, 역마다 10분씩 정차한다. 서울에서 9시에 출발하여 부산에 13시 10분에 도착했다면, 기차는 가는 도중 몇 개의 역에 정차하였는가?

① 4개   ② 5개

③ 6개   ④ 7개

15 가현이는 강의 A지점에서 B지점까지 일정한 속력으로 수영하여 왕복하였다. 가현이가 강물이 흐르는 방향으로 수영을 하면서 걸린 시간은 반대방향으로 거슬러 올라가며 걸린 시간의 0.2배라고 한다. 가현이가 수영한 속력은 강물의 속력의 몇 배인가?

① 0.5배   ② 1배

③ 1.5배   ④ 2배

16 A사원은 출근하는 도중 중요한 서류를 집에 두고 온 사실을 알게 되었다. A사원은 집으로 시속 5km로 걸어서 서류를 가지러 갔다가, 회사로 다시 출근할 때에는 자전거를 타고 시속 15km로 달렸다. 집에서 회사까지 거리는 5km이고, 2.5km 지점에서 서류를 가지러 집으로 출발할 때 시각이 오전 7시 10분이었다면, 회사에 도착한 시각은?(단, 집에서 회사까지는 직선거리이며 다른 요인으로 인한 소요시간은 없다)

① 오전 7시 50분   ② 오전 8시

③ 오전 8시 10분   ④ 오전 8시 20분

17 다음은 K국의 농·임업 생산액과 부가가치 현황에 대한 자료이다. 이에 대한 설명으로 옳은 것을 〈보기〉에서 모두 고르면?

〈농·임업 생산액 현황〉

(단위 : 십억 원, %)

구분		2018년	2019년	2020년	2021년	2022년	2023년
농·임업 생산액		39,663	42,995	43,523	43,214	46,357	46,648
분야별 비중	곡물	23.6	20.2	15.6	18.5	17.5	18.3
	화훼	28.0	27.7	29.4	30.1	31.7	32.1
	과수	34.3	38.3	40.2	34.7	34.6	34.8

※ 분야별 비중은 해당 분야의 농·임업 생산액 대비 생산액 비중이다.
※ 곡물, 화훼, 과수는 농·임업 일부 분야이다.

〈농·임업 부가가치 현황〉

(단위 : 십억 원, %)

구분		2018년	2019년	2020년	2021년	2022년	2023년
농·임업 부가가치		22,587	23,540	24,872	26,721	27,359	27,376
GDP 대비 비중	농업	2.1	2.1	2.0	2.1	2.0	2.0
	임업	0.1	0.1	0.2	0.1	0.2	0.2

※ GDP 대비 비중은 해당 분야의 GDP 대비 부가가치 비중이다.
※ 농·임업은 농업과 임업으로만 구성된다.

보기

㉠ 농·임업 생산액이 전년보다 적은 해에는 농·임업 부가가치도 전년보다 적다.
㉡ 화훼 생산액은 매년 증가한다.
㉢ 매년 곡물 생산액은 과수 생산액의 50% 이상이다.
㉣ 매년 농업 부가가치는 농·임업 부가가치의 85% 이상이다.

① ㉠, ㉡   ② ㉠, ㉢
③ ㉡, ㉣   ④ ㉢, ㉣

18 다음은 연대별로 정리한 유지관리 도로 거리 변천에 대한 자료이다. 이에 대한 설명으로 옳지 않은 것은?(단, 비중은 소수점 둘째 자리에서 반올림한다)

〈연대별 유지관리 도로 거리〉

(단위 : km)

구분	2차로	4차로	6차로	8차로	10차로	비고
1960년대	–	304.7	–	–	–	–
1970년대	761.0	471.8	–	–	–	–
1980년대	667.7	869.5	21.7	–	–	–
1990년대	367.5	1,322.6	194.5	175.7	–	–
2000년대	155.0		450.0	342.0	–	27개 노선
현재	–	3,130.0	508.0	434.0	41.0	29개 노선

〈연대별 유지관리 도로 총거리〉

(단위 : km)

① 1960년대부터 유지관리하는 4차로 도로의 거리는 현재까지 계속 증가했다.
② 현재 유지관리하는 도로 한 노선의 평균거리는 120km 이상이다.
③ 현재 유지관리하는 도로의 총거리는 1990년대보다 1,950km 미만으로 길어졌다.
④ 차선이 만들어진 순서는 4차로 - 2차로 - 6차로 - 8차로 - 10차로이다.

※ 다음은 다문화 신혼부부의 성별 출신국적 현황이다. 이어지는 질문에 답하시오. [19~20]

〈다문화 신혼부부의 성별 출신국적 현황〉

(단위 : 명)

주요국적 순위별	2022년 남편 국적	2022년 남편 인원수	2022년 아내 국적	2022년 아내 인원수	2023년 남편 국적	2023년 남편 인원수	2023년 아내 국적	2023년 아내 인원수
합계	합계	22,114	합계	38,745	합계	21,792	합계	36,766
1순위	중국	9,597	중국	10,239	중국	9,335	중국	9,928
2순위	미국	3,725	베트남	6,456	미국	3,549	베트남	5,234
3순위	베트남	1,531	필리핀	5,897	베트남	1,911	필리핀	4,872
4순위	일본	1,443	일본	3,037	일본	1,194	일본	2,992
5순위	캐나다	1,018	캄보디아	2,575	캐나다	968	캄보디아	2,534
6순위	대만	518	미국	1,933	대만	530	태국	2,417
7순위	영국	478	태국	1,775	영국	490	미국	1,962
8순위	파키스탄	430	우즈벡	1,038	파키스탄	375	우즈벡	1,002
9순위	호주	384	대만	919	호주	348	대만	993
10순위	프랑스	278	몽골	799	프랑스	295	몽골	781
11순위	뉴질랜드	248	캐나다	618	뉴질랜드	236	캐나다	627
기타	기타	2,464	기타	3,459	기타	2,561	기타	3,424

19 다음 〈보기〉의 설명 중 자료에 대한 설명으로 옳지 않은 것을 모두 고르면?

> **보기**
> ㄱ. 영국 국적인 남편의 수는 2022년과 2023년에 동일하다.
> ㄴ. 남편의 국적과 아내의 국적의 인원이 많은 순위는 각각 2022년과 2023년에 동일하다.
> ㄷ. 프랑스 국적인 남편의 수는 2022년보다 2023년에 많다.
> ㄹ. 2022년 다문화 신혼부부 중 중국 국적인 남편의 수는 필리핀 국적인 아내의 수의 2배 이상이다.

① ㄱ, ㄷ
② ㄴ, ㄹ
③ ㄱ, ㄴ, ㄹ
④ ㄱ, ㄷ, ㄹ

20 2022년과 2023년 다문화 신혼부부 중 호주 국적인 남편의 수의 합과 미국 국적인 아내의 수의 합은?

① 2,810명
② 3,759명
③ 4,210명
④ 4,627명

21 다음 중 ㉠~㉡을 원인 분석 단계의 절차에 따라 순서대로 바르게 나열한 것은?

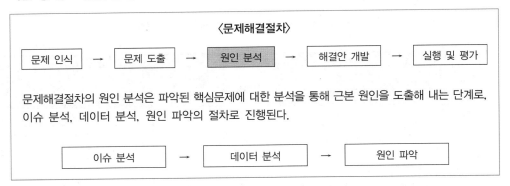

〈문제해결절차〉

문제 인식 → 문제 도출 → 원인 분석 → 해결안 개발 → 실행 및 평가

문제해결절차의 원인 분석은 파악된 핵심문제에 대한 분석을 통해 근본 원인을 도출해 내는 단계로, 이슈 분석, 데이터 분석, 원인 파악의 절차로 진행된다.

이슈 분석 → 데이터 분석 → 원인 파악

㉠ 가설검증계획에 의거하여 분석결과를 미리 이미지화한다.
㉡ 데이터 수집계획을 세운 후 목적에 따라 정량적이고 객관적인 사실을 수집한다.
㉢ 인터뷰 및 설문조사 등을 활용하여 현재 수행하고 있는 업무에 가장 크게 영향을 미치는 문제를 선정한다.
㉣ 이슈와 데이터 분석을 통해 얻은 결과를 바탕으로 최종 원인을 확인한다.
㉤ 자신의 경험, 지식 등에 의존하여 이슈에 대한 일시적인 결론을 예측해보는 가설을 설정한다.
㉥ 목적에 따라 수집된 정보를 항목별로 분류·정리한 후 'What', 'Why', 'How' 측면에서 의미를 해석한다.

① ㉠－㉢－㉤－㉡－㉥－㉣
② ㉡－㉥－㉢－㉤－㉠－㉣
③ ㉢－㉠－㉤－㉥－㉡－㉣
④ ㉢－㉤－㉠－㉡－㉥－㉣

22 다음 중 SWOT 분석에 대한 설명으로 적절하지 않은 것은?

① 조직 내부의 강점, 약점을 외부의 기회, 위협 요인과 대응시켜 전략을 개발하는 방법이다.
② ST전략은 내부의 강점을 이용하여 외부의 기회를 포착하는 전략이다.
③ 문제를 해결하기 위한 전략을 수립하는 과정에서 외부의 환경과 내부의 역량을 동시에 분석하는 방법이다.
④ WT전략은 외부의 위협에 대해 대응할 수 있는 조직 내부의 역량이 부족하거나 약점밖에 없는 상태이므로 사업을 축소하거나 철수를 고려하는 전략이다.

23 다음은 환경 분석에 사용하는 3C 분석 방법에 대한 자료이다. (가) ~ (다) 항목에 대한 분석 내용을 〈보기〉에서 찾아 바르게 연결한 것은?

사업 환경을 구성하고 있는 요소인 고객(Customer), 자사(Company), 경쟁사(Competitor)를 3C 라고 하며, 3C에 대한 체계적인 분석을 통해 환경 분석을 수행할 수 있다.

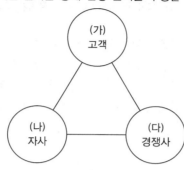

보기

㉠ 주요 소비층은 무엇을 좋아하는가?
㉡ 우리 조직의 장단점은 무엇인가?
㉢ 신규 경쟁자의 진입장벽은 무엇인가?
㉣ 경쟁사의 핵심 경쟁력은 무엇인가?
㉤ 소비자들의 정보습득 및 교환은 어디서 일어나는가?

	(가)	(나)	(다)
①	㉠, ㉢	㉡, ㉣	㉤
②	㉠, ㉤	㉡	㉢, ㉣
③	㉡, ㉣	㉠, ㉤	㉢
④	㉡, ㉤	㉢, ㉣	㉠

24 다음에서 설명하는 문제 유형은 무엇인가?

지금까지 해오던 것과 전혀 관계없이 새로운 과제 또는 목표를 설정함에 따라 발생하는 문제로, 문제 해결에 많은 창조적인 노력이 요구된다.

① 발생형 문제　　　　　　　　② 설정형 문제
③ 잠재형 문제　　　　　　　　④ 탐색형 문제

25 빨간색, 파란색, 노란색, 초록색의 화분이 있다. 이 화분에 빨강, 파랑, 노랑, 초록 꽃씨를 심으려고 한다. 같은 색깔로는 심지 못하며, 다음 〈조건〉에 따라 심는다고 할 때, 옳지 않은 것은?

조건
- 빨강 꽃씨를 노란 화분에 심을 수 없으며, 노랑 꽃씨를 빨간 화분에 심지 못한다.
- 파랑 꽃씨를 초록 화분에 심을 수 없으며, 초록 꽃씨를 파란 화분에 심지 못한다.

① 빨간 화분에 파랑 꽃씨를 심었다면, 노란 화분에는 초록 꽃씨를 심을 수 있다.
② 파란 화분에 빨강 꽃씨를 심었다면, 초록 화분에는 노랑 꽃씨를 심을 수 있다.
③ 초록 화분과 노란 화분에 심을 수 있는 꽃씨의 종류는 같다.
④ 빨간 화분과 노란 화분에 심을 수 있는 꽃씨의 종류는 같다.

26 6층짜리 주택에 A ~ F가 층별로 각각 입주하려고 한다. 다음 〈조건〉을 지켜야 한다고 할 때, 항상 옳은 것은?

조건
- B와 D 중 높은 층에서 낮은 층의 수를 빼면 4이다.
- B와 F는 인접할 수 없다.
- A는 E보다 밑에 산다.
- D는 A보다 밑에 산다.
- A는 3층에 산다.

① C는 B보다 높은 곳에 산다.
② B는 F보다 높은 곳에 산다.
③ E는 F와 인접해 있다.
④ A는 D보다 낮은 곳에 산다.

27 다음 자료와 〈조건〉을 바탕으로 철수, 영희, 민수, 철호가 상품을 구입한 쇼핑몰을 바르게 나열한 것은?

〈이용약관의 주요 내용〉

쇼핑몰	주문 취소	환불	배송비	포인트 적립
A	주문 후 7일 이내 취소 가능	10% 환불수수료＋송금수수료 차감	무료	구입 금액의 3%
B	주문 후 10일 이내 취소 가능	환불수수료＋송금수수료 차감	20만 원 이상 무료	구입 금액의 5%
C	주문 후 7일 이내 취소 가능	환불수수료＋송금수수료 차감	1회 이용 시 1만 원	없음
D	주문 후 당일에만 취소 가능	환불수수료＋송금수수료 차감	5만 원 이상 무료	없음
E	취소 불가능	고객 귀책 사유에 의한 환불 시에만 10% 환불수수료	1만 원 이상 무료	구입 금액의 10%
F	취소 불가능	원칙적으로 환불 불가능 (사업자 귀책 사유일 때만 환불 가능)	100g당 2,500원	없음

조건

• 철수는 부모님의 선물로 등산용품을 구입하였는데, 판매자의 업무착오로 배송이 지연되어 판매자에게 전화로 환불을 요구하였다. 판매자는 판매금액 그대로를 통장에 입금해 주었고 구입 시 발생한 포인트도 유지하여 주었다.
• 영희는 옷을 구매할 때 배송료를 고려하여 한 가지씩 여러 번에 나누어 구매하기보다는 가능한 한꺼번에 주문하곤 하였다.
• 인터넷 사이트에서 영화티켓을 20,000원에 주문한 민수는 다음날 같은 티켓을 18,000원에 파는 가게를 발견하고 전날 주문한 물건을 취소하려 했지만 취소가 되지 않아 곤란을 겪은 적이 있다.
• 가방을 100,000원에 구매한 철호는 도착한 물건의 디자인이 마음에 들지 않아 환불 및 송금수수료와 배송료를 감수하는 손해를 보면서도 환불할 수밖에 없었다.

	철수	영희	민수	철호
①	E	B	C	D
②	F	E	D	B
③	E	D	F	C
④	F	C	E	B

PART 2

28 K항공사는 현재 신입사원을 모집하고 있으며, 지원자격은 다음과 같다. 〈보기〉의 지원자 중 K항공사 지원자격에 부합하는 사람은 모두 몇 명인가?

〈K항공사 대졸공채 신입사원 지원자격〉

- 4년제 정규대학 모집대상 전공 중 학사학위 이상 소지한 자(졸업예정자 지원 불가)
- TOEIC 750점 이상인 자(국내 응시 시험에 한함)
- 병역필 또는 면제자로 학업성적이 우수하고, 해외여행에 결격사유가 없는 자
  ※ 공인회계사, 외국어 능통자, 통계 전문가, 전공 관련 자격 보유자 및 장교 출신 지원자 우대

모집분야		대상 전공
일반직	일반관리	• 상경, 법정 계열 • 통계 / 수학, 산업공학, 신문방송, 식품공학(식품 관련 학과) • 중국어, 러시아어, 영어, 일어, 불어, 독어, 서반아어, 포르투갈어, 아랍어
	운항관리	• 항공교통, 천문기상 등 기상 관련 학과 － 운항관리사, 항공교통관제사 등 관련 자격증 소지자 우대
전산직		• 컴퓨터공학, 전산학 등 IT 관련 학과
시설직		• 전기부문 : 전기공학 등 관련 전공 － 전기기사, 전기공사기사, 소방설비기사(전기) 관련 자격증 소지자 우대 • 기계부문 : 기계학과, 건축설비학과 등 관련 전공 － 소방설비기사(기계), 전산응용기계제도기사, 건축설비기사, 공조냉동기사, 건설기계기사, 일반기계기사 등 관련 자격증 소지자 우대 • 건축부문 : 건축공학 관련 전공(현장 경력자 우대)

보기

지원자	지원분야	학력	전공	병역사항	TOEIC 점수	참고사항
A	전산직	대졸	컴퓨터공학	병역필	820점	• 중국어, 일본어 능통자이다. • 해외 비자가 발급되지 않는 상태이다.
B	시설직 (건축부문)	대졸	식품공학	면제	930점	• 건축현장 경력이 있다. • 전기기사 자격증을 소지하고 있다.
C	일반직 (운항관리)	대재	항공교통학	병역필	810점	• 전기공사기사 자격증을 소지하고 있다. • 학업 성적이 우수하다.
D	시설직 (기계부문)	대졸	기계공학	병역필	745점	• 건축설비기사 자격증을 소지하고 있다. • 장교 출신 지원자이다.
E	일반직 (일반관리)	대졸	신문방송학	미필	830점	• 소방설비기사 자격증을 소지하고 있다. • 포르투갈어 능통자이다.

① 1명
② 2명
③ 3명
④ 없음

29 K사 총무팀, 개발팀, 영업팀, 홍보팀, 고객지원팀이 각각 1 ~ 5층에 있다. 각 팀 탕비실에는 이온음료, 탄산음료, 에너지음료, 캔 커피가 구비되어 있다. 총무팀에서 각 팀에 채워 넣을 음료를 일괄적으로 구매하고자 한다. 〈조건〉에 따라 각 음료를 구매하려고 할 때, 주문해야 할 최소 개수를 바르게 연결한 것은?

조건

• 각 팀의 음료 보유 현황은 다음과 같다.

(단위 : 캔)

구분	총무팀	개발팀	영업팀	홍보팀	고객지원팀
이온음료	3	10	10	10	8
탄산음료	10	2	16	7	8
에너지음료	10	1	12	8	7
캔 커피	2	3	1	10	12

• 이온음료, 탄산음료, 에너지음료, 캔 커피는 각각 최소 6캔, 12병, 10캔, 30캔이 구비되어 있어야 하며, 최소 수량 미달 시 음료를 구매한다.
• 각 팀은 구매 시 각 음료의 최소 구비 수량의 1.5배를 구매한다.
• 모든 음료는 낱개로 구매할 수 없으며 묶음 단위로 구매해야 한다.
• 이온음료, 탄산음료, 에너지음료, 캔 커피 각각 6캔, 6캔, 6캔, 30캔을 묶음으로 판매하고 있다.

	이온음료	탄산음료	에너지음료	캔 커피
①	12캔	72캔	48캔	240캔
②	12캔	72캔	42캔	240캔
③	12캔	66캔	42캔	210캔
④	18캔	66캔	48캔	210캔

30 다음은 에어컨 시리얼넘버에 대한 자료이다. 고객에게 추천해 줄 에어컨으로 옳지 않은 것은?

• 에어컨 시리얼넘버는 12자리로 이루어져 있다.

AA	B	CC	D	EEE	FFF
제조사	제조국	출시연도	냉방면적	품목	부가기능

제조사	제조국	출시연도
AR : S사 BL : L사 CN : W사 DW : D사 EQ : C사	A : 한국 B : 중국 C : 일본 D : 인도 E : 필리핀	00 : 2010년 01 : 2011년 02 : 2012년 03 : 2013년 … 09 : 2019년 10 : 2020년

냉방면적	품목	부가기능
0 : 6평 1 : 10평 2 : 13평 3 : 18평 4 : 24평 5 : 32평	100 : 스탠드 101 : 벽걸이 111 : 스탠드·벽걸이 110 : 이동식	001 : 해당 없음 010 : 제습 011 : 청정 101 : 제습＋청정 110 : 제습＋무풍 111 : 제습＋청정＋무풍

※ 제조사는 모두 한국 제조사이다.

고객 : 요즘에는 에어컨도 이동이 된다고 하던데, 한국에서 제조한 D사의 이동식 에어컨을 구매하고 싶어요. 해당 제품은 가능한 2020년 출시제품이면 좋겠네요. 창고에 놓으려는 거라서 냉방면적은 6평이나 10평이면 충분할 것 같아요. 부가기능은 청정 정도만 있으면 될 거 같아요. 그 외 기능이 있으면 더 좋고요.

① DWA100110011
② DWA100101101
③ DWA101110111
④ DWA101110011

31 다음 중 자원관리과정의 순서를 바르게 나열한 것은?

> ㄱ. 필요한 자원의 종류와 양 확인하기
> ㄴ. 계획대로 수행하기
> ㄷ. 자원 활용 계획 세우기
> ㄹ. 이용 가능한 자원 수집하기

① ㄱ－ㄴ－ㄷ－ㄹ 　　　　　　　② ㄱ－ㄹ－ㄷ－ㄴ
③ ㄴ－ㄱ－ㄷ－ㄹ 　　　　　　　④ ㄴ－ㄷ－ㄱ－ㄹ

32 다음 중 예산관리에 대한 설명으로 옳지 않은 것은?

① 무조건 비용을 적게 들이는 것이 좋다.
② 개발 책정 비용이 개발 실제 비용보다 더 크면 경쟁력 손실을 입는다.
③ 정해진 예산을 효율적으로 사용하여 최대한의 성과를 내기 위해 필요하다.
④ 예산관리는 예산통제, 비용산정, 예산편성 등을 포함한다.

33 A사원은 최근 사내 행사에서 대표님의 말씀 중 "조직의 효율성은 전사적 시간관리에서 나온다."라는 문구에서 깊은 인상을 받았다. 이후 본인과 조직의 업무 효율성을 위하여 시간관리와 관련된 교육자료를 찾아서 보다가 아래와 같은 시간관리 매트릭스를 발견하였다. 다음 중 A사원이 이해한 내용으로 옳지 않은 것은?

〈시간관리 매트릭스〉

구분	긴급한 일	긴급하지 않은 일
중요한 일	제1사분면	제2사분면
중요하지 않은 일	제3사분면	제4사분면

① 제1사분면은 중요하고 긴급한 업무로 미룰 수 없는 다급한 일이 해당한다.
② 제2사분면은 일반적인 계획, 장기적인 계획 수립, 인간관계 구축 등이 해당한다.
③ 제3사분면은 중요하지 않지만 긴급한 업무로 전화나 당장 처리해야 할 잡일 등이 대표적이다.
④ 제4사분면은 중요하지 않고 긴급하지 않은 업무로 고객의 불시방문이나 시간 낭비거리 등이 포함된다.

34 예산을 직접비용과 간접비용으로 구분한다고 할 때, 다음 〈보기〉에서 직접비용과 간접비용에 해당하는 것을 바르게 구분한 것은?

> **보기**
> ㉠ 재료비 　　　　　　　　　 ㉡ 원료와 장비 구입비
> ㉢ 광고비 　　　　　　　　　 ㉣ 보험료
> ㉤ 인건비 　　　　　　　　　 ㉥ 출장비

　　　 직접비용 　　　　　　 간접비용
① 　㉠, ㉡, ㉤ 　　　　　 ㉢, ㉣, ㉥
② 　㉠, ㉡, ㉥ 　　　　　 ㉢, ㉣, ㉤
③ 　㉠, ㉡, ㉢, ㉣ 　　　　　 ㉤, ㉥
④ 　㉠, ㉡, ㉤, ㉥ 　　　　　 ㉢, ㉣

35 다음 중 인적자원의 특성을 아래와 같이 나누어 살펴볼 때, 인적자원에 대한 설명으로 옳지 않은 것은?

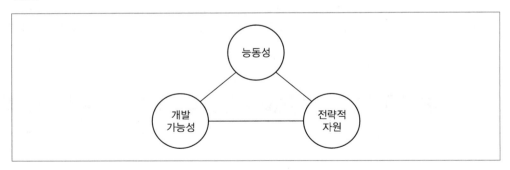

① 인적자원은 조직에 필요한 자원 활용을 담당하므로 어느 자원보다도 전략적 중요성이 강조된다.

② 인적자원은 오랜 기간 동안에 걸쳐서 개발될 수 있는 많은 잠재능력과 자질을 보유하고 있다.

③ 환경변화에 따른 조직변화가 심해질수록 인적자원 개발가능성의 중요성은 점점 작아질 것이다.

④ 인적자원은 능동적이고 반응적인 성격을 지니고 있으므로 이를 잘 관리하면 기업의 성과를 높일 수 있다.

36 다음 중 제시된 사례에 대한 물적자원관리의 방해 요인이 잘못 연결된 것은?

- A는 손톱깎이를 사용한 뒤 항상 아무 곳에나 놓는다. 그래서 손톱깎이가 필요할 때마다 한참 동안 집 안 구석구석을 찾아야 한다.
- B는 길을 가다가 귀여운 액세서리를 발견하면 그냥 지나치지 못한다. 그래서 B의 화장대 서랍에는 액세서리가 쌓여 있다.
- C는 지난주에 휴대폰을 잃어버려 얼마 전에 새로 구입하였다. 그런데 오늘 지하철에서 새로 산 휴대폰을 또 잃어버리고 말았다.
- D는 작년에 친구로부터 선물 받은 크리스마스 한정판 화장품을 잃어버린 후 찾지 못했고, 다시 구입하려고 하니 이미 판매가 끝난 상품이라 구입할 수 없었다.

---

① A : 보관 장소를 파악하지 못하는 경우
② B : 분명한 목적 없이 물건을 구입하는 경우
③ C : 물품을 분실한 경우
④ D : 보관 장소를 파악하지 못하는 경우

37 같은 상품을 각기 다른 공장에서 생산하고 있다. 이 상품을 가게에 들여오려고 하는데 이때 선택할 수 있는 공장과 운송요금이 다음과 같을 때 1,000kg 상품을 구매하는 경우와 2,000kg 상품을 구매하는 경우 각각 가장 저렴한 서비스는?(단, 전체 요금은 기본요금과 무게당 요금, 세금, 거리당 요금을 합산한 것을 말한다)

구분	기본요금	1kg당 요금	세금	거리	1km당 요금
A	3,000원	200원	1,000원	2,500km	450원
B	2,000원	150원	1,500원	3,500km	350원
C	2,500원	150원	1,500원	5,000km	250원
D	1,000원	200원	2,500원	3,000km	400원
E	0원	200원	2,000원	6,000km	200원

	1,000kg	2,000kg
①	A	B
②	A	A
③	B	C
④	E	A

38 K공단에서 근무하는 A대리는 휴가철을 맞아 가족여행을 가고자 한다. K공단은 직원들의 복리증진을 위하여 휴가철 항공료를 일부 지원해주고 있다. 다음 자료를 토대로 A대리가 선택할 여행지와 여행기간이 바르게 짝지어진 것은?

〈여행지별 항공료와 지원율〉

여행지	1인당 편도 항공료	항공료 지원율
중국	130,000원	10%
일본	125,000원	30%
싱가포르	180,000원	35%

※ 갈 때와 올 때 편도 항공료는 동일하다.

〈8월〉

일	월	화	수	목	금	토
			1	2	3	4
5	6	7	8	9	10	11
12	13	14	15	16	17	18
19	20	21	22	23	24	25
26	27	28	29	30	31	

※ 8월 3 ~ 4일은 현장부지답사로 휴가가 불가능하다.
※ 8월 15일은 광복절, 24일은 공단 창립기념일로 휴일이다.

조건
- A대리는 아내와 단 둘이 여행할 예정이다.
- A대리는 여행경비 중 항공료로 최대 450,000원을 쓸 수 있다.
- K공단에서 제공하는 항공료 지원은 동반한 직계가족까지 모두 적용된다.

① 중국 – 8월 9일 ~ 8월 11일
② 일본 – 8월 3일 ~ 8월 6일
③ 일본 – 8월 16일 ~ 8월 19일
④ 싱가포르 – 8월 15일 ~ 8월 18일

39 모스크바 지사에서 일하고 있는 A대리는 밴쿠버 지사와의 업무협조를 위해 6월 22일 오전 10시 15분에 밴쿠버 지사로 업무협조 메일을 보냈다. 〈조건〉을 토대로 밴쿠버 지사에서 가장 빨리 메일을 읽었을 때, 모스크바의 시각은?

> **조건**
> • 밴쿠버는 모스크바보다 10시간이 늦다.
> • 밴쿠버 지사의 업무시간은 오전 10시부터 오후 6시까지다.
> • 밴쿠버 지사에서는 6월 22일 오전 10시부터 15분간 전력 점검이 있었다.

① 6월 22일 오전 10시 15분
② 6월 23일 오전 10시 15분
③ 6월 22일 오후 8시 15분
④ 6월 23일 오후 8시 15분

40 B씨는 정원이 12명이고 개인 회비가 1인당 20,000원인 모임의 총무이다. 정기 모임을 카페에서 열기로 했는데 음료를 1잔씩 주문하고 음료와 곁들일 디저트도 2인에 한 개씩 시킬 예정이다. 〈조건〉에 따라 가장 저렴하게 먹을 수 있는 방법으로 메뉴를 주문한다고 할 때, 남는 돈은 얼마인가? (단, 2명은 커피를 마시지 못한다)

〈메뉴 정보〉

COFFEE		NON - COFFEE		DESSERT	
아메리카노	3,500원	그린티라테	4,500원	베이글	3,500원
카페라테	4,100원	밀크티라테	4,800원	치즈케이크	4,500원
카푸치노	4,300원	초코라테	5,300원	초코케이크	4,700원
카페모카	4,300원	곡물라테	5,500원	티라미수	5,500원

> **조건**
> • 10잔 이상의 음료 또는 디저트를 구매하면 4,500원 이하의 음료 2잔이 무료로 제공된다.
> • 음료와 디저트를 세트로 구매하면 해당 메뉴 금액의 10%가 할인된다.

① 175,000원 ② 178,500원
③ 180,500원 ④ 188,200원

41 조직의 정의를 나타내는 다음 글에서 알 수 있는 조직의 사례로 적절하지 않은 것은?

> 조직은 두 사람 이상이 공동의 목표를 달성하기 위해 의식적으로 구성된 상호작용과 조정을 행하는 행동의 집합체이다. 그러나 단순히 사람들이 모였다고 해서 조직이라고 하지는 않는다. 조직은 목적을 가지고 있고, 구조가 있으며, 목적을 달성하기 위해 구성원들은 서로 협동적인 노력을 하고, 외부 환경과도 긴밀한 관계를 가지고 있다. 조직은 일반적으로 재화나 서비스의 생산이라는 경제적 기능과 조직구성원들에게 만족감을 주고 협동을 지속시키는 사회적 기능을 갖는다.

① 병원에서 일하고 있는 의사와 간호사
② 유기견을 구조하고 보호하는 시민단체
③ 백화점에 모여 있는 직원과 고객
④ 편의점을 운영 중인 가족

42 K공사의 조대리는 신규 해외사업을 발굴하는 업무를 담당하고 있다. 조대리는 이러한 업무와 관련하여 국제적인 감각을 키우기 위해 매일 아침 국제 동향을 파악한다. 다음 중 국제 동향을 파악하기 위한 행동으로 적절하지 않은 것은?

① 해외사이트를 방문하여 최신 이슈를 확인한다.
② 매일 아침 신문의 국제면을 읽는다.
③ 업무와 관련된 분야의 국제잡지를 정기 구독한다.
④ 업무와 관련된 국내의 법률, 법규 등을 공부한다.

43 A사원은 최근 들어 부쩍 업무효율성이 떨어진다고 느낀다. 하루에 해야 할 일을 다 마무리하지 못한 채 퇴근시간을 맞고, 결국 남아서 잔업을 하기 일쑤이기 때문이다. 이를 개선하기 위해 A사원은 업무를 방해하는 요소들을 모두 적어보기로 했다. A사원의 문제에 대한 해결방안으로 적절하지 않은 것은?

〈업무 방해요인〉

- 내부 메신저를 통해 동료와 잡담을 하는 일이 종종 있다.
- 타 지점에서 오는 메일과 전화 응대로 개인 업무 시간을 뺏긴다.
- 업무 진행 시 직속상사와의 의견 불일치가 종종 발생한다.
- 최근 퇴사한 사원들로 인해 업무과중 상태이다.
- 매출압박에 대한 스트레스로 밤잠을 설쳐 늘 피곤한 상태이다.

---

① 시간대별로 업무를 효율적으로 분배함으로써 주어진 시간 안에 업무를 처리한다.

② 메일에 대한 답장은 하루 중 시간을 정해서 하고, 전화통화는 길게 통화할 필요가 있는 사항이 아니라면 3분 이내에 마무리한다.

③ 의견 불일치가 부정적인 것만은 아니라는 인식하에, 협상과 충분한 대화를 통한 의견 일치와 합리적인 해결점을 찾는다.

④ 동료가 말을 걸면 답해야 한다는 강박관념에서 벗어나기 위해 내부 메신저는 시간을 정해놓고 필요할 때만 로그인한다.

44 다음은 조직의 문화를 기준을 통해 4가지 문화로 구분한 것이다. (가) ~ (라)에 대한 설명으로 옳지 않은 것은?

	유연성, 자율성 강조 (Flexibility & Discretion)		
내부지향성, 통합 강조 (Internal Focus & Integration)	(가)	(나)	외부지향성, 차별 강조 (External Focus & Differentiation)
	(다)	(라)	
	안정, 통제 강조 (Stability & Control)		

① (가)는 조직구성원 간 인화단결, 협동, 팀워크, 공유가치, 사기, 의사결정과정에 참여 등을 중요시한다.
② (나)는 규칙과 법을 준수하고, 관행과 안정, 문서와 형식, 명확한 책임소재 등을 강조하는 관리적 문화의 특징을 가진다.
③ (다)는 조직내부의 통합과 안정성을 확보하고, 현상유지 차원에서 계층화되는 조직 문화이다.
④ (라)는 실적을 중시하고, 직무에 몰입하며, 미래를 위한 계획을 수립하는 것을 강조한다.

45 다음 회의록을 참고할 때, 고객지원팀의 강대리가 해야 할 일로 적절하지 않은 것은?

<회의록>

회의일시	2024년 ○○월 ○○일	부서	기획팀, 시스템개발팀, 고객지원팀
참석자	기획팀 김팀장, 박대리 / 시스템개발팀 이팀장, 김대리 / 고객지원팀 유팀장, 강대리		
회의안건	홈페이지 내 이벤트 신청 시 발생하는 오류로 인한 고객 불만에 따른 대처방안		
회의내용	• 홈페이지 고객센터 게시판 내 이벤트 신청 오류 관련 불만 글 확인 • 이벤트 페이지 내 오류 발생 원인에 대한 확인 필요 • 상담원의 미숙한 대응으로 고객들의 불만 증가(대응 매뉴얼 부재) • 홈페이지 고객센터 게시판에 사과문 게시 • 고객 불만 대응 매뉴얼 작성 및 이벤트 신청 시스템 개선 • 추후 유사한 이벤트 기획 시 기획안 공유 필요		

① 민원 처리 및 대응 매뉴얼 작성
② 상담원 대상으로 CS 교육 실시
③ 홈페이지 내 사과문 게시
④ 오류 발생 원인 확인 및 신청 시스템 개선

46 다음 조직도를 바르게 이해한 사람을 〈보기〉에서 모두 고르면?

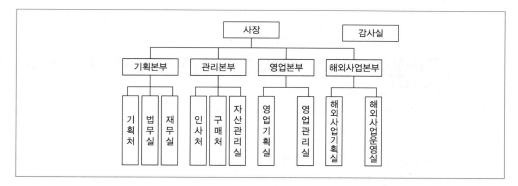

> **보기**
>
> A : 조직도를 보면 4개 본부, 3개의 처, 8개의 실로 구성돼 있어.
> B : 사장 직속으로 4개의 본부가 있고, 그중 한 본부에서는 인사를 전담하고 있네.
> C : 감사실은 사장 직속이지만 별도로 분리되어 있구나.
> D : 해외사업기획실과 해외사업운영실은 둘 다 해외사업과 관련이 있으니까 해외사업본부에 소속
>   되어 있는 것이 맞아.

① A, B   ② A, D
③ B, C   ④ B, D

47 K사에서 근무하는 강과장은 사내 행사인 '한여름 밤의 음악회'와 관련하여 유대리에게 다음과 같이 부탁하였다. 유대리가 가장 먼저 처리해야 할 일로 가장 적절한 것은?

> 유대리님, 퇴근하기 전에 음악회 장소를 다시 점검하러 가보셔야 할 것 같아요. 저번에 김과장님이 오른쪽 조명이 깜빡인다고 말씀하시더라고요. △△조명은 오전 11시부터 영업을 시작하고, 음악회 주최 위원들은 점심시간에 오신다고 하니 함께 점심 드시고 오후에 연락하여 점검을 같이 나가자고 연락드려 주세요.
> 아, 그리고 제가 지금 외근을 나가야 하는데 오늘 몇 시에 들어올 수 있을지 모르겠어요. 일단 점심 식사 후 음악회 주최 위원들께 음악회 일정표를 전달해 주세요. 그리고 조명 점검하시고 꼭 김과장님께 상황 보고해 주세요.

① 한여름 밤의 음악회 장소 점검
② △△조명에 조명 점검 협조 연락
③ 음악회 주최 의원들과 점심
④ 음악회 주최 의원들에게 일정표 전달

※ 다음은 마이클 포터(Michael E. Porter)의 본원적 경쟁전략과 관련된 사례이다. 이어지는 질문에 답하시오. [48~50]

<본원적 경쟁우위 전략>

구분	저원가	차별화
광범위한 시장	비용우위 전략	차별화 전략
좁은 시장	집중화 전략	

〈사례 1〉
나이키는 자체 생산 공장이 없어 각국의 협력사에서 OEM방식으로 생산하고 공급하는 대신, 과학적인 제품개발과 디자인, 제품광고에 막대한 돈을 투자하고 있다. 상품디자인, 그래픽, 환경디자인, 영화 및 비디오 사업팀 등으로 세분화하고 특색을 가미한 디자인을 추구하며, 광고도 농구화의 마이클 조던, 골프용품의 타이거 우즈 등 스타 마케팅을 주로 한다.

〈사례 2〉
포트 하워드 페이퍼(Fort Howard Paper)는 광고경쟁이나 계속적인 신제품 공급으로 타격을 받기 쉬운 일반용품을 파는 대신, 몇 종류의 한정된 산업용지 생산에만 노력을 기울였으며, 포터 포인트(Porter Point)는 손수 집을 칠하는 아마추어용 페인트 대신 직업적인 페인트 공을 대상으로 한 페인트나 서비스를 제공하는데 주력했다. 서비스 형태는 적합한 페인트 선택을 위한 전문적 조언이나 아무리 적은 양이라도 작업장까지 배달해주는 일, 또는 직접 판매장에서 접대실을 갖추어 커피를 무료로 대접하는 일 등이 있다.

〈사례 3〉
토요타는 재고로 쌓이는 부품량을 최소화하기 위해 1990년대 초 'JIT'라는 혁신적인 생산시스템을 도입했다. 그 결과 부품을 필요한 시기에 필요한 수량만큼 공급받아 재고비용을 대폭 줄일 수 있었다. 하지만 일본 대지진으로 위기를 겪고 이 시스템을 모든 공장에 적용하기에는 무리가 있다고 판단하여 기존 강점이라고 믿던 JIT 시스템을 개혁하여 재고를 필요에 따라 유동적으로 조절하는 방식을 채택했다. 그 결과 부품공급 사슬과 관련한 정보습득 능력이 높은 수준으로 개선되어 빈번한 자연재해에도 공장의 가동에 전혀 지장을 주지 않았고, 빠른 대응이 가능하게 되었다.

48 다음 중 사례 1에서 추구하는 전략에 대한 설명으로 옳지 않은 것은?

① 제품적 차별화와 광고의 차별화를 통해 브랜드 자산을 구축하고 있다.
② 좁은 시장에서 경쟁우위 요소를 차별화로 두는 전략이다.
③ 구매자 세분시장에 대한 인식을 제대로 하지 못한다면 위험요소가 될 수 있다.
④ 높은 가격에도 불구하고 구입을 유도하는 독특한 요인으로 인해 경쟁우위를 확보한다.

49 다음 중 사례 2에서 알 수 있는 내용으로 가장 거리가 먼 것은?

① 특정 목표에 대해 차별화될 수 있는 결과를 얻거나 낮은 원가를 실현할 수 있다.

② 특정 지역에 집중적으로 자원을 투입하면 그 지역에 적합한 제품이나 서비스를 제공함으로써 차별화할 수 있다.

③ 특정 시장을 공략할 경우, 세분화된 시장을 잘못 선택하면 수익성이 크게 떨어져 의도와는 다른 결과가 나타날 수도 있다.

④ 대체품과의 경쟁가능성이 희박한 부문이나 경쟁기업들의 가장 취약한 부문을 선택해서 집중적인 노력을 기울여 그 산업 내에서 평균 이상의 수익을 달성할 잠재력을 지닐 수 있다.

50 다음 〈보기〉 중 사례 3과 가장 관련이 깊은 내용을 모두 고르면?

> **보기**
>
> ㉠ MP3 플레이어는 급격한 기술변화에 의해 무용지물이 되어 스마트폰이 MP3를 대신하게 되었다.
> ㉡ A자동차 회사는 승용차 부문은 포기하고 상용차 부문만 집중적으로 공략하고 있다.
> ㉢ B전자 회사는 저가 전략뿐만 아니라 공격적인 투자를 통해 기술적인 차별화 전략을 함께 병행하고 있다.
> ㉣ 하르니쉬페거는 부품의 규격화와 여러 가지 형태 변화, 원자재 투입량의 감소 등을 통해 제작과 조작이 용이하게 크레인 설계를 변형했다.

① ㉠, ㉡   ② ㉠, ㉣

③ ㉡, ㉣   ④ ㉢, ㉣

※ 다음은 제습기 사용과 보증기간에 대한 사용 설명서이다. 이어지는 질문에 답하시오. **[41~42]**

〈사용 전 알아두기〉

- 제습기의 적정 사용온도는 18 ~ 35℃입니다.
  - 18℃ 미만에서는 냉각기에 결빙이 시작되어 제습량이 줄어들 수 있습니다.
- 제습 운전 중에는 컴프레서 작동으로 실내 온도가 올라갈 수 있습니다.
- 설정한 희망 습도에 도달하면 운전을 멈추고 실내 습도가 높아지면 자동 운전을 다시 시작합니다.
- 물통이 가득 찰 경우 제습기 작동이 멈춥니다.
- 안전을 위하여 제습기 물통에 다른 물건을 넣지 마십시오.
- 제습기가 작동하지 않거나 아무 이유 없이 작동을 멈추는 경우 다음 사항을 확인하세요.
  - 전원플러그가 제대로 끼워져 있는지 확인하십시오.
  - 위의 사항이 정상인 경우, 전원을 끄고 10분 정도 경과 후 다시 전원을 켜세요.
  - 여전히 작동이 안 되는 경우, 판매점 또는 서비스 센터에 연락하시기 바랍니다.
- 현재 온도 / 습도는 설치장소 및 주위 환경에 따라 실제와 차이가 있을 수 있습니다.

〈보증기간 안내〉

- 품목별 소비자 피해 보상규정에 의거 아래와 같이 제품에 대한 보증을 실시합니다.
- 보증기간 산정 기준
  - 제품 보증기간은 제조사 또는 제품 판매자가 소비자에게 정상적인 상태에서 자연 발생한 품질 성능 기능 하자에 대하여 무료 수리해 주겠다고 약속한 기간을 말합니다.
  - 제품 보증기간은 구입일자를 기준으로 산정하며 구입일자의 확인은 제품보증서를 기준으로 합니다. 단, 보증서가 없는 경우는 제조일(제조번호, 검사필증)로부터 3개월이 경과한 날부터 보증기간을 계산합니다.
  - 중고품(전파상 구입, 모조품) 구입 시 보증기간은 적용되지 않으며 수리 불가의 경우 피해보상을 책임지지 않습니다.
- 당사와의 계약을 통해 납품되는 제품의 보증은 그 계약내용을 기준으로 합니다.
- 제습기 보증기간은 일반제품으로 1년으로 합니다.
  - 2017년 1월 이전 구입분은 2년 적용합니다.

〈제습기 부품 보증기간〉

- 인버터 컴프레서(2016년 1월 이후 생산 제품)는 10년입니다.
- 컴프레서(2018년 1월 이후 생산 제품)는 4년입니다.
- 인버터 컴프레서에 한해서 5년 차부터 부품대만 무상 적용합니다.

41 제습기 구매자가 사용 전 알아두기에 대한 설명서를 읽고 나서 제습기를 사용했다. 다음 중 구매자가 서비스센터에 연락해야 할 작동 이상으로 가장 적절한 것은?

① 실내 온도가 17℃일 때 제습량이 줄어들었다.

② 제습기 사용 후 실내 온도가 올라갔다.

③ 물통에 물이 $\frac{1}{2}$ 정도 들어있을 때 작동이 멈췄다.

④ 제습기가 갑자기 작동되지 않아 잠시 10분 꺼두었다가 다시 켰더니 작동하였다.

42 보증기간 안내 및 제습기 부품 보증기간을 참고할 때, 제습기 사용자가 잘못 이해한 내용은?

① 제품 보증서가 없는 경우, 영수증에 찍힌 구입한 날짜부터 보증기간을 계산한다.

② 보증기간 무료 수리는 정상적인 상태에서 자연 발생한 품질 성능 기능 하자가 있을 때이다.

③ 제습기 보증기간은 일반제품을 기준으로 구입일로부터 1년이다.

④ 2017년도 이전에 구입한 제습기는 보증기간이 2년 적용된다.

43 다음 중 기술경영자에게 요구되는 능력이 아닌 것은?

> 기술경영자에게는 리더십, 기술적인 능력, 행정능력 외에도 다양한 도전을 해결하기 위한 여러 능력들이 요구된다. 기술개발이 결과 지향적으로 수행되도록 유도하는 능력, 기술개발 과제의 세부 사항까지도 파악할 수 있는 능력, 기술개발 과제의 전 과정을 전체적으로 조망할 수 있는 능력이 그것이다. 또한 기술개발은 기계적인 관리보다는 조직 및 인간 행동상의 요인들이 더 중요하게 작용되는 사람 중심의 진행이기 때문에 이 밖에도, 기술의 성격 및 이와 관련된 동향·사업 환경 등을 이해할 수 있는 능력과 기술적인 전문성을 갖춰 팀원들의 대화를 효과적으로 이끌어낼 수 있는 능력 등 다양한 능력을 필요로 하고 있다. 이와는 달리 중간급 매니저라 할 수 있는 기술관리자에게는 기술경영자와는 조금 다른 능력이 필요한데, 이에는 기술적 능력에 대한 것과 계획서 작성, 인력관리, 예산 관리, 일정 관리 등 행정능력에 대한 것이다.

① 시스템적인 관점에서 인식하는 능력

② 기술을 효과적으로 평가할 수 있는 능력

③ 조직 내의 기술 이용을 수행할 수 있는 능력

④ 새로운 제품개발 시간을 단축할 수 있는 능력

44 다음 중 기술능력에 대한 설명으로 옳지 않은 것은?

① 기술능력을 향상시키기 위한 방법으로는 전문연수원, OJT, 상급학교 진학 등이 있다.

② 기술능력이 뛰어난 사람은 주어진 한계 속에서 제한된 자원을 가지고 일한다.

③ 기술능력이 부족한 사람은 기술적 해결에 대한 효용성을 평가한다.

④ 직업인으로서 요구되는 기술적인 요소들을 이해하고, 적절한 기술을 선택하여 적용하는 능력을 말한다.

45 다음 중 기술시스템의 발전 단계에 따른 빈칸에 들어갈 내용이 바르게 나열된 것은?

발전단계	특징	Key man
발명 · 개발 · 혁신의 단계	기술시스템이 탄생하고 성장	기술자
↓		
㉠	성공적인 기술이 다른 지역으로 이동	기술자
↓		
㉡	기술시스템 사이의 경쟁	㉢
↓		
기술 공고화 단계	경쟁에서 승리한 기술시스템의 관성화	㉣

	㉠	㉡	㉢	㉣
①	기술 이전의 단계	기술 경쟁의 단계	기업가	자문 엔지니어
②	기술 경쟁의 단계	기술 이전의 단계	금융전문가	자문 엔지니어
③	기술 이전의 단계	기술 경쟁의 단계	기업가	기술자
④	기술 경쟁의 단계	기술 이전의 단계	금융전문가	기업가

46 다음 (가) ~ (마) 사례 중 지속가능한 기술의 사례로 적절한 것을 모두 고르면?

> (가) A사는 카메라를 들고 다니지 않으면서도 사진을 찍고 싶어 하는 소비자들을 위해, 일회용 카메라 대신 재활용이 쉽고, 재사용도 가능한 카메라를 만들어내는 데 성공했다.
>
> (나) 잉크, 도료, 코팅에 쓰이던 유기 용제 대신에 물로 대체한 수용성 수지를 개발한 B사는 휘발성 유기화합물의 배출이 줄어듦과 동시에 대기오염 물질을 줄임으로써 소비자들로부터 찬사를 받고 있다.
>
> (다) C사는 가구처럼 맞춤 제작하는 냉장고를 선보였다. 맞춤 양복처럼 가족 수와 식습관, 라이프스타일, 주방 형태 등을 고려해 1도어부터 4도어까지 여덟 가지 타입의 모듈을 자유롭게 조합하고, 세 가지 소재와 아홉 가지 색상을 매치해 공간에 어울리는 나만의 냉장고를 꾸밀 수 있게 된 것이다.
>
> (라) D사는 기존에 소각 처리해야 했던 석유화학 옥탄올 공정을 변경하여 폐수처리로 전환하고, 공정 최적화를 통해 화약 제조 공정에 발생하는 총 질소의 양을 원천적으로 감소시키는 공정 혁신을 이루었다. 이로 인해 연간 4천 톤의 오염 물질 발생량을 줄였으며, 약 60억 원의 원가도 절감했다.
>
> (마) 등산 중 갑작스러운 산사태를 만나거나 길을 잃어서 조난 상황이 발생한 경우 골든타임 확보가 무척 중요하다. 이를 위해 E사는 조난객의 상황 파악을 위한 5G 통신 모듈이 장착된 비행선을 선보였다. 이 비행선은 현재 비행거리와 시간이 짧은 드론과 비용과 인력 소모가 많이 드는 헬기에 비해 매우 효과적일 것으로 기대하고 있다.

① (가), (나), (마)

② (가), (나), (라)

③ (가), (다), (라)

④ (나), (다), (마)

※ 다음은 신입사원에게 사내 전화기 사용방법을 알려주기 위한 매뉴얼이다. 이어지는 질문에 답하시오.
[47~48]

〈사내 전화기 사용방법〉

■ **전화걸기**
- 수화기를 들고 전화번호를 입력한 후 2초간 기다리거나 [#] 버튼을 누른다.
- 이전 통화자와 다시 통화하기를 원하면 수화기를 들고 [재다이얼] 버튼을 누른다.
- 통화 중인 상태에서 다른 곳으로 전화를 걸기 원하면 [메뉴 / 보류] 버튼을 누른 뒤 새로운 번호를 입력한 후 2초간 기다리거나 [#] 버튼을 누른다. 다시 이전 통화자와 연결을 원하면 [메뉴 / 보류] 버튼을 누른다.

■ **전화받기**
- 벨이 울릴 때 수화기를 들어 올린다.
- 통화 중에 다른 전화를 받기를 원하면 [메뉴 / 보류] 버튼을 누른다. 다시 이전 통화자와 연결을 원하면 [메뉴 / 보류] 버튼을 누른다.

■ **통화내역 확인**
- [통화내역] 버튼을 누르면 LCD 창에 '발신', '수신', '부재중' 3가지 메뉴가 뜨며, [볼륨조절] 버튼으로 원하는 메뉴에 위치한 후 [통화내역] 버튼을 눌러 내용을 확인한다.

■ **당겨받기**
- 다른 전화가 울릴 때 자신의 전화로 받을 수 있는 기능이며, 동일 그룹 안에 있는 경우만 가능하다.
- 수화기를 들고 [당겨받기] 버튼을 누른다.

■ **돌려주기**
- 걸려 온 전화를 다른 전화기로 돌려주는 기능이다.
- 통화 중일 때 [돌려주기] 버튼을 누른 뒤 돌려줄 번호를 입력하고 [#] 버튼을 누르면 새 통화가 연결되며, 그 후에 수화기를 내려놓는다.
- 즉시 돌려주기를 할 경우에는 위 통화 중일 때 [돌려주기] 버튼을 누른 후 돌려줄 번호를 입력하고 수화기를 내려놓는다.

■ **3자통화**
- 동시에 3인과 통화할 수 있는 기능이다.
- 통화 중일 때 [메뉴 / 보류] 버튼을 누르고 통화할 번호를 입력한 후, [#] 버튼을 눌러 새 통화가 연결되면 [3자통화] 버튼을 누른다.
- 통화 중일 때 다른 전화가 걸려 왔다면, [메뉴 / 보류] 버튼을 누른 후 새 통화가 연결되면 [3자통화] 버튼을 누른다.

■ **수신전환**
- 전화가 오면 다른 전화기로 받을 수 있도록 하는 기능으로, 무조건 · 통화중 · 무응답 세 가지 방법으로 설정할 수 있다.
- 전화기 내 [수신전환] 버튼을 누른 뒤 [볼륨조절] 버튼으로 전환방법을 선택한 후 [통화내역] 버튼을 누르고, 다른 전화기 번호를 입력한 후 다시 [통화내역] 버튼을 누른다.
- 해제할 경우에는 [수신전환] 버튼을 누르고 [볼륨조절] 버튼으로 '사용 안 함' 메뉴에 위치한 후 [통화내역] 버튼을 누른다.

47 오늘 첫 출근한 A사원에게 선배 사원은 별다른 설명 없이 사내 전화기 사용 매뉴얼을 건네주었다. 마침 매뉴얼을 한 번 다 읽어본 후, 옆 테이블에 있는 전화기가 울렸다. 그러나 주변에는 아무도 없었다. 이때, 전화기의 어떤 기능을 사용해야 하는가?

① 전화걸기　　　　　　　　　　　　② 3자통화

③ 돌려주기　　　　　　　　　　　　④ 당겨받기

48 A사원이 근무한 지 벌써 두 달이 지나 새로운 인턴사원이 입사하게 되었다. A사원은 새로운 인턴에게 사내 전화기 사용 매뉴얼을 전달하고자 한다. 그러나 글로만 되어 있던 매뉴얼이 불편했던 생각이 들어 더욱 쉽게 이해할 수 있도록 그림을 추가하고자 한다. 다음 중 전화걸기 항목에 들어갈 그림으로 옳은 것은?

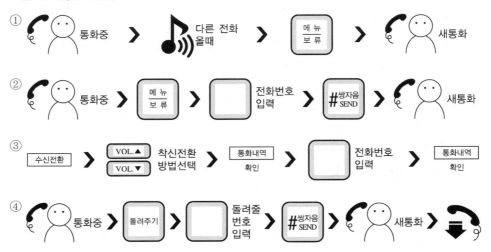

※ K사는 직원휴게실에 휴식용 안마의자를 설치할 계획이며, 안마의자 관리자는 A사원으로 지정되었다. 다음 자료를 보고 이어지는 질문에 답하시오. [49~50]

<안마의자 사용설명서>

■ 설치 시 알아두기
- 바닥이 단단하고 수평인 장소에 제품을 설치해 주세요.
- 등받이와 다리부를 조절할 경우를 대비하여 제품의 전방 50cm, 후방 10cm 이상 여유 공간을 비워 두세요.
- 바닥이 손상될 수 있으므로 제품 아래에 매트 등을 깔 것을 추천합니다.
- 직사광선에 장시간 노출되는 곳이나 난방기구 근처 등 고온의 장소는 피하여 설치해 주세요. 커버 변색 또는 변질의 원인이 됩니다.

■ 안전을 위한 주의사항

> ⚠ 경고 : 지시 사항을 위반할 경우 심각한 상해나 사망에 이를 가능성이 있는 경우를 나타냅니다.
> ⓘ 주의 : 지시 사항을 위반할 경우 경미한 상해나 제품 손상의 가능성이 있는 경우를 나타냅니다.

ⓘ 제품 사용 시간은 1일 40분 또는 1회 20분 이내로 하고, 동일한 부위에 연속 사용은 5분 이내로 하십시오.

⚠ 제품을 사용하기 전에 등 패드를 올려서 커버와 그 외 다른 부분에 손상된 곳이 없는지 확인하고, 찢어졌거나 조그만 손상이 있으면 사용을 중단하고 서비스 센터로 연락하십시오(감전 위험).

ⓘ 엉덩이와 허벅지를 마사지할 때는 바지 주머니에 딱딱한 것을 넣은 채로 사용하지 마십시오(안전사고, 상해 위험).

⚠ 팔을 마사지할 때는 시계, 장식품 등 딱딱한 것을 몸에 지닌 채 사용하지 마세요(부상 위험).

⚠ 등받이나 다리부를 움직일 때는 제품 외부에 사람, 애완동물, 물건 등이 없는지 확인하십시오(안전사고, 부상, 제품손상 위험).

ⓘ 제품 안쪽에 휴대폰, TV리모컨 등 물건을 빠뜨리지 않도록 주의하세요(고장 위험).

⚠ 등받이나 다리부를 상하로 작동 시에는 움직이는 부위에 손가락을 넣지 않도록 하십시오(안전사고, 상해, 부상 위험).

⚠ 혈전증, 중도의 동맥류, 급성 정맥류, 각종 피부염, 피부 감염증 등의 질환을 가지고 있는 사람은 사용하지 마십시오.

ⓘ 고령으로 근육이 쇠약해진 사람, 요통이 있는 사람, 멀미가 심한 사람 등은 반드시 의사와 상담한 후 사용하십시오.

ⓘ 제품을 사용하면서 다른 치료기를 동시에 사용하지 마십시오.

ⓘ 사용 중에 잠들지 마십시오(상해 위험).

⚠ 난로 등의 화기 가까이에서 사용하거나 흡연을 하면서 사용하지 마십시오(화재 위험).

ⓘ 제품을 사용하는 중에 음료나 음식을 섭취하지 마십시오(고장 위험).

ⓘ 음주 후 사용하지 마십시오(부상 위험).

■ 고장 신고 전 확인 사항

제품 사용 중 아래의 증상이 나타나면 다시 한 번 확인해 주세요. 고장이 아닐 수 있습니다.

증상	원인	해결책
안마 강도가 약합니다.	안마의자에 몸을 밀착하였습니까?	안마의자에 깊숙이 들여 앉아서 몸을 등받이에 밀착시키거나 등받이를 눕혀서 사용해 보세요.
	등 패드 또는 베개 쿠션을 사용하고 있습니까?	등 패드 또는 베개 쿠션을 빼고 사용해 보세요.
	안마 강도를 조절하였습니까?	안마 강도를 조절해서 사용해 보세요.
다리부에 다리가 잘 맞지 않습니다.	다리부의 각도를 조절하였습니까?	사용자의 신체에 맞게 다리 부의 각도를 조절해 주세요. 다리올림 버튼 또는 다리내림 버튼으로 다리부의 각도를 조절할 수 있습니다.
소리가 납니다.	제품의 구조로 인해 들리는 소리입니다. 고장이 아니므로 안심하고 사용해 주세요(제품 수명 등의 영향은 없습니다). − 안마 볼 상·하 이동 시 '달그락' 거리는 소리 − 안마 작동 시 기어 모터의 소리 − 안마 볼과 커버가 스치는 소리(특히 주무르기 작동 시) − 두드리기, 물결 마사지 작동 시 '덜덜' 거리는 소리(특히 어깨에서 등으로 이동 시) − 속도 조절에 의한 소리의 차이	

49 직원휴게실에 안마의자가 배송되었다. A사원은 제품설명서를 참고하여 적절한 장소에 설치하고자 한다. 다음 중 설치 장소 선정 시 고려해야 할 사항으로 적절하지 않은 것은?

① 직사광선에 오랫동안 노출되지 않는 장소인지 확인한다.

② 근처에 난방기구가 설치된 장소인지 확인한다.

③ 전방에는 50cm 이상의 공간을 확보할 수 있고 후방을 벽면에 밀착할 수 있는 장소인지 확인한다.

④ 새로운 장소가 안마의자의 무게를 지탱할 수 있는 단단한 바닥인지 확인한다.

50 A사원은 직원들이 안전하게 안마의자를 사용할 수 있도록 '안마의자 사용안내서'를 작성하여 안마의자 근처에 비치하고자 한다. 안내서에 있는 그림 중 '경고' 수준인 경우 '별표' 표시를 추가하여 더욱 강조되어 보이도록 할 예정이다. 다음 중 '별표' 표시를 해야 할 그림은 무엇인가?

①

②

③

④

제2회
최종점검 모의고사

■ 취약영역 분석

번호	O/×	영역	번호	O/×	영역	번호	O/×	영역
01		의사소통능력	18		수리능력	35		자원관리능력
02			19			36		
03			20			37		
04			21		문제해결능력	38		
05			22			39		
06			23			40		
07			24			41		조직이해능력 / 기술능력
08			25			42		
09			26			43		
10			27			44		
11		수리능력	28			45		
12			29			46		
13			30			47		
14			31		자원관리능력	48		
15			32			49		
16			33			50		
17			34					

평가문항	50문항	평가시간	50분
시작시간	:	종료시간	:
취약영역			

01 공통 영역

01 다음 중 밑줄 친 부분과 같은 의미로 쓰인 것은?

> 고통을 <u>나누면</u> 반이 되고, 즐거움을 <u>나누면</u> 배가 된다.

① 일이 마무리되면 수익금을 공정하게 <u>나누기로</u> 하였다.
② 이번에 마련한 자리를 통해 매장을 운영하면서 겪은 어려움을 함께 <u>나누었다</u>.
③ 감독님, 이렇게 팀을 <u>나눈</u> 기준이 무엇인가요?
④ 나는 피를 <u>나눈</u> 가족을 지구 반대편에 두고 이민을 왔다.

02 다음 글의 제목으로 가장 적절한 것은?

> 미래 사회에서는 산업 구조에 변화가 일어나고 대량 생산 방식에 변화가 일어나면 전반적인 사회조직의 원리도 크게 바뀔 것이다. 즉, 산업 사회에서는 대량 생산 체계를 발전시키기 위해 표준화·집중화·거대화 등의 원리에 의해 사회가 조직되었지만, 미래 사회에서는 그와는 반대로 다원화·분산화·소규모화 등이 사회조직의 원리가 된다는 것이다. 사실상 산업 사회에서 인간 소외 현상이 일어났던 것도 이러한 표준화·집중화·거대화 등의 조직 원리로 인한 것이었다면, 미래 사회의 조직 원리라고 할 수 있는 다원화·분산화·소규모화 등은 인간 소외와 비인간화 현상을 극복하는 데도 많은 도움을 줄 수 있을 것이다.

① 산업 사회와 대량 생산
② 미래 사회조직의 원리
③ 미래 사회의 산업 구조
④ 인간 소외와 비인간화 현상

03 다음 글의 빈칸에 들어갈 말로 가장 적절한 것은?

미학은 자연, 인생, 예술에 담긴 아름다움의 현상이나 가치 그리고 체험 따위를 연구하는 학문으로, 미적 현상이 지닌 본질이나 법칙성을 명백히 밝히는 학문이다. 본래 미학은 플라톤에서 비롯되었지만, 오늘날처럼 미학이 독립된 학문으로 불린 것은 18세기 중엽 독일의 알렉산더 고틀리프 바움가르텐(Alexander Gottlieb Baumgarten)의 저서 『미학』에서 시작된다. 바움가르텐은 '미(美)'란 감성적 인식의 완전한 것으로, 감성적 인식의 학문은 미의 학문이라고 생각했다. 여기서 근대 미학의 방향이 개척되었다.

미학에 대한 연구는 심리학·사회학·철학 등 다양한 각도에서 시도할 수 있다. 또한 미적 사실을 어떻게 보느냐에 따라서 미학의 성향도 달라지며, _____ 예컨대 고전 미학은 영원히 변하지 않는 초감각적 존재로서의 미의 이념을 추구하고, 근대 미학은 감성적 인식 때문에 포착된 현상으로서 미적인 것을 대상으로 한다. 여기서 미적인 것은 우리들의 인식에 비치는 아름다움을 말한다.

미학을 연구하는 사람들은 이러한 미적 의식 및 예술의 관계를 해명하는 것을 주된 과제로 삼는다. 그들에게 '아름다움'을 성립시키는 주관적 원리는 가장 중요한 것으로 미학은 우리에게 즐거움과 기쁨을 안겨주며, 인생을 충실하고 행복하게 해준다. 더 나아가 오늘날에는 이러한 미적 현상의 해명에 사회학적 방법을 적용하려는 '사회학적 미학'이나 분석 철학의 언어 분석 방법을 미학에 적용하려고 하는 '분석미학' 등 다채로운 연구 분야가 개척되고 있다.

① 최근에는 미학의 새로운 분야를 개척하고 있다.
② 추구하는 이념과 대상도 시대에 따라 다르다.
③ 따라서 미학은 이분법적인 원리로 적용할 수 없다.
④ 다른 학문과 달리 미학의 경계는 모호하다.

04 다음 글에서 틀린 단어는 모두 몇 개인가?

A형 간염은 A형 간염 바이러스가 주로 간을 침범하는 감염증이다. 감염된 사람과의 직접접촉 또는 오염된 물이나 어패류, 익히지 안은 야채를 섭취하여 감염된다.

A형 간염은 개발도상국에 토착화되어 있어 대부분 어렸을 때 무증상이나 경미한 감염증을 보인 후 면녁을 획득하게 되며 선진국에서는 드물게 발생한다. 우리나라의 경우 70~80년대까지는 10세 이후의 청소년과 성인은 대부분이 항체를 가지고 있다고 생각해 전혀 문제가 되지 않았지만 환경위생이 개선됨에 따라 항체의 보유률이 낮아져 90년대에 들어서면서 소아나 청소년들이 항체를 가지고 있지 않은 것으로 나타나 추후 성인이 되어 감염됨으로써 증상을 나타내는 경우가 있다. 점차 감염될 확률이 높아짐에 따라 예방접종을 하는 것이 좋다는 의견이 많다. A형 간염 백신은 2세 이상에서 접종할 수 있으며 연령에 따라 용량이 달라지고 초기 접종 후 4주가 지나면 항체가 형성되어 효과를 나타낸다. 2회 접종을 해야 하며 초회 접종 후 6~12개월 후에 1회 더 접종한다.

① 1개   ② 2개
③ 3개   ④ 4개

※ 다음은 슈퍼푸드로 선정된 토마토를 소개한 자료이다. 이어지는 질문에 답하시오. [5~6]

토마토는 우리말로 '일년감'이라 하며, 한자명은 남만시(南蠻柿)라고 한다. 우리나라에서는 토마토를 처음에는 관상용으로 심었으나 차츰 영양가가 밝혀지고 밭에 재배하기 시작했고 식용으로 대중화되었다. 토마토는 가짓과에 속하는 일년생 반덩굴성 식물열매이며 원산지는 남미 페루이다. 16세기 초 콜럼버스가 신대륙을 발견한 즈음 유럽으로 건너가 스페인과 이탈리아에서 재배되기 시작했다. 우리나라에는 19세기 초 일본을 거쳐서 들어왔다고 추정되고 있다. 한때 미국에서 정부와 업자 사이에 '토마토가 과일이냐 채소냐.'의 논란이 있었는데, 이에 대법원에서는 토마토를 채소로 판결 내렸다. 어찌 됐든 토마토는 과일과 채소의 두 가지 특성을 갖추고 있으며 비타민과 무기질 공급원으로 아주 우수한 식품이다. 세계적인 장수촌으로 알려진 안데스산맥 기슭의 빌카밤바(Vilcabamba) 사람들은 토마토를 많이 먹은 덕분으로 장수를 누렸다고 전해 오고 있다. 토마토에 함유되어 있는 성분에는 구연산, 사과산, 호박산, 아미노산, 루틴, 단백질, 당질, 회분, 칼슘, 철, 인, 비타민 A, 비타민 B1, 비타민 B2, 비타민 C, 식이섬유 등이 있다. 특히 비타민 C의 경우 토마토 한 개에 하루 섭취 권장량의 절반가량이 들어 있다. 토마토가 빨간색을 띄는 것은 '카로티노이드'라는 식물 색소 때문인데, 특히 빨간 카로티노이드 색소인 라이코펜이 주성분이다. 라이코펜은 베타카로틴 등과 더불어 항산화 작용을 하는 물질이며, 빨간 토마토에는 대략 7 ~ 12mg의 라이코펜이 들어 있다.

파란 토마토보다 빨간 토마토가 건강에 더 유익하므로 완전히 빨갛게 익혀 먹는 것이 좋으며, 라이코펜이 많은 빨간 토마토를 그냥 먹을 경우 체내 흡수율이 떨어지므로 열을 가해 조리해서 먹는 것이 좋다. 열을 가하면 라이코펜이 토마토 세포벽 밖으로 빠져나와 우리 몸에 잘 흡수되기 때문이다. 실제 토마토 소스에 들어 있는 라이코펜의 흡수율은 생토마토의 5배에 달한다고 한다.

토마토의 껍질을 벗길 때는 끓는 물에 잠깐 담갔다가 건진 후 찬물에서 벗기면 손쉽게 벗길 수 있다. 잘 익은 토마토를 껍질을 벗기고 으깨 체에 밭쳐 졸인 것을 '토마토 퓨레(채소나 과일의 농축 진액)'라고 한다. 그리고 토마토 퓨레에 소금과 향신료를 조미한 것이 '토마토 소스'이며, 소스를 보다 강하게 조미하고 단맛을 낸 것이 '토마토 케첩'이다. 토마토의 라이코펜과 지용성 비타민은 기름에 익힐 때 흡수가 잘 되므로 기름에 볶아 푹 익혀서 퓨레 상태로 만들면 편리하다. 마늘과 쇠고기를 다져서 올리브유에 볶다가 적포도주 조금, 그리고 토마토 퓨레를 넣으면 토마토 소스가 된다. 토마토 소스에 파스타나 밥을 볶으면 쉽게 맛을 낼 수 있다.

05 다음 중 각 문단의 제목으로 적절하지 않은 것은?

① 첫 번째 문단 : 토마토가 우리에게 오기까지
② 두 번째 문단 : 토마토의 다양한 성분
③ 세 번째 문단 : 토마토를 건강하게 먹는 방법
④ 네 번째 문단 : 토마토가 사랑받는 이유

06 다음 중 윗글을 읽고 이해한 내용으로 적절하지 않은 것은?

① 토마토는 그냥 먹는 것보다 열을 가해 먹는 것이 더 좋다.
② 토마토는 일본을 거쳐 우리나라에 들어온 것으로 추정된다.
③ 토마토는 파란 것이 건강에 더 유익하다.
④ 토마토의 라이코펜은 기름에 익힐 때 흡수가 잘 된다.

07 다음 문단을 논리적 순서대로 바르게 나열한 것은?

> (가) 한 연구팀은 1979년부터 2017년 사이 덴먼 빙하의 누적 얼음 손실량이 총 2,680억 톤에 달한다는 것을 밝혀냈고, 이탈리아우주국(ISA) 위성 시스템의 간섭계* 자료를 이용해 빙하가 지반과 분리되어 바닷물에 뜨는 지점인 '지반선(Grounding Line)'을 정확히 측정했다.
> (나) 남극대륙에서 얼음의 양이 압도적으로 많은 동남극은 최근 들어 빠르게 녹고 있는 서남극에 비해 지구 온난화의 위협을 덜 받는 것으로 생각되어 왔다.
> (다) 그러나 동남극의 덴먼(Denman) 빙하 등에 대한 정밀조사가 이뤄지면서 동남극 역시 지구 온난화의 위협을 받고 있다는 증거가 속속 드러나고 있다.
> (라) 이것은 덴먼 빙하의 동쪽 측면에서는 빙하 밑의 융기부가 빙하의 후퇴를 저지하는 역할을 한 반면, 서쪽 측면은 깊고 가파른 골이 경사져 있어 빙하 후퇴를 가속하는 역할을 하는 데 따른 것으로 분석됐다.
> (마) 그 결과 1996년부터 2018년 사이 덴먼 빙하의 육지를 덮은 얼음인 빙상(Ice Sheet)의 육지 － 바다 접점 지반선 후퇴가 비대칭성을 보인 것으로 나타났다.
>
> *간섭계 : 동일한 광원에서 나오는 빛을 두 갈래 이상으로 나눈 후 다시 만났을 때 일어나는 간섭현상을 관찰하는 기구

① (가) － (나) － (다) － (라) － (마)
② (가) － (마) － (라) － (다) － (나)
③ (나) － (다) － (가) － (마) － (라)
④ (나) － (라) － (가) － (다) － (마)

08 K초등학교에서는 '샛강을 어떻게 살릴 수 있을까'라는 주제로 토의하고자 한다. 밑줄 친 ㉠과 ㉡에 대한 설명으로 적절하지 않은 것은?

> 토의는 어떤 공통된 문제에 대해 최선의 해결안을 얻기 위하여 여러 사람이 의논하는 말하기 양식이다. 패널 토의, 심포지엄 등이 그 대표적인 예이다.
> ㉠ 패널 토의는 3 ~ 6인의 전문가들이 사회자의 진행에 따라, 일반 청중 앞에서 토의 문제에 대한 정보나 지식, 의견이나 견해 등을 자유롭게 주고받는 유형이다. 토의가 끝난 뒤에는 청중의 질문을 받고 그에 대해 토의자들이 답변하는 시간을 갖는다. 이 질의 · 응답 시간을 통해 청중들은 관련 문제를 보다 잘 이해하게 되고 점진적으로 해결 방안을 모색하게 된다.
> ㉡ 심포지엄은 전문가가 참여한다는 점, 청중과 질의 · 응답 시간을 갖는다는 점에서는 패널 토의와 그 형식이 비슷하다. 다만 전문가가 토의 문제의 하위 주제에 대해 서로 다른 관점에서 연설이나 강연의 형식으로 10분 정도 발표한다는 점에서는 차이가 있다.

① ㉠과 ㉡은 모두 '샛강 살리기'와 관련하여 전문가의 의견을 들은 이후, 질의 · 응답 시간을 갖는다.
② ㉠은 '샛강 살리기'에 대해 찬반 입장을 나누어 이야기한 후 절차에 따라 청중이 참여한다.
③ ㉡은 토의자가 샛강의 생태적 특성, 샛강 살리기의 경제적 효과 등의 하위 주제를 발표한다.
④ ㉠과 ㉡은 모두 '샛강을 어떻게 살릴 수 있을까'라는 문제에 대해 최선의 해결책을 얻기 위함이 목적이다.

09 다음은 직장에서 문서를 작성할 경우 지켜야 하는 문서 작성 원칙이다. 문서 작성 원칙에 대해 잘못 이해하고 있는 사람은?

〈문서 작성의 원칙〉

1. 문장은 짧고, 간결하게 작성하도록 한다.
2. 상대방이 이해하기 쉽게 쓴다.
3. 중요하지 않은 경우 한자의 사용을 자제해야 한다.
4. 간결체로 작성한다.
5. 문장은 긍정문의 형식으로 써야 한다.
6. 간단한 표제를 붙인다.
7. 문서의 주요한 내용을 먼저 쓰도록 한다.

---

① A : 문장에서 끊을 수 있는 부분은 가능한 한 끊어서 짧은 문장으로 작성하되, 실질적인 내용을 담아 작성해야 해.

② B : 상대방이 이해하기 어려운 글은 좋은 글이 아니야. 우회적인 표현이나 현혹적인 문구는 되도록 삭제하는 것이 좋겠어.

③ C : 문장은 되도록 자세하게 작성하여 빠른 이해를 돕도록 하고, 문장마다 행을 바꿔 문서가 깔끔하게 보이도록 해야겠군.

④ D : 표제는 문서의 내용을 일목요연하게 파악할 수 있게 도와줘. 간단한 표제를 붙인다면 상대방이 내용을 쉽게 이해할 수 있을 거야.

10 다음 중 가장 적절한 의사 표현법을 사용하고 있는 사람은?

① A대리 : (늦잠으로 지각한 후배 사원의 잘못을 지적하며) 오늘도 지각을 했네요. 어제도 늦게 출근하지 않았나요? 왜 항상 지각하는 거죠?

② B대리 : (후배 사원의 고민을 들으며) 방금 뭐라고 이야기했죠? 미안해요. 아까 이야기한 고민에 대해서 어떤 답을 해줘야 할지 생각하고 있었어요.

③ C대리 : (후배 사원의 실수가 발견되어 이를 질책하며) 이번 프로젝트를 위해 많이 노력했다는 것은 압니다. 다만, 발신 메일 주소를 한 번 더 확인하는 습관을 갖는 것이 좋겠어요. 앞으로는 더 잘할 거라고 믿어요.

④ D대리 : (거래처 직원에게 변경된 계약서에 서명할 것을 설득하며) 이 정도는 그쪽에 큰 손해 사항도 아니지 않습니까? 지금 서명해 주지 않으시면 곤란합니다.

11 강을 따라 20km 떨어진 A지점과 B지점을 배로 왕복하였더니 올라가는 데는 4시간, 내려오는 데는 2시간이 걸렸다. 강물이 흐르는 속력은 시속 몇 km인가?

① 2km/h

② 2.5km/h

③ 3km/h

④ 3.5km/h

12 다음은 200명의 시민을 대상으로 A ~ C회사에서 생산한 자동차의 소유 현황을 조사한 결과이다. 조사 대상자 중 세 회사에서 생산된 어떤 자동차도 가지고 있지 않은 사람의 수는?

- 자동차를 2대 이상 가진 사람은 없다.
- A사 자동차를 가진 사람은 B사 자동차를 가진 사람보다 10명 많다.
- B사 자동차를 가진 사람은 C사 자동차를 가진 사람보다 20명 많다.
- A사 자동차를 가진 사람 수는 C사 자동차를 가진 사람 수의 2배이다.

① 20명

② 40명

③ 60명

④ 80명

13 K공단의 B업체는 A업체의 협력업체로 두 업체 간 제휴 및 협력을 통해 기존 생산량보다 30%가 증가하였다. 하지만 C업체가 새롭게 공단으로 입주하면서 미세먼지 방출로 인하여 불량률이 2%에서 4%로 증가하였다. C업체로 인해 불량률이 증가한 이후의 생산량은 A, B업체가 협력하기 이전 생산량의 몇 배인가?(단, 협력 전과 후의 불량률은 차이가 없고, 생산량은 소수점 셋째 자리에서 반올림한다)

① 1.19배

② 1.23배

③ 1.27배

④ 1.31배

14 다음 그림과 같이 집에서 학교까지 가는 경우의 수는 3가지, 학교에서 도서관까지 가는 경우의 수는 5가지, 도서관에서 학교를 거치지 않고 집까지 가는 경우의 수는 1가지이다. 이때, 집에서 학교를 거쳐 도서관을 갔다가 다시 학교로 돌아오는 경우의 수는 몇 가지인가?

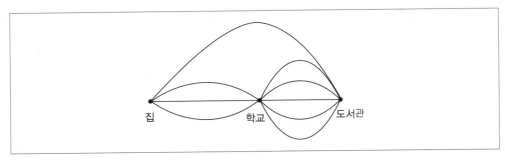

① 10가지   ② 13가지

③ 30가지   ④ 75가지

※ 일정한 규칙으로 수를 나열할 때, 빈칸에 들어갈 알맞은 수를 고르시오. [15~16]

15

| 2 | 4 | 4 | 2 | 3 | ( ) | 9 | 3 | 5 | 10 | 25 | 5 |

① 3   ② 4

③ 5   ④ 6

16

$$\frac{12}{17} \quad \frac{10}{19} \quad \frac{8}{21} \quad \frac{6}{23} \quad \frac{4}{25} \quad (\ )$$

① $\dfrac{1}{24}$ ② $\dfrac{1}{26}$

③ $\dfrac{2}{27}$ ④ $\dfrac{2}{29}$

※ 다음 표는 주부들을 대상으로 주5일제 근무 실시 이전의 가정의 소득 및 소비 변화에 대한 설문조사 결과를 나타낸 것이며, 그래프는 실제 주5일제 시행 후 가계의 소득 변화가 있었는지에 대한 설문 결과이다. 이어지는 질문에 답하시오. [17~18]

〈주5일 근무제에 따른 가정의 소득과 소비 변화 예측〉

(단위 : 명)

항목	전혀 그렇지 않다	대체로 그렇지 않다	보통이다	대체로 그렇다	매우 그렇다
주5일 근무제가 시행되어서 가정소득이 줄어들 것 같다.	8	21	70	56	12
주5일 근무제가 시행된 후 부족한 소득 보충을 위해 다른 일을 찾아야 할 것이다.	40	65	33	23	8
소득이 줄더라도 주5일 근무제의 실시를 찬성한다.	8	7	22	56	76
주5일 근무제가 시행되어서 가정의 소비가 늘어날 것이다.	2	9	27	114	17

〈주5일제 시행 후 가계의 소득 변화〉

(단위 : 명)

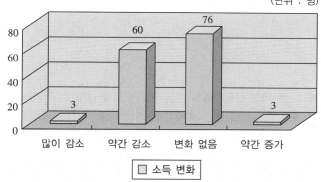

17 주5일 근무제 실시 이후 가정의 소득이 줄어들 것이라고 생각하는 주부는 몇 %인가?(단, 소수점 첫째 자리에서 반올림한다)

① 35%
② 41%
③ 55%
④ 60%

18 주5일 근무제 시행 이후 소득의 변화가 없다고 대답한 주부는 몇 %인가?(단, 소수점 첫째 자리에서 반올림한다)

① 35%
② 48%
③ 54%
④ 63%

19 다음은 영농자재 구매사업의 변화 양상에 관한 자료이다. 이에 대한 설명으로 옳은 것은?

〈영농자재 구매사업의 변화 양상〉

(단위 : %)

연도	비료	농약	농기계	면세유류	종자 / 종묘	배합사료	일반자재	자동차	합계
1973년	74.1	12.6	5.4	–	3.7	2.5	1.7	–	100
1983년	59.7	10.8	8.6	–	0.5	12.3	8.1	–	100
1993년	48.5	12.7	19.6	0.3	0.2	7.1	11.6	–	100
2003년	30.6	9.4	7.3	7.8	0.7	31.6	12.6	–	100
2013년	31.1	12.2	8.5	13.0	–	19.2	16.0	–	100
2023년	23.6	11.0	4.2	29.7	–	20.5	10.9	0.1	100

① 일반자재 구매 비율은 10년마다 증가하였다.
② 영농자재 중 비료 구매 비율은 조사기간 동안 항상 가장 높다.
③ 배합사료와 농기계 구매 비율은 조사기간 동안 증감 추이가 동일하다.
④ 면세유류 구매 비율은 감소한 적이 없다.

20 다음은 K공장에서 근무하는 근로자들의 임금 수준 분포를 나타낸 자료이다. 근로자 전체에게 지급된 월 급여의 총액이 2억 원일 때, 〈보기〉 중 옳은 것을 모두 고르면?

〈K공장 근로자들의 임금 수준 분포〉

임금 수준(만 원)	근로자 수(명)
월 300 이상	4
월 270 이상 300 미만	8
월 240 이상 270 미만	12
월 210 이상 240 미만	26
월 180 이상 210 미만	30
월 150 이상 180 미만	6
월 150 미만	4
합계	90

보기

㉠ 근로자당 평균 월 급여액은 230만 원 이하이다.
㉡ 절반 이상의 근로자들이 월 210만 원 이상의 급여를 받고 있다.
㉢ 월 180만 원 미만의 급여를 받는 근로자의 비율은 약 14%이다.
㉣ 적어도 15명 이상의 근로자가 월 250만 원 이상의 급여를 받고 있다.

① ㉠
② ㉠, ㉡
③ ㉢, ㉣
④ ㉡, ㉢, ㉣

21 다음 중 퍼실리테이션의 문제해결에 대한 설명으로 옳은 것은?

① 주제에 대한 공감을 이루기 어렵다.

② 단순한 타협점의 조정에 그치는 것이 아니다.

③ 초기에 생각하지 못했던 창조적인 해결방법을 도출하기는 어렵다.

④ 제3자가 합의점이나 줄거리를 준비해놓고 예정대로 결론이 도출된다.

22 다음 사례에 나타난 홍보팀 팀장의 상황은 문제해결절차의 어느 단계에 해당하는가?

> K회사는 이번에 새로 출시한 제품의 판매량이 생각보다 저조하여 그 원인에 대해 조사하였고, 그 결과 신제품 홍보 방안이 미흡하다고 판단하였다. 효과적인 홍보 방안을 마련하기 위해 홍보팀에서는 회의를 진행하였고, 팀원들은 다양한 홍보 방안을 제시하였다. 홍보팀 팀장은 중요도와 실현 가능성 등을 고려하여 팀원들의 다양한 의견 중 최종 홍보 방안을 결정하고자 한다.

① 문제 인식   ② 문제 도출
③ 원인 분석   ④ 해결안 선정

23 다음은 K미용실에 대한 SWOT 분석 결과이다. 분석 결과를 바탕으로 세운 전략으로 가장 적절한 것은?

S(강점)	W(약점)
• 뛰어난 실력으로 미용대회에서 여러 번 우승한 경험이 있다. • 인건비가 들지 않아 비교적 저렴한 가격에 서비스를 제공한다.	• 한 명이 운영하는 가게라 동시에 많은 손님을 받을 수 없다. • 홍보가 미흡하다.
O(기회)	**T(위협)**
• 바로 옆에 유명한 프랜차이즈 레스토랑이 생겼다. • 미용실을 위한 소셜 네트워크 예약 서비스가 등장했다.	• 소셜 커머스를 활용하여 주변 미용실들이 열띤 가격경쟁을 펼치고 있다. • 대규모 프랜차이즈 미용실들이 잇따라 등장하고 있다.

① ST전략 : 여러 번 대회에서 우승한 경험을 가지고 가맹점을 낸다.

② WT전략 : 여러 명의 직원을 고용해 오히려 가격을 올리는 고급화 전략을 펼친다.

③ WO전략 : 유명한 프랜차이즈 레스토랑과 연계하여 홍보물을 비치한다.

④ SO전략 : 소셜 네트워크 예약 서비스를 이용해 방문한 사람들에게만 저렴한 가격에 서비스를 제공한다.

24 K공단의 평가지원팀 A팀장, B대리, C대리, D주임, E주임, F주임, G사원, H사원 8명은 기차를 이용해 대전으로 출장을 가려고 한다. 〈조건〉에 따라 직원들의 좌석이 배정될 때, 〈보기〉의 설명 중 팀원들이 앉을 좌석에 대한 설명으로 옳지 않은 것을 모두 고르면?(단, 이웃하여 앉는다는 것은 두 사람 사이에 복도를 두지 않고 양옆으로 붙어 앉는 것을 의미한다)

〈기차 좌석표〉

앞

창가	1가	1나	복도	1다	1라	창가
	2가	2나		2다	2라	

뒤

조건
- 팀장은 반드시 두 번째 줄에 앉는다.
- D주임은 '2다'석에 앉는다.
- 주임끼리는 이웃하여 앉지 않는다.
- 사원은 '나'열 혹은 '다'열에만 앉을 수 있다.
- 팀장은 대리와 이웃하여 앉는다.
- F주임은 업무상 지시를 위해 H사원과 이웃하여 앉아야 한다.
- B대리는 창가쪽 자리에 앉는다.

보기
ㄱ. E주임은 '1가'석에 앉는다.
ㄴ. C대리는 '라'열에 앉는다.
ㄷ. G사원은 E주임과 이웃하여 앉는다.
ㄹ. A팀장의 앞 좌석에는 G사원 혹은 H사원이 앉는다.

① ㄱ
② ㄱ, ㄹ
③ ㄴ, ㄷ
④ ㄱ, ㄴ, ㄹ

25 김과장은 건강상의 이유로 간헐적 단식을 시작하기로 했다. 김과장이 선택한 간헐적 단식 방법은 월요일부터 일요일까지 일주일 중에 2일을 선택하여 아침 혹은 저녁 한 끼 식사만 하는 것이다. 다음 〈조건〉을 바탕으로 김과장이 1주 차에 간헐적 단식을 한 날은?

> **조건**
> • 단식을 하는 날 전후로 각각 최소 2일간은 세 끼 식사를 한다.
> • 단식을 하는 날 이외에는 항상 세 끼 식사를 한다.
> • 2주 차 월요일에는 단식을 했다.
> • 1주 차에 먹은 아침식사 횟수와 저녁식사 횟수가 같다.
> • 1주 차 월요일, 수요일, 금요일은 조찬회의에 참석하여 아침식사를 했다.
> • 1주 차 목요일은 업무약속이 있어서 점심식사를 했다.

① 월요일(아침), 목요일(저녁)
② 화요일(아침), 금요일(아침)
③ 화요일(저녁), 금요일(아침)
④ 화요일(저녁), 토요일(아침)

26 신혜와 유민이는 친구의 집에 놀러가서 사과와 포도, 딸기가 담긴 접시를 받았다. 다음 〈조건〉을 바탕으로 할 때, 옳은 것은?

> **조건**
> • 사과, 포도, 딸기 중에는 각자 좋아하는 과일이 반드시 있다.
> • 신혜는 사과와 포도를 싫어한다.
> • 유민이가 좋아하는 과일은 신혜가 싫어하는 과일이다.

① 유민이는 포도를 싫어한다.
② 유민이가 딸기를 좋아하는지 알 수 없다.
③ 신혜는 딸기를 좋아한다.
④ 유민이와 신혜가 같이 좋아하는 과일이 있다.

27 K공단은 주요시설 및 보안구역의 시설물 안전관리를 위해 적외선 카메라 2대, 열선감지기 2대, 화재경보기 2대를 수도권본부, 강원본부, 경북본부, 전남본부 4곳에 나누어 설치하려고 한다. 〈조건〉이 다음과 같을 때, 반드시 참인 것은?

> **조건**
> - 모든 본부에 반드시 하나 이상의 기기를 설치해야 한다.
> - 한 본부에 최대 두 대의 기기까지 설치할 수 있다.
> - 한 본부에 같은 종류의 기기 2대를 설치할 수는 없다.
> - 수도권본부에는 적외선 카메라를 설치하였다.
> - 강원본부에는 열선감지기를 설치하지 않았다.
> - 경북본부에는 화재경보기를 설치하였다.
> - 경북본부와 전남본부 중 한 곳에 적외선 카메라를 설치하였다.

① 수도권본부에는 적외선 카메라만 설치하였다.
② 강원본부에 화재경보기를 설치하였다.
③ 경북본부에 열선감지기를 설치하였다.
④ 전남본부에 화재경보기를 설치하였다.

28 K회사의 김대리는 회의가 길어져 편의점에서 간식을 사오려고 하는데 모두에게 햄버거와 음료수 하나씩을 주려고 한다. 총 11명이 회의에 참석한다면, 최소 금액으로 먹을 수 있는 방법은?(단, 모든 사람이 같은 메뉴를 먹을 필요는 없다)

구분	종류	가격	비고
햄버거	치킨버거	2,300원	2개 구매 시 그중 1개는 30% 할인
	불고기버거	2,300원	3개 구매 시 물 1병 증정
	치즈버거	2,000원	–
음료수	보리차	1,100원	2병 구매 시 추가로 1병 무료 증정
	물	800원	–
	오렌지주스	1,300원	4병 구매 시 추가로 2병 무료 증정
	포도주스	1,400원	치즈버거 개수만큼 포도주스 병당 40% 할인

① 치킨버거 10개, 치즈버거 1개, 보리차 9병, 물 2병
② 치킨버거 8개, 불고기버거 3개, 보리차 6병, 오렌지주스 4병, 물 1병
③ 불고기버거 9개, 치즈버거 2개, 보리차 6병, 물 3병, 포도주스 2병
④ 불고기버거 6개, 치즈버거 5개, 보리차 3병, 물 3병, 포도주스 5병

29 철수는 장미에게 "43 41 54" 메시지를 전송하였다. 메시지를 본 장미는 문자에 대응하는 아스키 코드 수를 16진법으로 표현한 것을 알아냈고 다음 아스키 코드표를 이용하여 해독하고자 한다. 철수가 장미에게 보낸 문자는 무엇인가?

문자	아스키	문자	아스키	문자	아스키	문자	아스키
A	65	H	72	O	79	V	86
B	66	I	73	P	80	W	87
C	67	J	74	Q	81	X	88
D	68	K	75	R	82	Y	89
E	69	L	76	S	83	Z	90
F	70	M	77	T	84	–	–
G	71	N	78	U	85	–	–

① CAT
② SIX
③ BEE
④ CUP

30 K공장에서 제조하는 볼트의 일련번호는 다음과 같이 구성된다. 일련번호는 형태 – 허용압력 – 직경 – 재질 – 용도 순서로 표시할 때, 허용압력이 18kg/cm²이고, 직경이 14mm인 자동차에 쓰이는 스테인리스 육각볼트의 일련번호로 가장 적절한 것은?

형태	사각	육각	팔각	별
	SC	HX	OT	ST
허용압력(kg/cm²)	10 ~ 20	21 ~ 40	41 ~ 60	61 이상
	L	M	H	P
직경(mm)	8	10	12	14
	008	010	012	014
재질	플라스틱	크롬 도금	스테인리스	티타늄
	P	CP	SS	Ti
용도	항공기	선박	자동차	일반
	A001	S010	M110	E100

① HXL014TiE100
② HXL014SSS010
③ HXL012CPM110
④ HXL014SSM110

PART 2

31 D사원의 팀은 출장근무를 마치고 서울로 복귀하고자 한다. 다음의 대화를 고려했을 때, 서울에 가장 일찍 도착할 수 있는 예정시각은?

〈상황〉

- D사원이 소속된 팀원은 총 4명이다.
- 대전에서 출장을 마치고 서울로 돌아가려고 한다.
- 고속버스터미널에는 은행, 편의점, 화장실, 패스트푸드점 등이 있다.
  ※ 시설별 소요시간 : 은행 30분, 편의점 10분, 화장실 20분, 패스트푸드점 25분

〈대화 내용〉

A과장 : 긴장이 풀려서 그런가? 배가 출출하네. 햄버거라도 사 먹어야겠어.
B대리 : 저도 출출하긴 한데 그것보다 화장실이 더 급하네요. 금방 다녀오겠습니다.
C주임 : 그럼 그사이에 버스표를 사야 하니 은행에 들러 현금을 찾아오겠습니다.
D사원 : 저는 그동안 버스 안에서 먹을 과자를 편의점에서 사 오겠습니다.
A과장 : 지금이 16시 50분이니까 다들 각자 볼일 보고 빨리 돌아와. 다 같이 타고 가야 하니까.

〈시외버스 배차정보〉

대전 출발	서울 도착	잔여좌석 수
17:00	19:00	6
17:15	19:15	8
17:30	19:30	3
17:45	19:45	4
18:00	20:00	8
18:15	20:15	5
18:30	20:30	6
18:45	20:45	10
19:00	21:00	16

① 17:45
② 19:15
③ 19:45
④ 20:15

〈K공사 신입사원 채용시험 결과〉

(단위 : 점)

성명	필기시험			면접시험	
	의사소통능력	수리능력	문제해결능력	창의성	업무적합성
이진기	92	74	84	60	90
박지민	89	82	99	80	90
최미정	80	66	87	80	40
김남준	94	53	95	60	50
정진호	73	92	91	50	100
김석진	90	68	100	70	80
황현희	77	80	92	90	60

32 필기시험 점수에서 수리능력과 문제해결능력 점수의 합이 가장 높은 2명을 총무팀에 배치한다고 할 때, 다음 중 총무팀에 배치되는 사람을 모두 고르면?

① 이진기, 최미정   ② 박지민, 정진호
③ 김남준, 김석진   ④ 정진호, 황현희

33 필기시험 총점과 면접시험 총점을 7 : 3 비율로 적용한 환산점수에서 최저점을 받은 신입사원의 채용이 보류된다고 할 때, 다음 중 채용이 보류되는 사람은 누구인가?

① 이진기   ② 최미정
③ 김남준   ④ 정진호

34 다음 중 예산 집행 관리에 대한 설명으로 옳은 것은?

① 예산에 대한 계획을 제대로 세워놓았다면, 실제 예산 집행 과정에서 관리가 필요하지 않다.
② 예산 집행 과정에서의 관리 및 통제는 사업과 같은 큰 단위에서만 필요하므로 직장인의 월급이나 용돈 등에는 필요하지 않다.
③ 예산을 관리하기 위해서는 예산 사용을 얼마만큼 했는지를 알아볼 수 있도록 수시로 정리해야 한다.
④ 예산 사용 내역에서 계획된 지출보다 계획되지 않은 지출이 더 많은 경우 비교적 예산 집행에 대한 관리를 잘하고 있다고 할 수 있다.

PART 2

※ 다음은 스키장별 요금표 및 할인정보에 대한 자료이다. 이어지는 질문에 답하시오. [35~36]

〈상황〉

- 인사관리과는 연말을 맞아 12월 14일에 스키장으로 단합활동을 간다.
- 인사관리과 직원 중 단합활동 참여자는 A과장, B대리, C주임, D사원이다.
- 모든 직원들은 리프트 이용권을 끊고, 장비와 스키복을 대여하여야 한다.
- 단합활동 비용은 비용을 최소화할 수 있는 직원 1명이 모두 결제한 후, 회비를 모아 결제한다.

〈스키장별 요금표〉

구분		1인당 대여료	할인정보
리프트	성수기	43,000원	K카드로 결제 시 1인당 4,000원 할인
	비성수기	31,000원	
장비	성수기	67,000원	P카드로 결제 시 1인당 10% 할인
	비성수기	44,000원	S통신사 멤버십카드 제시 시 1인당 5,000원 할인
스키복	성수기	35,000원	M통신사 멤버십카드 제시 시 1인당 20% 할인
	비성수기	30,000원	K카드로 결제 시 1인당 10% 할인

※ 성수기는 12월 10일 ~ 1월 20일, 비성수기는 성수기를 제외한 모든 시기를 가리킨다.

35 할인혜택을 고려하지 않을 때, 성수기의 1인당 지출비용과 비성수기의 1인당 지출비용의 차이는?

① 30,000원
② 35,000원
③ 40,000원
④ 45,000원

36 직원들의 결제정보가 다음과 같을 때, 12월 14일 단합활동에서 결제를 할 때의 할인금액이 가장 큰 직원과 1인당 지출비용이 바르게 연결된 것은?

〈직원별 결제정보〉

- A과장 : K카드 사용
- B대리 : M통신사 멤버십카드 제시
- C주임 : P카드 사용
- D사원 : S통신사 멤버십카드 제시

	할인금액이 가장 큰 직원	1인당 지출비용
①	A과장	137,500원
②	B대리	139,000원
③	C주임	137,500원
④	D사원	138,000원

37 K구청은 주민들의 정보화 교육을 위해 정보화 교실을 동별로 시행하고 있고, 주민들은 각자 일정에 맞춰 정보화 교육을 수강하려고 한다. 다음 중 개인 일정상 신청과목을 수강할 수 없는 사람은?(단, 하루라도 수강을 빠진다면 수강이 불가능하다)

〈정보화 교육 일정표〉

교육날짜	교육시간	장소	과정명	장소	과정명
화, 목	09:30 ~ 12:00	A동	인터넷 활용하기	C동	스마트한 클라우드 활용
	13:00 ~ 15:30		그래픽 초급 픽슬러 에디터		스마트폰 SNS 활용
	15:40 ~ 18:10		ITQ한글2020(실전반)		–
수, 금	09:30 ~ 12:00		한글 문서 활용하기		Windows10 활용하기
	13:00 ~ 15:30		스마트폰 / 탭 / 패드(기본앱)		스마트한 클라우드 활용
	15:40 ~ 18:10		컴퓨터 기초(윈도우 및 인터넷)		–
월	09:30 ~ 15:30		포토샵 기초		사진 편집하기
화 ~ 금	09:30 ~ 12:00	B동	그래픽 편집 달인 되기	D동	한글 시작하기
	13:00 ~ 15:30		한글 활용 작품 만들기		사진 편집하기
	15:40 ~ 18:10		–		엑셀 시작하기
월	09:30 ~ 15:30		Windows10 활용하기		스마트폰 사진 편집 & 앱 배우기

〈개인 일정 및 신청과목〉

구분	개인 일정	신청과목
D동의 홍길동	• 매주 월 ~ 금 08:00 ~ 15:00 편의점 아르바이트 • 매주 월요일 16:00 ~ 18:00 음악학원 수강	엑셀 시작하기
A동의 이몽룡	• 매주 화, 수, 목 09:00 ~ 18:00 학원 강의 • 매주 월 16:00 ~ 20:00 배드민턴 동호회 활동	포토샵 기초
C동의 성춘향	• 매주 수, 금 17:00 ~ 22:00 호프집 아르바이트 • 매주 월 10:00 ~ 12:00 과외	스마트한 클라우드 활용
B동의 변학도	• 매주 월, 화 08:00 ~ 15:00 카페 아르바이트 • 매주 수, 목 18:00 ~ 20:00 요리학원 수강	그래픽 편집 달인되기

① 홍길동　　　　　　② 이몽룡
③ 성춘향　　　　　　④ 변학도

38 다음은 효율적인 시간 관리를 위한 10가지 유의사항을 나타낸 것이다. 적절하지 않은 내용은 모두 몇 가지인가?

〈효율적인 시간 관리를 위한 10가지 유의사항〉

• 규모가 큰 업무나 등가의 업무는 따로 처리하라.
• 의도적으로 외부의 방해를 받아들여라.
• 회의 시간을 제한하고 안건마다 기한을 설정하라.
• 모든 업무에 대해 우선순위를 설정하라.
• 가능한 한 정말로 중요한 것만 하라.
• 위임 가능성을 충분히 활용하라.
• 큰 규모의 업무는 한 번에 해결하라.
• A급 과제의 처리 기한은 자신에게 가장 적합하게 설정하라.
• 중점 과제는 나중에 처리하라.
• 능률을 고려하여 계획을 세워라.

① 1가지　　　　　　　　　② 2가지
③ 3가지　　　　　　　　　④ 4가지

39 물적자원은 크게 자연자원과 인공자원으로 나누어 볼 수 있다. 다음 중 〈보기〉의 물적자원을 자연자원과 인공자원으로 바르게 분류한 것은?

보기

ㄱ 석탄　　　　　　　　　ㄴ 햇빛
ㄷ 구리　　　　　　　　　ㄹ 댐
ㅁ 인공위성　　　　　　　ㅂ 컴퓨터
ㅅ 철광석　　　　　　　　ㅇ 나무

	자연자원	인공자원
①	ㄱ, ㄷ, ㅇ	ㄴ, ㄹ, ㅁ, ㅂ, ㅅ
②	ㄱ, ㄴ, ㄷ, ㅇ	ㄹ, ㅁ, ㅂ, ㅅ
③	ㄱ, ㄷ, ㅅ, ㅇ	ㄴ, ㄹ, ㅁ, ㅂ
④	ㄱ, ㄴ, ㄷ, ㅅ, ㅇ	ㄹ, ㅁ, ㅂ

40 다음은 비행구간별 편도 마일리지를 나타낸 자료이다. 〈조건〉을 참고할 때, Y대리가 12월 20일에 보유하고 있는 마일리지는 몇 점인가?(단, 모든 비행은 K항공사만 이용한다)

〈비행구간별 편도 마일리지〉

(단위 : 점)

구간	마일리지	구간	마일리지
인천 – 괌	2,003	부산 – 방콕	2,304
인천 – 다낭	1,861	부산 – 괌	1,789
인천 – 방콕	2,286	부산 – 도쿄	618
인천 – 세부	1,887	부산 – 나리타	618
인천 – 싱가포르	2,883	부산 – 삿포로	854
인천 – 나고야	598	제주 – 나리타	784
인천 – 나리타	758	제주 – 오사카	507
인천 – 삿포로	870	오사카 – 괌	1,577
인천 – 후쿠오카	347	나리타 – 괌	1,692
인천 – 오사카	525	삿포로 – 괌	1,879

〈유의사항〉

- 마일리지는 경유지와 상관없이 항공권상의 출·도착지 기준으로 적립한다.
  - 예 인천 – 호놀룰루 이용 시, 인천 – 나리타 – 호놀룰루(×) 인천 – 호놀룰루(○)
- 출발지와 도착지가 바뀌어도 마일리지는 동일하다.
- 마일리지로 편도 항공권을 구매하려면 비행구간별 편도 마일리지의 30배가 필요하다.

조건

- Y대리가 10월에 보유한 마일리지는 50,000점이었다.
- Y대리는 11월 3일 인천에서 오사카로 여행을 다녀왔으며, 왕복 항공료는 마일리지로 결제하였다.
- Y대리는 11월 20일에 해외출장으로 부산에서 출발하여 나리타를 경유해 괌에 다녀왔으며, 한국에 돌아올 때에는 괌에서 나리타를 경유해 부산에 도착했다.

① 22,087점 ② 22,076점
③ 22,188점 ④ 22,078점

41 다음 〈보기〉 중 BCG 매트릭스와 GE & 맥킨지 매트릭스에 대한 설명으로 옳은 것을 모두 고르면?

> 보기
>
> ㄱ. BCG 매트릭스는 미국의 컨설팅업체인 맥킨지에서 개발한 사업포트폴리오 분석 기법이다.
> ㄴ. BCG 매트릭스는 시장성장율과 상대적 시장점유율을 고려하여 사업의 형태를 4개 영역으로 나타낸다.
> ㄷ. GE & 맥킨지 매트릭스는 산업매력도와 사업경쟁력을 고려하여 사업의 형태를 6개 영역으로 나타낸다.
> ㄹ. GE & 맥킨지 매트릭스에서의 산업매력도는 시장규모, 경쟁구조, 시장 잠재력 등의 요인에 의해 결정된다.
> ㅁ. GE & 맥킨지 매트릭스는 BCG 매트릭스의 단점을 보완해 준다.

① ㄱ, ㄴ
② ㄱ, ㄴ, ㄷ
③ ㄴ, ㄷ, ㅁ
④ ㄴ, ㄹ, ㅁ

42 C사원은 베트남에서의 국내 자동차 판매량에 대해 조사를 하던 중에 한 가지 특징을 발견했다. 베트남 사람들은 간접적인 방법을 통해 구매하는 것보다 매장에 직접 방문해 구매하는 것을 더 선호한다는 사실이다. 이를 참고하여 C사원이 기획한 신사업 전략으로 옳지 않은 것은?

① 인터넷과 TV광고 등 비대면채널 홍보를 활성화한다.
② 쾌적하고 깔끔한 매장 환경을 조성한다.
③ 언제 손님이 방문할지 모르므로 매장에 항상 영업사원을 배치한다.
④ 매장 곳곳에 홍보물을 많이 비치해둔다.

43 다음 중 조직 구조의 결정요인에 대한 설명으로 옳지 않은 것은?

① 급변하는 환경하에서는 유기적 조직보다 원칙이 확립된 기계적 조직이 더 적합하다.
② 대규모 조직은 소규모 조직에 비해 업무의 전문화 정도가 높다.
③ 조직 활동의 결과에 대한 만족은 조직의 문화적 특성에 따라 상이하다.
④ 일반적으로 소량생산기술을 가진 조직은 유기적 조직 구조를, 대량생산기술을 가진 조직은 기계적 조직 구조를 가진다.

※ 다음은 조직의 유형을 나타낸 것이다. 이어지는 질문에 답하시오. [44~45]

44 다음 중 조직의 유형에 대해 이해한 내용으로 옳지 않은 것은?

① 기업과 같이 이윤을 목적으로 하는 조직은 영리조직이다.
② 비공식조직은 조직의 구조, 기능, 규정 등이 조직화되어 있다.
③ 공식조직 내에서 인간관계를 지향하면서 비공식조직이 새롭게 생성되기도 한다.
④ 조직규모를 기준으로 보면 가족 소유의 상점은 소규모조직, 대기업은 대규모조직의 사례로 볼 수 있다.

45 다음 중 밑줄 친 비영리조직의 사례로 보기 어려운 것은?

① 정부조직   ② 병원
③ 대학   ④ 대기업

※ 다음은 K공사의 채용분야 중 경영분야의 직무분류표이다. 이어지는 질문에 답하시오. [46~47]

구분	대분류	중분류	소분류	세분류
경영	경영회계사무	기획사무	경영기획	경영기획
			마케팅	마케팅전략기획
		총무인사	총무	자산관리
			인사조직	인사
			일반사무	사무행정
		재무회계	회계	회계감사
	법률 / 경찰	법률	법무	법무(자체개발)
	운전운송	항공운전운송	항공운항	항공보안

46 다음 중 K공사의 인사팀에서 근무하는 A사원이 수행해야 할 직무 내용으로 적절하지 않은 것은?

① 인력채용
② 인사평가
③ 교육훈련
④ 재무분석

47 다음 중 K공사의 마케팅 업무 분야에 지원하고자 하는 B가 갖추어야 할 지식·기술·태도로 적절하지 않은 것은?

① STP 전략
② 신규 아이템 사업예측 및 사업타당성 분석 지식
③ 예산 편성 및 원가관리 개념
④ 새로운 아이디어를 개발하고자 하는 창의적인 사고

48 다음 중 이사원이 처리해야 할 업무를 순서대로 바르게 나열한 것은?

> 현재 시각은 오전 10시 30분. 이사원은 30분 후 거래처 직원과의 미팅이 예정되어 있다. 거래처 직원에게는 회사의 제1회의실에서 미팅을 진행하기로 미리 안내하였으나, 오늘 오전 제1회의실 예약이 모두 완료되어 금일 사용이 불가능하다는 연락을 받았다. 또한 이사원은 오후 2시에 김팀장과 면담 예정이었으나, 오늘까지 문서 작업을 완료해달라는 부서장의 요청을 받았다. 이사원은 면담 시간을 미뤄보려 했지만 김팀장은 이사원과의 면담 이후 부서 회의에 참여해야 하므로 면담 시간을 미룰 수 없다고 답변했다.

> ㉠ 거래처 직원과의 미팅   ㉡ 오전 11시에 사용 가능한 회의실 사용 예약
> ㉢ 거래처 직원에게 미팅 장소 변경 안내 ㉣ 김팀장과의 면담
> ㉤ 부서장이 요청한 문서 작업 완료

① ㉠ - ㉢ - ㉡ - ㉣ - ㉤   ② ㉡ - ㉢ - ㉠ - ㉣ - ㉤
③ ㉡ - ㉢ - ㉠ - ㉤ - ㉣   ④ ㉢ - ㉡ - ㉠ - ㉤ - ㉣

49 다음은 K공사의 해외시장 진출 및 지원 확대를 위한 전략과제의 필요성을 제시한 자료이다. 이를 통해 도출된 과제의 추진방향으로 옳지 않은 것은?

> **〈전략과제 필요성〉**
>
> • 해외시장에서 기관이 수주할 수 있는 산업 발굴
> • 국제사업 수행을 통한 경험축적 및 컨소시엄을 통한 기술·노하우 습득
> • 해당 산업 관련 민간기업의 해외진출 활성화를 위한 실질적 지원

① 국제기관의 다양한 자금을 활용하여 사업을 발굴하고, 해당 사업의 해외진출을 위한 기술역량을 강화한다.
② 해외봉사활동 등과 연계하여 기관 이미지 제고 및 사업에 대한 사전조사, 시장조사를 통한 선제적 마케팅 활동을 추진한다.
③ 국제경쟁입찰의 과열 경쟁 심화와 컨소시엄 구성 시 민간기업과 업무배분, 이윤추구성향 조율에 어려움이 예상된다.
④ 해당 산업 민간(중소)기업을 대상으로 입찰 정보제공, 사업전략 상담, 동반 진출 등을 통한 실질적 지원을 확대한다.

50 같은 말이나 행동도 나라에 따라서 다르게 받아들여질 수 있기 때문에 직업인은 국제 매너를 갖춰야 한다. 다음 〈보기〉 중 국제 매너에 대한 설명으로 옳은 것을 모두 고르면?

> **보기**
>
> ⊙ 미국 바이어와 악수를 할 때는 눈이나 얼굴을 보면서 손끝만 살짝 잡거나 왼손으로 상대방의 왼손을 힘주어서 잡았다가 놓아야 한다.
> ⓒ 이라크 사람들은 시간을 돈과 같이 생각해서 시간엄수를 중요하게 생각하므로 약속 시간에 늦지 않게 주의해야 한다.
> ⓒ 러시아와 라틴아메리카 사람들은 친밀함의 표시로 포옹을 한다.
> ⓔ 명함은 받으면 구기거나 계속 만지지 않고, 한 번 보고 나서 탁자 위에 보이는 채로 대화를 하거나 명함집에 넣는다.
> ⓜ 수프는 바깥쪽에서 몸 쪽으로 숟가락을 사용한다.
> ⓑ 생선요리는 뒤집어 먹지 않는다.
> ⓢ 빵은 아무 때나 먹어도 관계없다.

① ⊙, ⓒ, ⓔ

② ⓒ, ⓒ, ⓢ

③ ⓒ, ⓔ, ⓑ

④ ⓔ, ⓜ, ⓑ

※ 다음 글을 읽고 이어지는 질문에 답하시오. [41~42]

국립과학수사연구원은 K공단과 함께 조사한 결과 지난달 십여 명이 부상을 입은 A역 에스컬레이터의 역주행 사고는 내부 모터의 감속기를 연결하는 연결부 부분에 우수의 유입 및 부품 노후화 등으로 인한 마모가 원인이 된 것으로 보인다고 밝혔다. 모터의 동력 전달 불량으로 제동장치가 작동하지 않았고 탑승객 하중을 견디지 못하여 역주행 사고가 발생하였다고 추정한 것이다. 국립과학수사연구소에서는 사고의 정확한 원인을 밝히기 위해 이상이 발생한 부품을 수거하여 정밀 감식을 진행한 후 정확한 원인을 밝힐 것이라고 말했다.

41 다음 사고예방대책의 원리 5단계 중 윗글에 해당하는 단계는 어느 단계인가?

① 안전 관리 조직   ② 사실의 발견
③ 평가 및 분석   ④ 시정책의 선정

42 사고의 정밀 감식 결과, 사고의 원인은 에스컬레이터에서 걷거나 뛰는 행위로 인한 반복적이고 지속적인 충격하중으로 밝혀졌다고 한다. 다음 중 이 재해의 원인에 해당하는 것은?

① 기술(Engineering)   ② 규제(Enforcement)
③ 사람(Man)   ④ 기계(Mechanic)

43 다음은 벤치마킹을 수행 방식에 따라 분류한 자료이다. 빈칸 (A) ~ (D)에 들어갈 내용으로 적절하지 않은 것은?

〈벤치마킹의 수행 방식에 따른 분류〉

구분	직접적 벤치마킹	간접적 벤치마킹
정의	• 벤치마킹 대상을 직접 방문하여 조사·분석하는 방법	• 벤치마킹 대상을 인터넷 및 문서형태의 자료 등을 통해서 간접적으로 조사·분석하는 방법
장점	• 필요로 하는 정확한 자료의 입수 및 조사가 가능하다. • _____(A)_____	• 벤치마킹 대상의 수에 제한이 없고 다양하다. • _____(C)_____
단점	• 벤치마킹 수행과 관련된 비용 및 시간이 많이 소요된다. • _____(B)_____	• 핵심자료의 수집이 상대적으로 어렵다. • _____(D)_____

① (A) : 벤치마킹 이후에도 계속적으로 자료의 입수 및 조사가 가능하다.
② (B) : 벤치마킹 결과가 피상적일 수 있다.
③ (C) : 비용과 시간을 상대적으로 많이 절감할 수 있다.
④ (D) : 정확한 자료 확보가 어렵다.

44 다음 글의 빈칸에 들어갈 말로 가장 적절한 것은?

_____(이)란 공통의 문제 또는 과제를 해결하기 위해 성격이 다른 2종 이상의 기술을 결합하여 다학제 간 연구를 통해 도출된 기술을 뜻한다. 스마트폰이 대표적인 사례이며 최근 자동차 등에 컴퓨터의 기능을 넣는 등 그 범위가 점차 확장되고 있다.

① 빅데이터　　　　　　　　　② 블록체인
③ 융합기술　　　　　　　　　④ 알고리즘

45 다음 글의 빈칸 ㉠ ~ ㉢에 들어갈 말을 순서대로 바르게 나열한 것은?

> 4차 산업 혁명이란 인공지능, 클라우드 컴퓨터 등의 고도화된 정보통신기술이 사회, 산업 등 다양한 분야에 융합되어 기존과는 다른 혁신적인 변화를 이뤄 낸 21세기 산업혁명을 말한다.
> 무인항공기로도 불리는 ___㉠___ 은 원격 조종을 통해 기기를 제어하며 지정된 경로를 자율적으로 비행하거나 반자동으로 비행하곤 한다. 군사용으로 사용된 이것은 점차 민간 분야로 확대되어 농업, 수송 등 다양한 분야에서 쓰이고 있다. ___㉡___ 은 기기에 인터넷을 적용하여 사용자와의 커뮤니케이션은 물론 센서를 통해 환경 등을 감지하여 물체가 물체를 자동으로 제어하는 등 다양한 방식으로 적용되고 있다. ___㉢___ 는 이름 그대로 방대한 데이터이다. 크기(Volume), 속도(Velocity), 다양성(Variety)을 3대 중요 요소로 꼽는다. 하지만 단순 방대한 데이터 자체만으로는 의미가 없고 이 방대한 데이터를 분석하여 원하는 정보를 추출하고 가공하여 결론을 도출하는 과정에서 의미가 있다.

	㉠	㉡	㉢
①	인공위성	광케이블	빅데이터
②	드론	광케이블	데이터베이스
③	인공위성	사물인터넷	데이터베이스
④	드론	사물인터넷	빅데이터

※ 다음은 정수기 사용 설명서이다. 이어지는 질문에 답하시오. [46~48]

〈제품규격〉

모델명	SDWP-8820
전원	AC 220V/60Hz
외형치수	260(W)×360(D)×1100(H)(단위 : mm)

〈설치 시 주의사항〉

• 낙수, 우수, 목욕탕, 샤워실, 옥외 등 제품에 물이 닿거나 습기가 많은 장소에는 설치하지 마십시오.
• 급수호스가 꼬이거나 꺾이게 하지 마십시오.
• 화기나 직사광선은 피하십시오.
• 단단하고 수평한 곳에 설치하십시오.
• 제품은 반드시 냉수배관에 연결하십시오.
• 설치 위치는 벽면에서 20cm 이상 띄워 설치하십시오.

〈필터 종류 및 교환시기〉

구분	1단계	2단계	3단계	4단계
필터	세디먼트	프리카본	UF중공사막	실버블록카본
교환시기	약 4개월	약 8개월	약 20개월	약 12개월

〈청소〉

세척 부분	횟수	세척방법
외부	7일 1회	플라스틱 전용 세척제 및 젖은 헝겊으로 닦습니다(시너 및 벤젠은 제품의 변색이나 표면이 상할 우려가 있으므로 사용하지 마십시오).
물받이통	수시	중성세제로 닦습니다.
취수구	1일 1회	히든코크를 시계 반대 방향으로 돌려서 분리하고 취수구를 멸균 면봉을 사용하여 닦습니다. 히든코크는 젖은 헝겊을 사용하여 닦습니다.
피팅(연결구)	2년 1회 이상	필터 교환 시 피팅 또는 튜빙을 점검하고 필요시 교환합니다.
튜빙(배관)		

〈제품 이상 시 조치방법〉

현상	예상원인	조치방법
온수 온도가 낮음	공급 전원 낮음	공급 전원이 220V인지 확인하고 아니면 전원을 220V로 맞춰 주십시오.
	온수 램프 확인	온수 램프에 전원이 들어오는지 확인하고 제품 뒷면의 온수 스위치가 켜져 있는지 확인하십시오.
냉수가 안 됨	공급 전원 낮음	공급 전원이 220V인지 확인하고 아니면 전원을 220V로 맞춰 주십시오.
	냉수 램프 확인	냉수 램프에 전원이 들어오는지 확인하고 제품 뒷면의 냉수 스위치가 켜져 있는지 확인하십시오.
물이 나오지 않음	필터 수명 종료	필터 교환 시기를 확인하고 서비스센터에 연락하십시오.
	연결 호스 꺾임	연결 호스가 꺾인 부분이 있으면 그 부분을 펴 주십시오.

냉수는 나오는데 온수 안 됨	온도 조절기 차단	제품 뒷면의 온수 스위치를 끄고 서비스센터에 연락하십시오.
	히터 불량	
정수물이 너무 느리게 채워짐	필터 수명 종료	서비스센터에 연락하고 필터를 교환하십시오.
제품에서 누수 발생	조립 부위 불량	원수밸브를 잠근 후 작동을 중지시키고 서비스센터에 연락하십시오.
불쾌한 맛이나 냄새 발생	냉수 탱크 세척 불량	냉수 탱크를 세척하여 주십시오.

46 다음 중 정수기에 대한 설명으로 옳지 않은 것은?

① 정수기 청소는 하루에 최소 2곳을 해야 한다.

② 불쾌한 맛이나 냄새가 발생하면 냉수 탱크를 세척하면 된다.

③ 적정 시기에 필터를 교환하지 않으면 발생할 수 있는 문제는 2가지이다.

④ 정수기의 크기는 가로 26cm, 깊이 36cm, 높이 110cm이다.

47 제품에 문제가 발생했을 때, 다음 중 서비스센터에 연락해야만 해결이 가능한 현상이 아닌 것은?

① 정수물이 너무 느리게 채워진다.

② 물이 나오지 않는다.

③ 제품에서 누수가 발생한다.

④ 냉수는 나오는데 온수가 나오지 않는다.

48 다음 〈보기〉 중 정수기에 대한 설명으로 옳은 것을 모두 고르면?

보기

ㄱ. 정수기에 사용되는 필터는 총 4개이다.

ㄴ. 급한 경우에는 시너나 벤젠을 사용하여 정수기 외부를 청소해도 된다.

ㄷ. 3년 사용할 경우 프리카본 필터는 3번 교환해야 한다.

ㄹ. 벽면과의 간격을 10cm로 하여 정수기를 설치하면 문제가 발생할 수 있다.

① ㄱ, ㄴ   ② ㄱ, ㄷ

③ ㄱ, ㄹ   ④ ㄴ, ㄷ

※ K호텔에서는 편의시설로 코인세탁실을 설치하고자 한다. 다음 설명서를 읽고 이어지는 질문에 답하시오.
[49~50]

■ 설치 시 주의사항
  – 전원은 교류 220V / 60Hz 콘센트를 제품 단독으로 사용하세요.
  – 전원코드를 임의로 연장하지 마세요.
  – 열에 약한 물건 근처나 습기, 기름, 직사광선 및 물이 닿는 곳이나 가스가 샐 가능성이 있는 곳에 설치 하지 마세요.
  – 안전을 위해서 반드시 접지하도록 하며 가스관, 플라스틱 수도관, 전화선 등에는 접지하지 마세요.
  – 제품을 설치할 때는 전원코드를 빼기 쉬운 곳에 설치하세요.
  – 바닥이 튼튼하고 수평인 곳에 설치하세요.
  – 세탁기와 벽면과는 10cm 이상 거리를 두어 설치하세요.
  – 물이 새는 곳이 있으면 설치하지 마세요.
  – 온수 단독으로 연결하지 마세요.
  – 냉수와 온수 호스의 연결이 바뀌지 않도록 주의하세요.

■ 문제해결방법

증상	확인	해결
동작이 되지 않아요.	세탁기의 전원이 꺼져 있는 것은 아닌가요?	세탁기의 전원버튼을 눌러 주세요.
	문이 열려있는 건 아닌가요?	문을 닫고 〈동작〉 버튼을 눌러 주세요.
	물을 받고 있는 중은 아닌가요?	물이 설정된 높이까지 채워질 때까지 기다려 주세요.
	수도꼭지가 잠겨 있는 것은 아닌가요?	수도꼭지를 열어 주세요.
세탁 중 멈추고 급수를 해요.	옷감의 종류에 따라 물을 흡수하는 세탁물이 있어 물의 양을 보충하기 위해 급수하는 것입니다.	이상이 없으니 별도의 조치가 필요 없어요.
	거품이 많이 발생하는 세제를 권장량보다 과다 투입 시 거품 제거를 위해 배수 후 재급수하는 것입니다.	이상이 없으니 별도의 조치가 필요 없어요.
세제 넣는 곳 앞으로 물이 흘러 넘쳐요.	세제를 너무 많이 사용한 것은 아닌가요?	적정량의 세제를 넣어 주세요.
	물이 지나치게 뜨거운 것은 아닌가요?	50℃ 이상의 온수를 단독으로 사용하면 세제 투입 시 거품이 발생하여 넘칠 수 있습니다.
	세제 넣는 곳이 더럽거나 열려 있는 것은 아닌 가요?	세제 넣는 곳을 청소해 주세요.
겨울에 진동이 심해요.	세탁기가 언 것은 아닌가요?	세제 넣는 곳이나 세탁조에 60℃ 정도의 뜨거운 물 10L 정도 넣어 세탁기를 녹여 주세요.
급수가 안 돼요.	거름망에 이물질이 끼어 있는 것은 아닌가요?	급수호수 연결부에 있는 거름망을 청소해 주세요.
탈수 시 세탁기가 흔들리거나 움직여요.	세탁기를 앞뒤 또는 옆으로 흔들었을 때 흔들리나요?	세탁기 또는 받침대를 다시 설치해 주세요.
	세탁기를 나무나 고무판 위에 설치하셨나요?	바닥이 평평한 곳에 설치하세요.
문이 열리지 않아요.	세탁기 내부온도가 높나요?	세탁기 내부온도가 70℃ 이상이거나 물 온도가 50℃ 이상인 경우 문이 열리지 않습니다. 내부온도가 내려갈 때까지 잠시 기다리세요.
	세탁조에 물이 남아 있나요?	탈수를 선택하여 물을 배수하세요.

49 세탁기가 배송되어 적절한 장소에 설치하고자 한다. 다음 중 장소 선정 시 고려해야 할 사항으로 옳지 않은 것은?

① 세탁기와 수도꼭지와의 거리를 확인한다.

② 220V / 60Hz 콘센트인지 확인한다.

③ 물이 새는 곳이 있는지 확인한다.

④ 바닥이 튼튼하고 수평인지 확인한다.

PART 2

50 호텔 투숙객의 세탁기 이용 도중 세탁기 문이 열리지 않는다고 제기한 불편사항이 접수되었다. 다음 중 투숙객의 불편사항에 대한 해결방법으로 가장 적절한 것은?

① 세탁조에 물이 남아있는 것을 확인하고 급수를 선택하여 물을 급수하도록 안내한다.

② 세탁기 내부온도가 높으므로 세탁조에 차가운 물을 넣도록 안내한다.

③ 세탁기의 받침대를 다시 설치하여 세탁기의 흔들림을 최소화시켜야 한다.

④ 세탁기 내부온도가 높으므로 내부온도가 내려갈 때까지 기다려달라고 안내한다.

작은 기회로부터 종종 위대한 업적이 시작된다.

- 데모스테네스 -

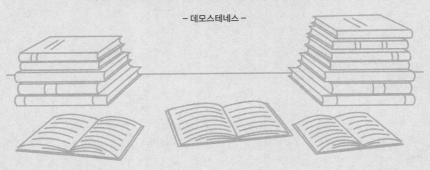

PART **3**

채용 가이드

01 | 블라인드 채용 소개

1. 블라인드 채용이란?

채용 과정에서 편견이 개입되어 불합리한 차별을 야기할 수 있는 출신지, 가족관계, 학력, 외모 등의 편견요인은 제외하고, 직무능력만을 평가하여 인재를 채용하는 방식입니다.

2. 블라인드 채용의 필요성

• 채용의 공정성에 대한 사회적 요구
  - 누구에게나 직무능력만으로 경쟁할 수 있는 균등한 고용기회를 제공해야 하나, 아직도 채용의 공정성에 대한 불신이 존재
  - 채용상 차별금지에 대한 법적 요건이 권고적 성격에서 처벌을 동반한 의무적 성격으로 강화되는 추세
  - 시민의식과 지원자의 권리의식 성숙으로 차별에 대한 법적 대응 가능성 증가
• 우수인재 채용을 통한 기업의 경쟁력 강화 필요
  - 직무능력과 무관한 학벌, 외모 위주의 선발로 우수인재 선발기회 상실 및 기업경쟁력 약화
  - 채용 과정에서 차별 없이 직무능력중심으로 선발한 우수인재 확보 필요
• 공정한 채용을 통한 사회적 비용 감소 필요
  - 편견에 의한 차별적 채용은 우수인재 선발을 저해하고 외모·학벌 지상주의 등의 심화로 불필요한 사회적 비용 증가
  - 채용에서의 공정성을 높여 사회의 신뢰수준 제고

3. 블라인드 채용의 특징

편견요인을 요구하지 않는 대신 직무능력을 평가합니다.

※ 직무능력중심 채용이란?
기업의 역량기반 채용, NCS기반 능력중심 채용과 같이 직무수행에 필요한 능력과 역량을 평가하여 선발하는 채용방식을 통칭합니다.

4. 블라인드 채용의 평가요소

직무수행에 필요한 지식, 기술, 태도 등을 과학적인 선발기법을 통해 평가합니다.

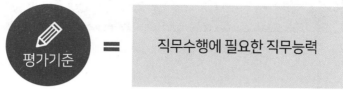

평가기준 = 직무수행에 필요한 직무능력

※ 과학적 선발기법이란?
직무분석을 통해 도출된 평가요소를 서류, 필기, 면접 등을 통해 체계적으로 평가하는 방법으로 입사지원서, 자기소개서, 직무수행능력평가, 구조화 면접 등이 해당됩니다.

5. 블라인드 채용 주요 도입 내용

• 입사지원서에 인적사항 요구 금지
  - 인적사항에는 출신지역, 가족관계, 결혼여부, 재산, 취미 및 특기, 종교, 생년월일(연령), 성별, 신장 및 체중, 사진, 전공, 학교명, 학점, 외국어 점수, 추천인 등이 해당
  - 채용 직무를 수행하는 데 있어 반드시 필요하다고 인정될 경우는 제외
    예 특수경비직 채용 시 : 시력, 건강한 신체 요구
       연구직 채용 시 : 논문, 학위 요구 등
• 블라인드 면접 실시
  - 면접관에게 응시자의 출신지역, 가족관계, 학교명 등 인적사항 정보 제공 금지
  - 면접관은 응시자의 인적사항에 대한 질문 금지

6. 블라인드 채용 도입의 효과성

• 구성원의 다양성과 창의성이 높아져 기업 경쟁력 강화
  - 편견을 없애고 직무능력 중심으로 선발하므로 다양한 직원 구성 가능
  - 다양한 생각과 의견을 통하여 기업의 창의성이 높아져 기업경쟁력 강화
• 직무에 적합한 인재선발을 통한 이직률 감소 및 만족도 제고
  - 사전에 지원자들에게 구체적이고 상세한 직무요건을 제시함으로써 허수 지원이 낮아지고, 직무에 적합한 지원자 모집 가능
  - 직무에 적합한 인재가 선발되어 직무이해도가 높아져 업무효율 증대 및 만족도 제고
• 채용의 공정성과 기업이미지 제고
  - 블라인드 채용은 사회적 편견을 줄인 선발 방법으로 기업에 대한 사회적 인식 제고
  - 채용과정에서 불합리한 차별을 받지 않고 실력에 의해 공정하게 평가를 받을 것이라는 믿음을 제공하고, 지원자들은 평등한 기회와 공정한 선발과정 경험

02 | 서류전형 가이드

01 채용공고문

1. 채용공고문의 변화

기존 채용공고문	변화된 채용공고문
• 취업준비생에게 불충분하고 불친절한 측면 존재 • 모집분야에 대한 명확한 직무관련 정보 및 평가기준 부재 • 해당분야에 지원하기 위한 취업준비생의 무분별한 스펙 쌓기 현상 발생	• NCS 직무분석에 기반한 채용공고를 토대로 채용전형 진행 • 지원자가 입사 후 수행하게 될 업무에 대한 자세한 정보 공지 • 직무수행내용, 직무수행 시 필요한 능력, 관련된 자격, 직업기초능력 제시 • 지원자가 해당 직무에 필요한 스펙만을 준비할 수 있도록 안내
• 모집부문 및 응시자격 • 지원서 접수 • 전형절차 • 채용조건 및 처우 • 기타사항	• 채용절차 • 채용유형별 선발분야 및 예정인원 • 전형방법 • 선발분야별 직무기술서 • 우대사항

2. 지원 유의사항 및 지원요건 확인

채용 직무에 따른 세부사항을 공고문에 명시하여 지원자에게 적격한 지원 기회를 부여함과 동시에 채용과정에서의 공정성과 신뢰성을 확보합니다.

구성	내용	확인사항
모집분야 및 규모	고용형태(인턴 계약직 등), 모집분야, 인원, 근무지역 등	채용직무가 여러 개일 경우 본인이 해당되는 직무의 채용규모 확인
응시자격	기본 자격사항, 지원조건	지원을 위한 최소자격요건을 확인하여 불필요한 지원을 예방
우대조건	법정·특별·자격증 가점	본인의 가점 여부를 검토하여 가점 획득을 위한 사항을 사실대로 기재
근무조건 및 보수	고용형태 및 고용기간, 보수, 근무지	본인이 생각하는 기대수준에 부합하는지 확인하여 불필요한 지원을 예방
시험방법	서류·필기·면접전형 등의 활용방안	전형방법 및 세부 평가기법 등을 확인하여 지원전략 준비
전형일정	접수기간, 각 전형 단계별 심사 및 합격자 발표일 등	본인의 지원 스케줄을 검토하여 차질이 없도록 준비
제출서류	입사지원서(경력·경험기술서 등), 각종 증명서 및 자격증 사본 등	지원요건 부합 여부 및 자격 증빙서류 사전에 준비
유의사항	임용취소 등의 규정	임용취소 관련 법적 또는 기관 내부 규정을 검토하여 해당여부 확인

직무기술서란 직무수행의 내용과 필요한 능력, 관련 자격, 직업기초능력 등을 상세히 기재한 것으로 입사 후 수행하게 될 업무에 대한 정보가 수록되어 있는 자료입니다.

1. 채용분야

설명

NCS 직무분류 체계에 따라 직무에 대한 「대분류 – 중분류 – 소분류 – 세분류」 체계를 확인할 수 있습니다. 채용 직무에 대한 모든 직무기술서를 첨부하게 되며 실제 수행 업무를 기준으로 세부적인 분류정보를 제공합니다.

채용분야	분류체계			
사무행정	대분류	중분류	소분류	세분류
분류코드	02. 경영 · 회계 · 사무	03. 재무 · 회계	01. 재무	01. 예산
				02. 자금
			02. 회계	01. 회계감사
				02. 세무

2. 능력단위

설명

직무분류 체계의 세분류 하위능력단위 중 실질적으로 수행할 업무의 능력만 구체적으로 파악할 수 있습니다.

능력단위	(예산)	03. 연간종합예산수립 05. 확정예산 운영	04. 추정재무제표 작성 06. 예산실적 관리
	(자금)	04. 자금운용	
	(회계감사)	02. 자금관리 05. 회계정보시스템 운용 07. 회계감사	04. 결산관리 06. 재무분석
	(세무)	02. 결산관리 07. 법인세 신고	05. 부가가치세 신고

3. 직무수행내용

설명

세분류 영역의 기본정의를 통해 직무수행내용을 확인할 수 있습니다. 입사 후 수행할 직무내용을 구체적으로 확인할 수 있으며, 이를 통해 입사서류 작성부터 면접까지 직무에 대한 명확한 이해를 바탕으로 자신의 희망직무 인지 아닌지, 해당 직무가 자신이 알고 있던 직무가 맞는지 확인할 수 있습니다.

직무수행내용	(예산) 일정기간 예상되는 수익과 비용을 편성, 집행하며 통제하는 일
	(자금) 자금의 계획 수립, 조달, 운용을 하고 발생 가능한 위험 관리 및 성과평가
	(회계감사) 기업 및 조직 내·외부에 있는 의사결정자들이 효율적인 의사결정을 할 수 있도록 유용한 정보를 제공, 제공된 회계정보의 적정성을 파악하는 일
	(세무) 세무는 기업의 활동을 위하여 주어진 세법범위 내에서 조세부담을 최소화시키는 조세전략을 포함하고 정확한 과세소득과 과세표준 및 세액을 산출하여 과세당국에 신고·납부하는 일

PART 3

4. 직무기술서 예시

태도	(예산) 정확성, 분석적 태도, 논리적 태도, 타 부서와의 협조적 태도, 설득력
	(자금) 분석적 사고력
	(회계 감사) 합리적 태도, 전략적 사고, 정확성, 적극적 협업 태도, 법률준수 태도, 분석적 태도, 신속성, 책임감, 정확한 판단력
	(세무) 규정 준수 의지, 수리적 정확성, 주의 깊은 태도
우대 자격증	공인회계사, 세무사, 컴퓨터활용능력, 변호사, 워드프로세서, 전산회계운용사, 사회조사분석사, 재경관리사, 회계관리 등
직업기초능력	의사소통능력, 문제해결능력, 자원관리능력, 대인관계능력, 정보능력, 조직이해능력

5. 직무기술서 내용별 확인사항

항목	확인사항
모집부문	해당 채용에서 선발하는 부문(분야)명 확인 예 사무행정, 전산, 전기
분류체계	지원하려는 분야의 세부직무군 확인
주요기능 및 역할	지원하려는 기업의 전사적인 기능과 역할, 산업군 확인
능력단위	지원분야의 직무수행에 관련되는 세부업무사항 확인
직무수행내용	지원분야의 직무군에 대한 상세사항 확인
전형방법	지원하려는 기업의 신입사원 선발전형 절차 확인
일반요건	교육사항을 제외한 지원 요건 확인(자격요건, 특수한 경우 연령)
교육요건	교육사항에 대한 지원요건 확인(대졸 / 초대졸 / 고졸 / 전공 요건)
필요지식	지원분야의 업무수행을 위해 요구되는 지식 관련 세부항목 확인
필요기술	지원분야의 업무수행을 위해 요구되는 기술 관련 세부항목 확인
직무수행태도	지원분야의 업무수행을 위해 요구되는 태도 관련 세부항목 확인
직업기초능력	지원분야 또는 지원기업의 조직원으로서 근무하기 위해 필요한 일반적인 능력사항 확인

1. 입사지원서의 변화

기존지원서		능력중심 채용 입사지원서
직무와 관련 없는 학점, 개인신상, 어학점수, 자격, 수상경력 등을 나열하도록 구성	VS	해당 직무수행에 꼭 필요한 정보들을 제시할 수 있도록 구성

직무기술서

직무수행내용

요구지식 / 기술

관련 자격증

사전직무경험

인적사항	성명, 연락처, 지원분야 등 작성 (평가 미반영)
교육사항	직무지식과 관련된 학교교육 및 직업교육 작성
자격사항	직무관련 국가공인 또는 민간자격 작성
경력 및 경험사항	조직에 소속되어 일정한 임금을 받거나(경력) 임금 없이(경험) 직무와 관련된 활동 내용 작성

2. 교육사항

- 지원분야 직무와 관련된 학교 교육이나 직업교육 혹은 기타교육 등 직무에 대한 지원자의 학습 여부를 평가하기 위한 항목입니다.
- 지원하고자 하는 직무의 학교 전공교육 이외에 직업교육, 기타교육 등을 기입할 수 있기 때문에 전공 제한 없이 직업교육과 기타교육을 이수하여 지원이 가능하도록 기회를 제공합니다.
  (기타교육 : 학교 이외의 기관에서 개인이 이수한 교육과정 중 지원직무와 관련이 있다고 생각되는 교육내용)

구분	교육과정(과목)명	교육내용	과업(능력단위)

3. 자격사항

- 채용공고 및 직무기술서에 제시되어 있는 자격 현황을 토대로 지원자가 해당 직무를 수행하는 데 필요한 능력을 가지고 있는지를 평가하기 위한 항목입니다.
- 채용공고 및 직무기술서에 기재된 직무관련 필수 또는 우대자격 항목을 확인하여 본인이 보유하고 있는 자격사항을 기재합니다.

자격유형	자격증명	발급기관	취득일자	자격증번호

4. 경력 및 경험사항

- 직무와 관련된 경력이나 경험 여부를 표현하도록 하여 직무와 관련한 능력을 갖추었는지를 평가하기 위한 항목입니다.
- 해당 기업에서 직무를 수행함에 있어 필요한 사항만을 기록하게 되어 있기 때문에 직무와 무관한 스펙을 갖추지 않아도 됩니다.
- 경력 : 금전적 보수를 받고 일정기간 동안 일했던 경우
- 경험 : 금전적 보수를 받지 않고 수행한 활동
  ※ 기업에 따라 경력 / 경험 관련 증빙자료 요구 가능

구분	조직명	직위 / 역할	활동기간(년 / 월)	주요과업 / 활동내용

Tip

입사지원서 작성 방법
○ 경력 및 경험사항 작성
- 직무기술서에 제시된 지식, 기술, 태도와 지원자의 교육사항, 경력(경험)사항, 자격사항과 연계하여 개인의 직무역량에 대해 스스로 판단 가능
○ 인적사항 최소화
- 개인의 인적사항, 학교명, 가족관계 등을 노출하지 않도록 유의

부적절한 입사지원서 작성 사례
- 학교 이메일을 기입하여 학교명 노출
- 거주지 주소에 학교 기숙사 주소를 기입하여 학교명 노출
- 자기소개서에 부모님이 재직 중인 기업명, 직위, 직업을 기입하여 가족관계 노출
- 자기소개서에 석·박사 과정에 대한 이야기를 언급하여 학력 노출
- 동아리 활동에 대한 내용을 학교명과 더불어 언급하여 학교명 노출

---

1. 자기소개서의 변화

- 기존의 자기소개서는 지원자의 일대기나 관심 분야, 성격의 장·단점 등 개괄적인 사항을 묻는 질문으로 구성되어 지원자가 자신의 직무능력을 제대로 표출하지 못합니다.
- 능력중심 채용의 자기소개서는 직무기술서에 제시된 직업기초능력(또는 직무수행능력)에 대한 지원자의 과거 경험을 기술하게 함으로써 평가 타당도의 확보가 가능합니다.

---

1. 우리 회사와 해당 지원 직무분야에 지원한 동기에 대해 기술해 주세요.

2. 자신이 경험한 다양한 사회활동에 대해 기술해 주세요.

3. 지원 직무에 대한 전문성을 키우기 위해 받은 교육과 경험 및 경력사항에 대해 기술해 주세요.

4. 인사업무 또는 팀 과제 수행 중 발생한 갈등을 원만하게 해결해 본 경험이 있습니까? 당시 상황에 대한 설명과 갈등의 대상이 되었던 상대방을 설득한 과정 및 방법을 기술해 주세요.

5. 과거에 있었던 일 중 가장 어려웠던(힘들었었던) 상황을 고르고, 어떤 방법으로 그 상황을 해결했는지를 기술해 주세요.

자기소개서 작성 방법
① 자기소개서 문항이 묻고 있는 평가 역량 추측하기

예시

• 팀 활동을 하면서 갈등 상황 시 상대방의 니즈나 의도를 명확히 파악하고 해결하여 목표 달성에 기여했던 경험에 대해서 작성해 주시기 바랍니다.
• 다른 사람이 생각해내지 못했던 문제점을 찾고 이를 해결한 경험에 대해 작성해 주시기 바랍니다.

② 해당 역량을 보여줄 수 있는 소재 찾기(시간×역량 매트릭스)

예시

시간

평가역량	2021년	2022년	2023년	2024년
도전정신	대학 발표수업	대학 발표수업	~~다이어트 (헬스)~~	
대인관계	대학 발표수업	대학 발표수업		경영 동아리
의사소통	편의점 아르바이트	~~군대 작업~~	봉사 동아리	
직무역량			경영 동아리	Book Study
…				

③ 자기소개서 작성 Skill 익히기
• 두괄식으로 작성하기
• 구체적 사례를 사용하기
• '나'를 중심으로 작성하기
• 직무역량 강조하기
• 경험 사례의 차별성 강조하기

03 | 인성검사 소개 및 모의테스트

01 인성검사 유형

인성검사는 지원자의 성격특성을 객관적으로 파악하고 그것이 각 기업에서 필요로 하는 인재상과 가치에 부합하는가를 평가하기 위한 검사입니다. 인성검사는 KPDI(한국인재개발진흥원), K-SAD(한국사회적성개발원), KIRBS(한국행동과학연구소), SHR(에스에이치알) 등의 전문기관을 통해 각 기업의 특성에 맞는 검사를 선택하여 실시합니다. 대표적인 인성검사의 유형에는 크게 다음과 같은 세 가지가 있으며, 채용 대행업체에 따라 달라집니다.

PART 3

1. KPDI 검사

조직적응성과 직무적합성을 알아보기 위한 검사로 인성검사, 인성역량검사, 인적성검사, 직종별 인적성 검사 등의 다양한 검사 도구를 구현합니다. KPDI는 성격을 파악하고 정신건강 상태 등을 측정하고, 직무 검사는 해당 직무를 수행하기 위해 기본적으로 갖추어야 할 인지적 능력을 측정합니다. 역량검사는 특정 직무 역할을 효과적으로 수행하는 데 직접적으로 관련 있는 개인의 행동, 지식, 스킬, 가치관 등을 측정합니다.

2. KAD(Korea Aptitude Development) 검사

K-SAD(한국사회적성개발원)에서 실시하는 적성검사 프로그램입니다. 개인의 성향, 지적 능력, 기호, 관심, 흥미도를 종합적으로 분석하여 적성에 맞는 업무가 무엇인가 파악하고, 직무수행에 있어서 요구되는 기초능력과 실무능력을 분석합니다.

3. SHR 직무적성검사

직무수행에 필요한 종합적인 사고 능력을 다양한 적성검사(Paper and Pencil Test)로 평가합니다. SHR의 모든 직무능력검사는 표준화 검사입니다. 표준화 검사는 표본집단의 점수를 기초로 규준이 만들어진 검사이므로 개인의 점수를 규준에 맞추어 해석·비교하는 것이 가능합니다. S(Standardized Tests), H(Hundreds of Version), R(Reliable Norm Data)을 특징으로 하며, 직군·직급별 특성과 선발 수준에 맞추어 검사를 적용할 수 있습니다.

인성검사는 특히 면접질문과 관련성이 높습니다. 면접관은 지원자의 인성검사 결과를 토대로 질문을 하기 때문입니다. 일관적이고 이상적인 답변을 하는 것이 가장 좋지만, 실제 시험은 매우 복잡하여 전문가라 해도 일정 성격을 유지하면서 답변을 하는 것이 힘듭니다. 또한, 인성검사에는 라이 스케일(Lie Scale) 설문이 전체 설문 속에 교묘하게 섞여 들어가 있으므로 겉치레적인 답을 하게 되면 회답태도의 허위성이 그대로 드러나게 됩니다. 예를 들어 '거짓말을 한 적이 한 번도 없다.'에 '예'로 답하고, '때로는 거짓말을 하기도 한다.'에 '예'라고 답하여 라이 스케일의 득점이 올라가게 되면 모든 회답의 신빙성이 사라지고 '자신을 돋보이게 하려는 사람'이라는 평가를 받을 수 있으므로 주의해야 합니다. 따라서 모의테스트를 통해 인성검사의 유형과 실제 시험 시 어떻게 문제를 풀어야 하는지 연습해 보고 체크한 부분 중 자신의 단점과 연결되는 부분은 면접에서 질문이 들어왔을 때 어떻게 대처해야 하는지 생각해 보는 것이 좋습니다.

1. 기업의 인재상을 파악하라!

인성검사를 통해 개인의 성격 특성을 파악하고 그것이 기업의 인재상과 가치에 부합하는지를 평가하는 시험이기 때문에 해당 기업의 인재상을 먼저 파악하고 시험에 임하는 것이 좋습니다. 모의테스트에서 인재상에 맞는 가상의 인물을 설정하고 문제에 답해 보는 것도 많은 도움이 됩니다.

2. 일관성 있는 대답을 하라!

짧은 시간 안에 다양한 질문에 답을 해야 하는데, 그 안에는 중복되는 질문이 여러 번 나옵니다. 이때 앞서 자신이 체크했던 대답을 잘 기억해뒀다가 일관성 있는 답을 하는 것이 중요합니다.

3. 모든 문항에 대답하라!

많은 문제를 짧은 시간 안에 풀려다 보니 다 못 푸는 경우도 종종 생깁니다. 하지만 대답을 누락하거나 끝까지 다 못했을 경우 좋지 않은 결과를 가져올 수도 있으니 최대한 주어진 시간 안에 모든 문항에 답할 수 있도록 해야 합니다.

※ 모의테스트는 질문 및 답변 유형 연습을 위한 것으로 실제 시험과 다를 수 있습니다.
※ 인성검사는 정답이 따로 없는 유형의 검사이므로 결과지를 제공하지 않습니다.

번호	내용	예	아니요
001	나는 솔직한 편이다.	☐	☐
002	나는 리드하는 것을 좋아한다.	☐	☐
003	법을 어겨서 말썽이 된 적이 한 번도 없다.	☐	☐
004	거짓말을 한 번도 한 적이 없다.	☐	☐
005	나는 눈치가 빠르다.	☐	☐
006	나는 일을 주도하기보다는 뒤에서 지원하는 것을 선호한다.	☐	☐
007	앞일은 알 수 없기 때문에 계획은 필요하지 않다.	☐	☐
008	거짓말도 때로는 방편이라고 생각한다.	☐	☐
009	사람이 많은 술자리를 좋아한다.	☐	☐
010	걱정이 지나치게 많다.	☐	☐
011	일을 시작하기 전 재고하는 경향이 있다.	☐	☐
012	불의를 참지 못한다.	☐	☐
013	처음 만나는 사람과도 이야기를 잘 한다.	☐	☐
014	때로는 변화가 두렵다.	☐	☐
015	나는 모든 사람에게 친절하다.	☐	☐
016	힘든 일이 있을 때 술은 위로가 되지 않는다.	☐	☐
017	결정을 빨리 내리지 못해 손해를 본 경험이 있다.	☐	☐
018	기회를 잡을 준비가 되어 있다.	☐	☐
019	때로는 내가 정말 쓸모없는 사람이라고 느낀다.	☐	☐
020	누군가 나를 챙겨주는 것이 좋다.	☐	☐
021	자주 가슴이 답답하다.	☐	☐
022	나는 내가 자랑스럽다.	☐	☐
023	경험이 중요하다고 생각한다.	☐	☐
024	전자기기를 분해하고 다시 조립하는 것을 좋아한다.	☐	☐

025	감시받고 있다는 느낌이 든다.	☐	☐
026	난처한 상황에 놓이면 그 순간을 피하고 싶다.	☐	☐
027	세상엔 믿을 사람이 없다.	☐	☐
028	잘못을 빨리 인정하는 편이다.	☐	☐
029	지도를 보고 길을 잘 찾아간다.	☐	☐
030	귓속말을 하는 사람을 보면 날 비난하고 있는 것 같다.	☐	☐
031	막무가내라는 말을 들을 때가 있다.	☐	☐
032	장래의 일을 생각하면 불안하다.	☐	☐
033	결과보다 과정이 중요하다고 생각한다.	☐	☐
034	운동은 그다지 할 필요가 없다고 생각한다.	☐	☐
035	새로운 일을 시작할 때 좀처럼 한 발을 떼지 못한다.	☐	☐
036	기분 상하는 일이 있더라도 참는 편이다.	☐	☐
037	업무능력은 성과로 평가받아야 한다고 생각한다.	☐	☐
038	머리가 맑지 못하고 무거운 느낌이 든다.	☐	☐
039	가끔 이상한 소리가 들린다.	☐	☐
040	타인이 내게 자주 고민상담을 하는 편이다.	☐	☐

※ 모의테스트는 질문 및 답변 유형 연습을 위한 것으로 실제 시험과 다를 수 있습니다.
※ 인성검사는 정답이 따로 없는 유형의 검사이므로 결과지를 제공하지 않습니다.

※ 이 성격검사의 각 문항에는 서로 다른 행동을 나타내는 네 개의 문장이 제시되어 있습니다. 이 문장들을 비교하여, 자신의 평소 행동과 가장 가까운 문장을 'ㄱ' 열에 표기하고, 가장 먼 문장을 'ㅁ' 열에 표기하십시오.

01 나는 _____

	ㄱ	ㅁ
A. 실용적인 해결책을 찾는다.	☐	☐
B. 다른 사람을 돕는 것을 좋아한다.	☐	☐
C. 세부 사항을 잘 챙긴다.	☐	☐
D. 상대의 주장에서 허점을 잘 찾는다.	☐	☐

02 나는 _____

	ㄱ	ㅁ
A. 매사에 적극적으로 임한다.	☐	☐
B. 즉흥적인 편이다.	☐	☐
C. 관찰력이 있다.	☐	☐
D. 임기응변에 강하다.	☐	☐

03 나는 _____

	ㄱ	ㅁ
A. 무서운 영화를 잘 본다.	☐	☐
B. 조용한 곳이 좋다.	☐	☐
C. 가끔 울고 싶다.	☐	☐
D. 집중력이 좋다.	☐	☐

04 나는 _____

	ㄱ	ㅁ
A. 기계를 조립하는 것을 좋아한다.	☐	☐
B. 집단에서 리드하는 역할을 맡는다.	☐	☐
C. 호기심이 많다.	☐	☐
D. 음악을 듣는 것을 좋아한다.	☐	☐

05 나는 _____

	ㄱ	ㅁ
A. 타인을 늘 배려한다.	☐	☐
B. 감수성이 예민하다.	☐	☐
C. 즐겨하는 운동이 있다.	☐	☐
D. 일을 시작하기 전에 계획을 세운다.	☐	☐

06 나는 _____

	ㄱ	ㅁ
A. 타인에게 설명하는 것을 좋아한다.	☐	☐
B. 여행을 좋아한다.	☐	☐
C. 정적인 것이 좋다.	☐	☐
D. 남을 돕는 것에 보람을 느낀다.	☐	☐

07 나는 _____

	ㄱ	ㅁ
A. 기계를 능숙하게 다룬다.	☐	☐
B. 밤에 잠이 잘 오지 않는다.	☐	☐
C. 한 번 간 길을 잘 기억한다.	☐	☐
D. 불의를 보면 참을 수 없다.	☐	☐

08 나는 _____

	ㄱ	ㅁ
A. 종일 말을 하지 않을 때가 있다.	☐	☐
B. 사람이 많은 곳을 좋아한다.	☐	☐
C. 술을 좋아한다.	☐	☐
D. 휴양지에서 편하게 쉬고 싶다.	☐	☐

09 나는 _____

	ㄱ	ㅁ
A. 뉴스보다는 드라마를 좋아한다.	☐	☐
B. 길을 잘 찾는다.	☐	☐
C. 주말엔 집에서 쉬는 것이 좋다.	☐	☐
D. 아침에 일어나는 것이 힘들다.	☐	☐

10 나는 _____

	ㄱ	ㅁ
A. 이성적이다.	☐	☐
B. 할 일을 종종 미룬다.	☐	☐
C. 어른을 대하는 게 힘들다.	☐	☐
D. 불을 보면 매혹을 느낀다.	☐	☐

11 나는 _____

	ㄱ	ㅁ
A. 상상력이 풍부하다.	☐	☐
B. 예의 바르다는 소리를 자주 듣는다.	☐	☐
C. 사람들 앞에 서면 긴장한다.	☐	☐
D. 친구를 자주 만난다.	☐	☐

12 나는 _____

	ㄱ	ㅁ
A. 나만의 스트레스 해소 방법이 있다.	☐	☐
B. 친구가 많다.	☐	☐
C. 책을 자주 읽는다.	☐	☐
D. 활동적이다.	☐	☐

04 | 면접전형 가이드

1. 면접전형의 변화

기존 면접전형에서는 일상적이고 단편적인 대화나 지원자의 첫인상 및 면접관의 주관적인 판단 등에 의해서 입사 결정 여부를 판단하는 경우가 많았습니다. 이러한 면접전형은 면접 내용의 일관성이 결여되거나 직무 관련 타당성이 부족하였고, 면접에 대한 신뢰도에 영향을 주었습니다.

기존 면접(전통적 면접)		능력중심 채용 면접(구조화 면접)

• 일상적이고 단편적인 대화
• 인상, 외모 등 외부 요소의 영향
• 주관적인 판단에 의존한 총점 부여
 	
⇩
 	
• 면접 내용의 일관성 결여
• 직무관련 타당성 부족
• 주관적인 채점으로 신뢰도 저하
	VS	• 일관성
		  − 직무관련 역량에 초점을 둔 구체적 질문 목록
		  − 지원자별 동일 질문 적용
		• 구조화
		  − 면접 진행 및 평가 절차를 일정한 체계에 의해 구성
		• 표준화
		  − 평가 타당도 제고를 위한 평가 Matrix 구성
		  − 척도에 따라 항목별 채점, 개인 간 비교
		• 신뢰성
		  − 면접진행 매뉴얼에 따라 면접위원 교육 및 실습

2. 능력중심 채용의 면접 유형

① 경험 면접
  • 목적 : 선발하고자 하는 직무 능력이 필요한 과거 경험을 질문합니다.
  • 평가요소 : 직업기초능력과 인성 및 태도적 요소를 평가합니다.

② 상황 면접
  • 목적 : 특정 상황을 제시하고 지원자의 행동을 관찰함으로써 실제 상황의 행동을 예상합니다.
  • 평가요소 : 직업기초능력과 인성 및 태도적 요소를 평가합니다.

③ 발표 면접
  • 목적 : 특정 주제와 관련된 지원자의 발표와 질의응답을 통해 지원자 역량을 평가합니다.
  • 평가요소 : 직무수행능력과 인지적 역량(문제해결능력)을 평가합니다.

④ 토론 면접
  • 목적 : 토의과제에 대한 의견수렴 과정에서 지원자의 역량과 상호작용능력을 평가합니다.
  • 평가요소 : 직무수행능력과 팀워크를 평가합니다.

1. 경험 면접

① 경험 면접의 특징

- 주로 직업기초능력에 관련된 지원자의 과거 경험을 심층 질문하여 검증하는 면접입니다.
- 직무능력과 관련된 과거 경험을 평가하기 위해 심층 질문을 하며, 이 질문은 지원자의 답변에 대하여 '꼬리에 꼬리를 무는 형식'으로 진행됩니다.

> - 능력요소, 정의, 심사 기준
>   - 평가하고자 하는 능력요소, 정의, 심사기준을 확인하여 면접위원이 해당 능력요소 관련 질문을 제시합니다.
> - Opening Question
>   - 능력요소에 관련된 과거 경험을 유도하기 위한 시작 질문을 합니다.
> - Follow-up Question
>   - 지원자의 경험 수준을 구체적으로 검증하기 위한 질문입니다.
>   - 경험 수준 검증을 위한 상황(Situation), 임무(Task), 역할 및 노력(Action), 결과(Result) 등으로 질문을 구분합니다.

경험 면접의 형태

[면접관 1]　[면접관 2]　[면접관 3]

[면접관 1]　[면접관 2]　[면접관 3]

[지원자]

〈일대다 면접〉

[지원자 1]　[지원자 2]　[지원자 3]

〈다대다 면접〉

② 경험 면접의 구조

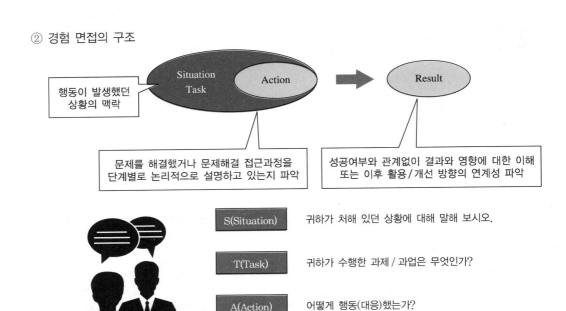

행동이 발생했던
상황의 맥락

문제를 해결했거나 문제해결 접근과정을
단계별로 논리적으로 설명하고 있는지 파악

성공여부와 관계없이 결과와 영향에 대한 이해
또는 이후 활용 / 개선 방향의 연계성 파악

S(Situation)	귀하가 처해 있던 상황에 대해 말해 보시오.
T(Task)	귀하가 수행한 과제 / 과업은 무엇인가?
A(Action)	어떻게 행동(대응)했는가?
R(Result)	그 행동의 결과는 어땠는가?

(   )에 관한 과거 경험에 대하여 말해 보시오.

행동이 발생한 맥락
귀하가 처해 있던 상황에
대해 말해 보시오.
– 언제 경험하였습니까?
– 어디에서 경험하였습니까?
– 당신은 어떻게 그 경험을
   하게 되었습니까?

관련 인물 및 과제
귀하가 수행한 과제 / 과업은
무엇인가?
– 당신이 맡은 역할은
   무엇이었습니까?
– 본인을 지원한 팀원 or
   조원은 누구였습니까?

Situation   Task

STAR
Framework

Action   Result

문제해결과정에 대한
구체적 설명
어떻게 행동(대응)했는가?
– 구체적으로 어떤 노력을 하였습니까?
– 어떤 어려움을 겪었으며 어떻게
   극복하였습니까?

결과 / 영향에 대한 이해
그 행동의 결과는 어땠는가?
– 어떤 교훈을 얻었습니까?

③ 경험 면접 질문 예시(직업윤리)

시작 질문	
1	남들이 신경 쓰지 않는 부분까지 고려하여 절차대로 업무(연구)를 수행하여 성과를 낸 경험을 구체적으로 말해 보시오.
2	조직의 원칙과 절차를 철저히 준수하며 업무(연구)를 수행한 것 중 성과를 향상시킨 경험에 대해 구체적으로 말해 보시오.
3	세부적인 절차와 규칙에 주의를 기울여 실수 없이 업무(연구)를 마무리한 경험을 구체적으로 말해 보시오.
4	조직의 규칙이나 원칙을 고려하여 성실하게 일했던 경험을 구체적으로 말해 보시오.
5	타인의 실수를 바로잡고 원칙과 절차대로 수행하여 성공적으로 업무를 마무리하였던 경험에 대해 말해 보시오.

후속 질문		
상황 (Situation)	상황	구체적으로 언제, 어디에서 경험한 일인가?
		어떤 상황이었는가?
	조직	어떤 조직에 속해 있었는가?
		그 조직의 특성은 무엇이었는가?
		몇 명으로 구성된 조직이었는가?
	기간	해당 조직에서 얼마나 일했는가?
		해당 업무는 몇 개월 동안 지속되었는가?
	조직규칙	조직의 원칙이나 규칙은 무엇이었는가?
임무 (Task)	과제	과제의 목표는 무엇이었는가?
		과제에 적용되는 조직의 원칙은 무엇이었는가?
		그 규칙을 지켜야 하는 이유는 무엇이었는가?
	역할	당신이 조직에서 맡은 역할은 무엇이었는가?
		과제에서 맡은 역할은 무엇이었는가?
	문제의식	규칙을 지키지 않을 경우 생기는 문제점 / 불편함은 무엇인가?
		해당 규칙이 왜 중요하다고 생각하였는가?
역할 및 노력 (Action)	행동	업무 과정의 어떤 장면에서 규칙을 철저히 준수하였는가?
		어떻게 규정을 적용시켜 업무를 수행하였는가?
		규정은 준수하는 데 어려움은 없었는가?
	노력	그 규칙을 지키기 위해 스스로 어떤 노력을 기울였는가?
		본인의 생각이나 태도에 어떤 변화가 있었는가?
		다른 사람들은 어떤 노력을 기울였는가?
	동료관계	동료들은 규칙을 철저히 준수하고 있었는가?
		팀원들은 해당 규칙에 대해 어떻게 반응하였는가?
		규칙에 대한 태도를 개선하기 위해 어떤 노력을 하였는가?
		팀원들의 태도는 당신에게 어떤 자극을 주었는가?
	업무추진	주어진 업무를 추진하는 데 규칙이 방해되진 않았는가?
		업무수행 과정에서 규정을 어떻게 적용하였는가?
		업무 시 규정을 준수해야 한다고 생각한 이유는 무엇인가?

결과 (Result)	평가	규칙을 어느 정도나 준수하였는가?
		그렇게 준수할 수 있었던 이유는 무엇이었는가?
		업무의 성과는 어느 정도였는가?
		성과에 만족하였는가?
		비슷한 상황이 온다면 어떻게 할 것인가?
	피드백	주변 사람들로부터 어떤 평가를 받았는가?
		그러한 평가에 만족하는가?
		다른 사람에게 본인의 행동이 영향을 주었다고 생각하는가?
	교훈	업무수행 과정에서 중요한 점은 무엇이라고 생각하는가?
		이 경험을 통해 느낀 바는 무엇인가?

2. 상황 면접

① 상황 면접의 특징

직무 관련 상황을 가정하여 제시하고 이에 대한 대응능력을 직무관련성 측면에서 평가하는 면접입니다.

- 상황 면접 과제의 구성은 크게 2가지로 구분
  - 상황 제시(Description) / 문제 제시(Question or Problem)
- 현장의 실제 업무 상황을 반영하여 과제를 제시하므로 직무분석이나 직무전문가 워크숍 등을 거쳐 현장성을 높임
- 문제는 상황에 대한 기본적인 이해능력(이론적 지식)과 함께 실질적 대응이나 변수 고려능력(실천적 능력) 등을 고르게 질문해야 함

상황 면접의 형태

[면접관 1] [면접관 2]

[연기자 1] [연기자 2]　　　　　　　　　　[면접관 1] [면접관 2]

[지원자]　　　　　　　　[지원자 1] [지원자 2] [지원자 3]

〈시뮬레이션〉　　　　　　　〈문답형〉

② 상황 면접 예시

상황 제시	인천공항 여객터미널 내에는 다양한 용도의 시설(사무실, 통신실, 식당, 전산실, 창고 면세점 등)이 설치되어 있습니다.	실제 업무 상황에 기반함
	금년에 소방배관의 누수가 잦아 메인 배관을 교체하는 공사를 추진하고 있으며, 당신 은 이번 공사의 담당자입니다.	배경 정보
	주간에는 공항 운영이 이루어져 주로 야간에만 배관 교체 공사를 수행하던 중, 시공하 는 기능공의 실수로 배관 연결 부위를 잘못 건드려 고압배관의 소화수가 누출되는 사고가 발생하였으며, 이로 인해 인근 시설물에 누수에 의한 피해가 발생하였습니다.	구체적인 문제 상황
문제 제시	일반적인 소방배관의 배관연결(이음)방식과 배관의 이탈(누수)이 발생하는 원인 에 대해 설명해 보시오.	문제 상황 해결을 위한 기본 지식 문항
	담당자로서 본 사고를 현장에서 긴급히 처리하는 프로세스를 제시하고, 보수완료 후 사후적 조치가 필요한 부분 및 재발방지 방안에 대해 설명해 보시오.	문제 상황 해결을 위한 추가 대응 문항

3. 발표 면접

① 발표 면접의 특징
- 직무관련 주제에 대한 지원자의 생각을 정리하여 의견을 제시하고, 발표 및 질의응답을 통해 지원자의 직무능력을 평가하는 면접입니다.
- 발표 주제는 직무와 관련된 자료로 제공되며, 일정 시간 후 지원자가 보유한 지식 및 방안에 대한 발표 및 후속 질문을 통해 직무적합성을 평가합니다.

- 주요 평가요소
  - 설득적 말하기 / 발표능력 / 문제해결능력 / 직무관련 전문성
- 이미 언론을 통해 공론화된 시사 이슈보다는 해당 직무분야에 관련된 주제가 발표면접의 과제로 선정되는 경우가 최근 들어 늘어나고 있음
- 짧은 시간 동안 주어진 과제를 빠른 속도로 분석하여 발표문을 작성하고 제한된 시간 안에 면접관에게 효과적인 발표를 진행하는 것이 핵심

발표 면접의 형태

[면접관 1]　[면접관 2]　　　　　　　[면접관 1]　[면접관 2]

[지원자]　　　　　　　　[지원자 1]　[지원자 2]　[지원자 3]
〈개별 과제 발표〉　　　　　　　〈팀 과제 발표〉

※ 면접관에게 시각적 효과를 사용하여 메시지를 전달하는 쌍방향 커뮤니케이션 방식
※ 심층면접을 보완하기 위한 방안으로 최근 많은 기업에서 적극 도입하는 추세

② 발표 면접 예시

1. 지시문

당신은 현재 A사에서 직원들의 성과평가를 담당하고 있는 팀원이다. 인사팀은 지난주부터 사내 조직문화관련 인터뷰를 하던 도중 성과평가제도에 관련된 개선 니즈가 제일 많다는 것을 알게 되었다. 이에 팀장님은 인터뷰 결과를 종합하려 성과평가제도 개선 아이디어를 A4용지에 정리하여 신속 보고할 것을 지시하셨다. 당신에게 남은 시간은 1시간이다. 자료를 준비하는 대로 당신은 팀원들이 모인 회의실에서 5분 간 발표할 것이며, 이후 질의응답을 진행할 것이다.

2. 배경자료

〈성과평가제도 개선에 대한 인터뷰〉

최근 A사는 회사 사세의 급성장으로 인해 작년보다 매출이 두 배 성장하였고, 직원 수 또한 두 배로 증가하였다. 회사의 성장은 임금, 복지에 대한 상승 등 긍정적인 영향을 주었으나 업무의 불균형 및 성과보상의 불평등 문제가 발생하였다. 또한 수시로 입사하는 신입직원과 경력직원, 퇴사하는 직원들까지 인원들의 잦은 변동으로 인해 평가해야 할 대상이 변경되어 현재의 성과평가제도로는 공정한 평가가 어려운 상황이다.

[생산부서 김상호]
우리 팀은 지난 1년 동안 생산량이 급증했기 때문에 수십 명의 신규인력이 급하게 채용되었습니다. 이 때문에 저희 팀장님은 신규 입사자들의 이름조차 기억 못할 때가 많이 있습니다. 성과평가를 제대로 하고 있는지 의문이 듭니다.

[마케팅 부서 김흥민]
개인의 성과평가의 취지는 충분히 이해합니다. 그러나 현재 평가는 실적기반이나 정성적인 평가가 많이 포함되어 있어 객관성과 공정성에는 의문이 드는 것이 사실입니다. 이러한 상황에서 평가제도를 재수립하지 않고, 인센티브에 계속 반영한다면, 평가제도에 대한 반감이 커질 것이 분명합니다.

[교육부서 홍경민]
현재 교육부서는 인사팀과 밀접하게 일하고 있습니다. 그럼에도 인사팀에서 실시하는 성과평가제도에 대한 이해가 부족한 것 같습니다.

[기획부서 김경호 차장]
저는 저의 평가자 중 하나가 연구부서의 팀장님인데, 일 년에 몇 번 같이 일하지 않는데 어떻게 저를 평가할 수 있을까요? 특히 연구팀은 저희가 예산을 배정하는데, 저에게는 좋지만….

4. 토론 면접

① 토론 면접의 특징
- 다수의 지원자가 조를 편성해 과제에 대한 토론(토의)을 통해 결론을 도출해가는 면접입니다.
- 의사소통능력, 팀워크, 종합인성 등의 평가에 용이합니다.

> - 주요 평가요소
>   - 설득적 말하기, 경청능력, 팀워크, 종합인성
> - 의견 대립이 명확한 주제 또는 채용분야의 직무 관련 주요 현안을 주제로 과제 구성
> - 제한된 시간 내 토론을 진행해야 하므로 적극적으로 자신 있게 토론에 임하고 본인의 의견을 개진할 수 있어야 함

토론 면접의 형태

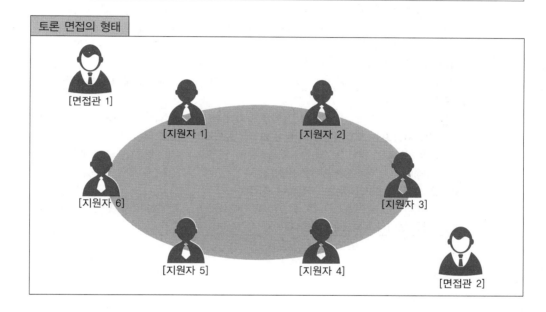

② 토론 면접 예시

고객 불만 고충처리

1. 들어가며

최근 우리 상품에 대한 고객 불만의 증가로 고객고충처리 TF가 만들어졌고 당신은 여기에 지원해 배치받았다. 당신의 업무는 불만을 가진 고객을 만나서 애로사항을 듣고 처리해 주는 일이다. 주된 업무로는 고객의 니즈를 파악해 방향성을 제시해 주고 그 해결책을 마련하는 일이다. 하지만 경우에 따라서 고객의 주관적인 의견으로 인해 제대로 된 방향으로 의사결정을 하지 못할 때가 있다. 이럴 경우 설득이나 논쟁을 해서라도 의견을 관철시키는 것이 좋을지 아니면 고객의 의견대로 진행하는 것이 좋을지 결정해야 할 때가 있다. 만약 당신이라면 이러한 상황에서 어떤 결정을 내릴 것인지 여부를 자유롭게 토론해 보시오.

2. 1분 자유 발언 시 준비사항

• 당신은 의견을 자유롭게 개진할 수 있으며 이에 따른 불이익은 없습니다.
• 토론의 방향성을 이해하고, 내용의 장점과 단점이 무엇인지 문제를 명확히 말해야 합니다.
• 합리적인 근거에 기초하여 개선방안을 명확히 제시해야 합니다.
• 제시한 방안을 실행 시 예상되는 긍정적·부정적 영향요인도 동시에 고려할 필요가 있습니다.

3. 토론 시 유의사항

• 토론 주제문과 제공해드린 메모지, 볼펜만 가지고 토론장에 입장할 수 있습니다.
• 사회자의 지정 또는 발표자가 손을 들어 발언권을 획득할 수 있으며, 사회자의 통제에 따릅니다.
• 토론회가 시작되면, 팀의 의견과 논거를 정리하여 1분간의 자유발언을 할 수 있습니다. 순서는 사회자가 지정합니다. 이후에는 자유롭게 상대방에게 질문하거나 답변을 하실 수 있습니다.
• 핸드폰, 서적 등 외부 매체는 사용하실 수 없습니다.
• 논제에 벗어나는 발언이나 지나치게 공격적인 발언을 할 경우, 위에서 제시한 유의사항을 지키지 않을 경우 불이익을 받을 수 있습니다.

---

1. 면접 Role Play 편성

- 교육생끼리 조를 편성하여 면접관과 지원자 역할을 교대로 진행합니다.
- 지원자 입장과 면접관 입장을 모두 경험해 보면서 면접에 대한 적응력을 높일 수 있습니다.

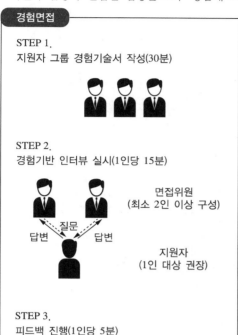

경험면접

STEP 1.
지원자 그룹 경험기술서 작성(30분)

STEP 2.
경험기반 인터뷰 실시(1인당 15분)

면접위원
(최소 2인 이상 구성)

질문

답변   답변

지원자
(1인 대상 권장)

STEP 3.
피드백 진행(1인당 5분)

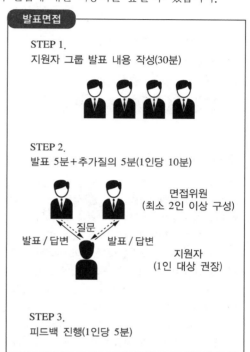

발표면접

STEP 1.
지원자 그룹 발표 내용 작성(30분)

STEP 2.
발표 5분+추가질의 5분(1인당 10분)

면접위원
(최소 2인 이상 구성)

질문

발표 / 답변   발표 / 답변

지원자
(1인 대상 권장)

STEP 3.
피드백 진행(1인당 5분)

Tip

면접 준비하기
1. 면접 유형 확인 필수
   - 기업마다 면접 유형이 상이하기 때문에 해당 기업의 면접 유형을 확인하는 것이 좋음
   - 일반적으로 실무진 면접, 임원면접 2차례에 거쳐 면접을 실시하는 기업이 많고 실무진 면접과 임원 면접에서 평가요소가 다르기 때문에 유형에 맞는 준비방법이 필요
2. 후속 질문에 대한 사전 점검
   - 블라인드 채용 면접에서는 주요 질문과 함께 후속 질문을 통해 지원자의 직무능력을 판단
     → STAR 기법을 통한 후속 질문에 미리 대비하는 것이 필요

05 | 국가철도공단 면접 기출질문

국가철도공단의 면접전형은 직업기초능력 면접과 직무수행능력 면접으로 나누어 이루어진다. 직업기초능력 면접은 인성 등 직업인이 갖추어야 할 기초능력을 평가하며, 평가항목으로는 의사소통능력, 직업윤리, 조직 적응력, 자기개발능력, 문제해결능력 등이 있다. 직무수행능력 면접은 직무수행에 요구되는 지식, 기술, 태도 를 평가하며, 평가항목으로는 직렬별 필요지식, 기술, 태도 등이 있다.

1. 2024년 기출질문

- 철도 안전을 위한 스마트 기술 적용 방안에 대해 설명해 보시오.
- 고속철도와 일반철도의 차이점을 설명하고, 각각의 장단점에 대해 말해 보시오.
- 철도 건설 과정에서 발생할 수 있는 환경 문제와 해결방법에 대해 말해 보시오.
- 4차 산업혁명 시대에 철도 산업이 나아가야 할 방향에 대해 말해 보시오.
- 팀 프로젝트에서 의견 충돌이 있었던 경험과 해결방법에 대해 말해 보시오.
- 팀 프로젝트에서 적응하지 못하는 팀원을 도와준 경험에 대해 말해 보시오.
- 공공기관 직원으로서 가장 필요한 자질이 무엇인지 말해 보시오.
- 직장상사의 비윤리적 행동을 목격한다면 어떻게 할 것인지 말해 보시오.
- 업무 중 스트레스를 받았을 때 대처방법에 대해 말해 보시오.
- 국가철도공단에 지원한 동기와 입사 후 포부에 대해 말해 보시오.

2. 2023년 기출질문

- 본인만의 강점을 자기소개와 연계하여 말해 보시오.
- 갈등 상황을 먼저 나서서 해결했던 경험이 있다면 말해 보시오.
- 인생에 있어서 중요하게 생각하는 3가지는 무엇인지 말해 보시오.
- 특이한 아이디어를 냈던 경험이 있다면 말해 보시오.
- 봉사활동을 한 경험이 있다면 말해 보시오.
- 본인이 생각하는 직업윤리란 무엇인지 말해 보시오.
- 윤리적 원칙을 지킨 경험이 있다면 말해 보시오.
- 본인의 이력을 어느 업무에 활용할 수 있을지 말해 보시오.

3. 2022년 기출질문

- 실패했다가 다시 도전한 경험이 있으면 말해 보시오.
- 다른 사람으로부터 창의적이라고 평가받은 경험이 있다면 말해 보시오.
- 국가철도공단에서 필요한 윤리의식은 무엇인지 말해 보시오.
- 철도 신호에 대해 아는 대로 설명해 보시오.
- 본인을 희생했던 경험이 있다면 말해 보시오.
- 본인이 어떤 부분에서 다른 지원자와 차별점이 있다고 보는지 말해 보시오.

4. 2021년 기출질문

- 간단하게 자기소개를 해 보시오.
- 국가철도공단의 인재상을 설명하고, 그중 본인이 가장 부합하는 인재상은 무엇인지 말해 보시오.
- 다른 지원자들과 다른 본인만의 차별점은 무엇인지 말해 보시오.
- 공공기관에서 가장 중요한 윤리적 가치는 무엇이라고 생각하는지 말해 보시오.
- 무언가를 계획하고 성취해 낸 경험이 있다면 말해 보시오.
- 본인의 전공으로 업무에 어떻게 기여할 수 있는지 말해 보시오.
- 다수의 사람을 설득해 본 경험이 있다면 말해 보시오.
- 기존과 다른 방식으로 접근하여 문제를 해결해 본 경험이 있다면 말해 보시오.

5. 2020년 기출질문

- 국가철도공단에서 중요하게 생각하는 것이 무엇일지 말해 보시오.
- 국가철도공단에 들어오면 하고 싶은 직무가 무엇인지 말해 보시오.
- 스트레스를 받거나 힘이 들 때 이겨내는 본인만의 방법이 있다면 말해 보시오.
- 이기심을 이타심으로 바꾸기 위해 할 수 있는 일에 대해 말해 보시오.
- 본인의 아이디어를 남에게 양보한 경험이 있다면 말해 보시오.
- 살면서 중요시하는 가치와 이를 지향하기 위해 한 일이 있다면 말해 보시오.
- 중장기적인 일을 계획하고 실천한 경험이 있다면 말해 보시오.
- 본인의 일상생활을 개선한 경험이 있다면 말해 보시오.
- 다른 공공기관이 아닌 국가철도공단에 지원한 이유를 말해 보시오.
- 자갈궤도와 콘크리트궤도의 특징을 비교하여 설명해 보시오.

6. 과년도 기출질문

- (차량 종류) 직무와 관련하여 아는 대로 설명해 보시오
- 차단기용량 계산 시 단락전류 계산에 대해 설명해 보시오.
- 가장 절실하게 노력해 본 경험이 있다면 말해 보시오.
- 한국철도시설공단과 코레일의 차이에 대해 말해 보시오.
- KTX나 SRT를 이용하면서 불편했던 점이 있다면 말해 보시오.
- 같이 일하기 힘든 사람은 어떤 사람이라고 생각하는지 말해 보시오.
- 살면서 본인이 가장 윤리적이라고 생각했던 경험을 말해 보시오.
- 본인이 했던 가장 도전적인 경험을 하나만 말해 보시오.
- 창의력을 발휘했던 경험이 있다면 말해 보시오.
- 한국철도공사와 한국철도시설공단의 분리 / 통합 중 어느 것이 더 나은지 이유와 함께 말해 보시오.
- 주변과 화합하며 일해 본 경험이 있다면 말해 보시오.
- 이전 경력이 있는데 왜 한국철도시설공단으로 이직하게 되었는가?
- 4차 산업혁명을 지원한 직무에 어떻게 적용할 수 있겠는가?
- 악성 민원에 대처하는 본인만의 방법이 있다면 말해 보시오.
- 본인을 뽑아야 하는 이유를 말해 보시오.
- 본인과 반대되는 의견을 가진 사람을 설득했던 경험이 있다면 말해 보시오.
- 무엇이든 목표를 세우고 그 목표를 이룬 경험이 있다면 말해 보시오.
- 사회적 정의를 이룬 경험이 있다면 말해 보시오.
- 기존과 다른 방식으로 문제를 해결한 경험이 있다면 말해 보시오.
- 본인과 맞지 않는 상사가 있다면 어떻게 행동하겠는가?
- 본인의 별명에 대해 말해 보시오.
- 행복이란 무엇이라고 생각하는지 말해 보시오.
- 살면서 힘들었던 경험이 있다면 말해 보시오.
- 한국철도시설공단의 비전에 대해 말해 보시오.
- 기차는 어떻게 움직이는지 설명해 보시오.
- 터널의 종류를 아는 대로 설명해 보시오.
- 도로와 철도의 차이를 설명해 보시오.
- 한국철도시설공단의 부채 감축 아이디어가 있다면 말해 보시오.
- PM에 대한 정의와 교통공학을 접목하여 과업 수행 시 방법을 설명해 보시오.
- 철도 운용 원가 절감을 위한 아이디어를 말해 보시오.
- 과거의 리더십과 현재의 리더십은 어떻게 다른지 말해 보시오.
- 조카와 함께 철도를 타게 된 상황에서 어린 조카에게 철도를 이용할 때의 장점을 설명해 보시오.
- 한국철도시설공단이 하는 일은 무엇인지 말해 보시오.
- 한국철도시설공단에서 하고 싶은 일은 무엇인지 말해 보시오.
- 한국철도시설공단에 입사하기 위해 어떤 경험을 쌓았는지 말해 보시오.
- 한국철도시설공단에서 발휘할 수 있는 본인의 세 가지 장점을 말해 보시오.
- 다른 사람들이 평가하는 본인의 단점은 무엇인지 말해 보시오.
- 단점을 극복한 경험이 있다면 말해 보시오.
- 본인의 능력보다 과분한 일이 주어졌을 때 어떻게 하겠는가?
- 나이가 어린 상사가 부당한 지시를 할 경우 어떻게 대처할 것인가?

현재 나의 실력을 객관적으로 파악해 보자!

모바일 OMR
답안채점 / 성적분석 서비스

도서에 수록된 모의고사에 대한 객관적인 결과(정답률, 순위)를 종합적으로 분석하여 제공합니다.

OMR 입력

성적분석

채점결과

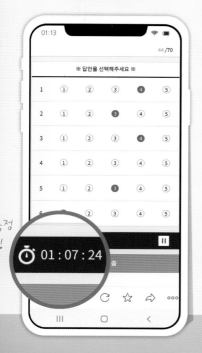

※OMR 답안채점 / 성적분석 서비스는 등록 후 30일간 사용 가능합니다.

도서 내 모의고사   로그인   '시작하기'   '응시하기'   나의 답안을   '성적분석 & 채점결과'   현재 내 실력
우측 상단에 위치한   하기   클릭   클릭   모바일 OMR   클릭   확인하기
QR코드 찍기   카드에 입력

시대에듀

공기업 취업을 위한 NCS
직업기초능력평가 시리즈

NCS부터 전공까지 완벽 학습 "통합서" 시리즈

공기업 취업의 기초부터 차근차근! 취업의 문을 여는 Master Key!

NCS 영역 및 유형별 체계적 학습 "집중학습" 시리즈

영역별 이론부터 유형별 모의고사까지! 단계별 학습을 통한 Only Way!

2025
전면개정판

SDC

국가철도공단

정답 및 해설

NCS+최종점검 모의고사 5회

편저 | SDC(Sidae Data Center)

기출복원문제부터
대표유형 및
모의고사까지

한 권으로
마무리!

SDC
SDC는 시대에듀 데이터 센터의 약자로
약 30만 개의 NCS · 적성 문제 데이터풀
바탕으로 최신 출제경향을 반영하여
문제를 출제합니다.

시대에듀

Add+

합격의 공식 시대에듀 www.sdedu.co.kr

2024년 주요 공기업
NCS 기출복원문제

01	02	03	04	05	06	07	08	09	10	11	12	13	14	15	16	17	18	19	20
③	④	⑤	③	②	③	①	③	④	⑤	②	③	③	①	④	②	①	⑤	①	②
21	22	23	24	25	26	27	28	29	30	31	32	33	34	35	36	37	38	39	40
①	④	③	③	②	③	②	②	②	④	②	④	③	④	①	③	②	④	③	③
41	42	43	44	45	46	47	48	49	50										
③	③	③	⑤	②	③	③	③	①	⑤										

01

정답 ③

제시된 시는 신라시대 6두품 출신의 문인인 최치원이 지은「촉규화」이다. 최치원은 자신을 향기 날리는 탐스런 꽃송이에 비유하여 뛰어난 학식과 재능을 뽐내고 있지만, 수레와 말 탄 사람에 비유한 높은 지위의 사람들이 자신을 외면하는 현실을 한탄하고 있다.

최치원

신라시대 6두품 출신의 문인으로, 12세에 당나라로 유학을 간 후 6년 만에 당의 빈공과에 장원으로 급제할 정도로 학문적 성취가 높았다. 그러나 당나라에서 제대로 인정을 받지 못했으며, 신라에 돌아와서도 6두품이라는 출신의 한계로 원하는 만큼의 관직에 오르지는 못하였다.「촉규화」는 최치원이 당나라 유학시절에 지은 시로 알려져 있으며, 자신을 알아주지 않는 시대에 대한 개탄을 담고 있다. 최치원은 인간 중심의 보편성과 그에 따른 다양성을 강조하였으며, 신라의 쇠퇴로 인해 이러한 그의 정치 이념과 사상은 신라 사회에서는 실현되지 못하였으나 이후 고려 국가의 체제 정비에 영향을 미쳤다.

02

정답 ④

네 번째 문단에서 백성들이 적지 않고, 토산품이 구비되어 있지만 이로운 물건이 세상에 나오지 않고, 그렇게 하는 방법을 모르기 때문에 경제를 윤택하게 하는 것 자체를 모른다고 하였다. 따라서 조선의 경제가 윤택하지 못한 이유는 생산량이 부족해서가 아니라 유통의 부재 때문으로 보고 있다.

오답분석

① 세 번째 문단에서 쓸모없는 물건을 사용하여 유용한 물건을 유통하고 거래하지 않는다면 유용한 물건들이 대부분 한 곳에 묶여서 고갈될 것이라고 하며 유통이 원활하지 않은 현실을 비판하고 있다.

② 세 번째 문단에서 옛날의 성인과 제왕은 유통의 중요성을 알고 있었기 때문에 주옥과 화폐 등의 물건을 조성하여 재물이 원활하게 유통될 수 있도록 노력했다고 하며 재물 유통을 위한 성현들의 노력을 제시하고 있다.

③ 여섯 번째 문단에서 재물을 우물에 비유하여 설명하고 있다. 재물의 소비를 하지 않으면 물을 길어내지 않는 우물처럼 말라 버릴 것이며, 소비를 한다면 물을 퍼내는 우물처럼 물이 가득할 것이라며 재물에 대한 소비가 경제의 규모를 늘릴 것이라고 강조하고 있다.

⑤ 여섯 번째 문단에서 비단옷을 입지 않으면 비단을 짜는 사람과 베를 짜는 여인 등 관련 산업 자체가 황폐해질 것이라고 하고 있다. 따라서 산업의 발전을 위한 적당한 사치(소비)가 있어야 함을 제시하고 있다.

03

'말로는 친한 듯 하나 속으로는 해칠 생각이 있음'을 뜻하는 한자성어는 '口蜜腹劍(구밀복검)'이다.
• 刻舟求劍(각주구검) : 융통성 없이 현실에 맞지 않는 낡은 생각을 고집하는 어리석음

오답분석
① 水魚之交(수어지교) : 아주 친밀하여 떨어질 수 없는 사이
② 結草報恩(결초보은) : 죽은 뒤에라도 은혜를 잊지 않고 갚음
③ 靑出於藍(청출어람) : 제자나 후배가 스승이나 선배보다 나음
④ 指鹿爲馬(지록위마) : 윗사람을 농락하여 권세를 마음대로 함

04

③에서 '뿐이다'는 체언(명사, 대명사, 수사)인 '셋'을 수식하므로 조사로 사용되었다. 따라서 앞말과 붙여 써야 한다.

오답분석
① 종결어미 '−는지'는 앞말과 붙여 써야 한다.
② '만큼'은 용언(동사, 형용사)인 '애쓴'을 수식하므로 의존명사로 사용되었다. 따라서 앞말과 띄어 써야 한다.
④ '큰지'와 '작은지'는 모두 연결어미 '−ㄴ지'로 쓰였으므로 앞말과 붙여 써야 한다.
⑤ '−판'은 앞의 '씨름'과 합성어를 이루므로 붙여 써야 한다.

05

'채이다'는 '차이다'의 잘못된 표기이다. 따라서 '차였다'로 표기해야 한다.
• 차이다 : 주로 남녀 관계에서 일방적으로 관계가 끊기다.

오답분석
① 금세 : 지금 바로. '금시에'의 준말
③ 핼쑥하다 : 얼굴에 핏기가 없고 파리하다.
④ 낯설다 : 전에 본 기억이 없어 익숙하지 아니하다.
⑤ 곰곰이 : 여러모로 깊이 생각하는 모양

06

한자어에서 'ㄹ' 받침 뒤에 연결되는 'ㄷ, ㅅ, ㅈ'은 된소리로 발음되므로 [몰쌍식]으로 발음해야 한다.

오답분석
①・④ 받침 'ㄴ'은 'ㄹ'의 앞이나 뒤에서 [ㄹ]로 발음하지만, 결단력, 공권력, 상견례 등에서는 [ㄴ]으로 발음한다.
② 받침 'ㄱ(ㄲ, ㅋ, ㄳ, ㄺ), ㄷ(ㅅ, ㅆ, ㅈ, ㅊ, ㅌ, ㅎ), ㅂ(ㅍ, ㄼ, ㄿ, ㅄ)'은 'ㄴ, ㅁ' 앞에서 [ㅇ, ㄴ, ㅁ]으로 발음한다.
⑤ 받침 'ㄷ, ㅌ(ㄾ)'이 조사나 접미사의 모음 'ㅣ'와 결합되는 경우에는 [ㅈ, ㅊ]으로 바꾸어서 뒤 음절 첫소리로 옮겨 발음한다.

07

$865 \times 865 + 865 \times 270 + 135 \times 138 - 405$
$= 865 \times 865 + 865 \times 270 + 135 \times 138 - 135 \times 3$
$= 865 \times (865 + 270) + 135 \times (138 - 3)$
$= 865 \times 1,135 + 135 \times 135$
$= 865 \times (1,000 + 135) + 135 \times 135$
$= 865 \times 1,000 + (865 + 135) \times 135$
$= 865,000 + 135,000$
$= 1,000,000$
따라서 식을 계산하여 나온 수의 백의 자리는 0, 십의 자리는 0, 일의 자리는 0이다.

08

터널의 길이를 xm라 하면 다음과 같은 식이 성립한다.

$\dfrac{x+200}{60} : \dfrac{x+300}{90} = 10 : 7$

$\dfrac{x+300}{90} \times 10 = \dfrac{x+200}{60} \times 7$

$\longrightarrow 600(x+300) = 630(x+200)$

$\longrightarrow 30x = 54,000$

$\therefore x = 1,800$

따라서 터널의 길이는 1,800m이다.

09

나열된 수의 규칙은 (첫 번째 수)×[(두 번째 수)−(세 번째 수)]=(네 번째 수)이다.
따라서 빈칸에 들어갈 수는 9×(16−9)=63이다.

10

제시된 수열은 +3, +5, +7, +9, ⋯ 씩 증가하는 수열이다.
따라서 빈칸에 들어갈 수는 97+21=118이다.

11

A반과 B반 모두 2번의 경기를 거쳐 결승에 만나는 경우는 다음과 같다.

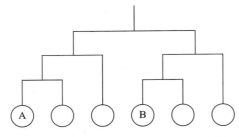

이때 남은 네 반을 배치할 때마다 모두 다른 경기가 진행되므로 구하고자 하는 경우의 수는 4!=24가지이다.

12

첫 번째 조건에 따라 ①, ②는 70대 이상에서 도시의 여가생활 만족도(1.7점)가 같은 연령대의 농촌(ㄹ) 만족도(3.5점)보다 낮으므로 제외되고, 두 번째 조건에 따라 도시에서 10대의 여가생활 만족도는 농촌에서 10대(1.8점)의 2배보다 높으므로 1.8×2=3.6점을 초과해야 하나 ④는 도시에서 10대(ㄱ)의 여가생활 만족도가 3.5점이므로 제외된다. 또한, 세 번째 조건에 따라 ⑤는 도시에서 여가생활 만족도가 가장 높은 연령대인 40대(3.9점)보다 30대(ㄴ)가 4.0점으로 높으므로 제외된다.
따라서 마지막 조건까지 만족하는 것은 ③이다.

13

가격을 10,000원 인상할 때 판매량은 (10,000−160)개이고, 20,000원 인상할 때 판매량은 (10,000−320)개이다. 또한, 가격을 10,000원 인하할 때 판매량은 (10,000+160)개이고, 20,000원 인하할 때 판매량은 (10,000+320)개이다. 그러므로 가격이 (500,000+10,000x)원일 때 판매량은 (10,000−160x)개이므로, 총 판매금액을 y원이라 하면 (500,000+10,000x)×(10,000−160x)원이 된다.

y는 x에 대한 이차식이므로 이를 표준형으로 표현하면 다음과 같다.

$$y=(500,000+10,000x)\times(10,000-160x)$$
$$=-1,600,000\times(x+50)\times(x-62.5)$$
$$=-1,600,000\times(x^2-12.5x-3,125)$$
$$=-1,600,000\times\left(x-\frac{25}{4}\right)^2+1,600,000\times\left(\frac{25}{4}\right)^2+1,600,000\times3,125$$

따라서 $x=\dfrac{25}{4}$일 때 총판매금액이 최대이지만 가격은 10,000원 단위로만 변경할 수 있으므로 $\dfrac{25}{4}$와 가장 가까운 자연수인 $x=6$일 때 총판매금액이 최대가 되고, 제품의 가격은 500,000+10,000×6=560,000원이 된다.

14

방사형 그래프는 여러 평가 항목에 대하여 중심이 같고 크기가 다양한 원 또는 다각형을 도입하여 구역을 나누고, 각 항목에 대한 도수 등을 부여하여 점을 찍은 후 그 점끼리 이어 생성된 다각형으로 자료를 분석할 수 있다. 따라서 방사형 그래프인 ①을 사용하면 항목별 균형을 쉽게 파악할 수 있다.

15

3월의 경우 K톨게이트를 통과한 영업용 승합차 수는 229천 대이고, 영업용 대형차 수는 139천 대이다.
139×2=278>229이므로 3월의 영업용 승합차 수는 영업용 대형차 수의 2배 미만이다.
따라서 모든 달에서 영업용 승합차 수는 영업용 대형차 수의 2배 이상이 아니므로 옳지 않은 설명이다.

오답분석
① 월별 전체 승용차 수와 전체 승합차 수의 합은 다음과 같다.
  • 1월 : 3,807+3,125=6,932천 대
  • 2월 : 3,555+2,708=6,263천 대
  • 3월 : 4,063+2,973=7,036천 대
  • 4월 : 4,017+3,308=7,325천 대
  • 5월 : 4,228+2,670=6,898천 대
  • 6월 : 4,053+2,893=6,946천 대
  • 7월 : 3,908+2,958=6,866천 대
  • 8월 : 4,193+3,123=7,316천 대
  • 9월 : 4,245+3,170=7,415천 대
  • 10월 : 3,977+3,073=7,050천 대
  • 11월 : 3,953+2,993=6,946천 대
  • 12월 : 3,877+3,040=6,917천 대
  따라서 전체 승용차 수와 전체 승합차 수의 합이 가장 많은 달은 9월이고, 가장 적은 달은 2월이다.
② 4월을 제외하고 K톨게이트를 통과한 비영업용 승합차 수는 월별 3,000천 대(=300만 대)를 넘지 않는다.
③ 모든 달에서 (영업용 대형차 수)×10 ≥ (전체 대형차 수)이므로 영업용 대형차 수의 비율은 모든 달에서 전체 대형차 수의 10% 이상이다.
⑤ 승용차가 가장 많이 통과한 달은 9월이고, 이때 영업용 승용차 수의 비율은 9월 전체 승용차 수의 $\dfrac{140}{4,245}\times100≒3.3\%$로 3% 이상이다.

16

제시된 열차의 부산역 도착시간을 계산하면 다음과 같다.
• KTX
  8:00(서울역 출발) → 10:30(부산역 도착)
• ITX-청춘
  7:20(서울역 출발) → 8:00(대전역 도착) → 8:15(대전역 출발) → 11:05(부산역 도착)
• ITX-마음
  6:40(서울역 출발) → 7:20(대전역 도착) → 7:35(대전역 출발) → 8:15(울산역 도착) → 8:30(울산역 출발) → 11:00(부산역 도착)
• 새마을호
  6:30(서울역 출발) → 7:30(대전역 도착) → 7:40(ITX-마음 출발 대기) → 7:55(대전역 출발) → 8:55(울산역 도착) → 9:10(울산역 출발) → 10:10(동대구역 도착) → 10:25(동대구역 출발) → 11:55(부산역 도착)
• 무궁화호
  5:30(서울역 출발) → 6:50(대전역 도착) → 7:05(대전역 출발) → 8:25(울산역 도착) → 8:35(ITX-마음 출발 대기) → 8:50(울산역 출발) → 10:10(동대구역 도착) → 10:30(새마을호 출발 대기) → 10:45(동대구역 출발) → 12:25(부산역 도착)
따라서 가장 늦게 도착하는 열차는 무궁화호로, 12시 25분에 부산역에 도착한다.

[오답분석]
① ITX-청춘은 11시 5분에 부산역에 도착하고, ITX-마음은 11시에 부산역에 도착한다.
③ ITX-마음은 정차역인 대전역과 울산역에서 다른 열차와 시간이 겹치지 않는다.
④ 부산역에 가장 빨리 도착하는 열차는 KTX로, 10시 30분에 도착한다.
⑤ 무궁화호는 울산역에서 8시 15분에 도착한 ITX-마음으로 인해 8시 35분까지 대기하며, 동대구역에서 10시 10분에 도착한 새마을호로 인해 10시 30분까지 대기한다.

17

A과장과 팀원 1명은 7시 30분까지 K공사에서 사전 회의를 가져야 하므로 8시에 출발하는 KTX만 이용할 수 있다. 남은 팀원 3명은 11시 30분까지 부산역에 도착해야 하므로 10시 30분에 도착하는 KTX, 11시 5분에 도착하는 ITX-청춘, 11시에 도착하는 ITX-마음을 이용해야 한다. 이 중 가장 저렴한 열차를 이용해야 하므로 ITX-마음을 이용한다. 따라서 KTX 2인, ITX-마음 3인의 요금을 계산하면 (59,800×2)+(42,600×3)=119,600+127,800=247,400원이다.

18

A는 B의 부정적인 의견들을 구조화하여 B가 그러한 논리를 가지게 된 궁극적 원인인 경쟁력 부족을 찾아내었고, 이러한 원인을 해소할 수 있는 방법을 찾아 자신의 계획을 재구축하여 B에게 설명하였다. 따라서 제시문에서 나타난 논리적 사고의 구성요소는 '상대 논리의 구조화'이다.

[오답분석]
① 설득 : 논증을 통해 나의 생각을 다른 사람에게 이해·공감시키고, 타인이 내가 원하는 행동을 하도록 하는 것이다.
② 구체적인 생각 : 상대가 말하는 것을 잘 알 수 없을 때, 이미지를 떠올리거나 숫자를 활용하는 등 구체적인 방법을 활용하여 생각하는 것이다.
③ 생각하는 습관 : 논리적 사고를 개발하기 위해 일상적인 모든 것에서 의문점을 가지고 그 원인을 생각해 보는 습관이다.
④ 타인에 대한 이해 : 나와 상대의 주장이 서로 반대될 때, 상대의 주장 전부를 부정하지 않고 상대의 인격을 존중하는 것이다.

19

마지막 조건에 따라 C는 두 번째에 도착하게 되고, 첫 번째 조건에 따라 A - B가 순서대로 도착했으므로 A, B는 첫 번째로 도착할 수 없다. 또한 두 번째 조건에 따라 D는 E보다 늦어야 하므로 가능한 경우를 정리하면 다음과 같다.

구분	첫 번째	두 번째	세 번째	네 번째	다섯 번째
경우 1	E	C	A	B	D
경우 2	E	C	D	A	B

따라서 E는 항상 가장 먼저 도착했다.

20

전제 1의 전건(P)인 'TV를 오래 보면'은 후건(Q)인 '눈이 나빠진다.'가 성립하는 충분조건이며, 후건은 전건의 필요조건이 된다(P → Q). 그러나 삼단논법에서 단순히 전건을 부정한다고 해서 후건 또한 부정되지는 않는다(~ P → ~ Q, 역의 오류). 철수가 TV를 오래 보지 않아도 눈이 나빠질 수 있는 가능성은 얼마든지 있기 때문이다. 이러한 형식적 오류를 '전건 부정의 오류'라고 한다.

오답분석

① 사개명사의 오류 : 삼단논법에서 개념이 4개일 때 성립하는 오류이다(A는 B이고, A와 C는 모두 D이다. 따라서 B는 C이다).
③ 후건 긍정의 오류 : 후건을 긍정한다고 전건 또한 긍정이라고 하는 오류이다(P → Q이므로 Q → P이다. 이의 오류).
④ 선언지 긍정의 오류 : 어느 한 명제를 긍정하는 것이 필연적으로 다른 명제의 부정을 도출한다고 여기는 오류이다(A는 B와 C이므로 A가 B라면 반드시 C는 아니다. ∵ B와 C 둘 다 해당할 가능성이 있음).
⑤ 매개념 부주연의 오류 : 매개념(A)이 외연 전부(B)에 대하여 성립되지 않을 때 발생하는 오류이다(A는 B이고, C는 B이므로 A는 C이다).

21

K공단에서 위촉한 자문 약사는 다제약물 관리사업 대상자가 먹고 있는 약물의 복용상태, 부작용, 중복 등을 종합적으로 검토하고 그 결과를 바탕으로 상담, 교육 및 처방조정 안내를 실시한다. 또한 우리나라는 2000년에 시행된 의약 분업의 결과, 일부 예외사항을 제외하면 약사는 환자에게 약물의 처방을 할 수 없다. 따라서 약사는 환자의 약물점검 결과를 의사에게 전달하여 처방에 반영될 수 있도록 할 뿐 직접적인 처방을 할 수는 없다.

오답분석

② 다제약물 관리사업으로 인해 중복되는 약물을 파악하고 조치할 수 있다. 실제로 세 번째 문단의 다제약물 관리사업 평가에서 효능이 유사한 약물을 중복해서 복용하는 환자가 40.2% 감소되는 등의 효과가 확인되었다.
③ 다제약물 관리사업은 10종 이상의 약을 복용하는 만성질환자를 대상으로 약물관리 서비스를 제공하는 사업이다.
④ 병원의 경우 입원 및 외래환자를 대상으로 의사, 약사 등으로 구성된 다학제팀이 약물관리 서비스를 제공하는 반면, 지역사회에 서는 다학제 협업 시스템이 미흡하다는 의견이 나오고 있다. 이에 K공단은 도봉구 의사회와 약사회, 전문가로 구성된 지역협의체를 구성하여 의·약사 협업 모형을 개발하였다.

22

제시문의 첫 번째 문단은 아토피 피부염의 정의를 나타내므로 이어서 연결될 수 있는 문단은 아토피 피부염의 원인을 설명하는 (라) 문단이다. 또한, (가) 문단의 앞부분 내용이 (라) 문단의 뒷부분과 연계되므로 (가) 문단이 다음에 오는 것이 적절하다. 그리고 (나) 문단의 첫 번째 문장에서 앞의 약물치료와 더불어 일상생활에서의 예방법을 말하고 있으므로 (나) 문단의 앞에는 아토피 피부염의 약물치료 방법인 (다) 문단이 오는 것이 가장 자연스럽다. 따라서 (라) - (가) - (다) - (나)의 순서로 나열해야 한다.

23

정답 ③

제시문은 뇌경색이 발생하는 원인과 발생했을 때 치료 방법을 소개하고 있다. 따라서 글의 주제로 가장 적절한 것은 '뇌경색의 발병 원인과 치료 방법'이다.

오답분석

① 뇌경색의 주요 증상에 대해서는 제시문에서 언급하고 있지 않다.
② 뇌경색 환자는 기전에 따라 항혈소판제나 항응고제 약물 치료를 한다고 하였지만, 글의 전체 내용을 담는 주제는 아니다.
④ 뇌경색이 발생했을 때의 조치사항은 제시문에서 언급하고 있지 않다.

24

정답 ③

2021년의 건강보험료 부과 금액은 전년 대비 69,480−63,120=6,360십억 원 증가하였다. 이는 2020년 건강보험료 부과 금액의 10%인 63,120×0.1=6,312십억 원보다 크므로 2021년의 건강보험료 부과 금액은 전년 대비 10% 이상 증가하였음을 알 수 있다. 2022년 또한 76,775−69,480=7,295십억 > 69,480×0.1=6,948십억 원이므로 건강보험료 부과 금액은 전년 대비 10% 이상 증가하였다.

오답분석

① 제시된 자료를 통해 확인할 수 있다.
② 연도별 전년 대비 1인당 건강보험 급여비 증가액을 구하면 다음과 같다.
 • 2020년 : 1,400,000−1,300,000=100,000원
 • 2021년 : 1,550,000−1,400,000=150,000원
 • 2022년 : 1,700,000−1,550,000=150,000원
 • 2023년 : 1,900,000−1,700,000=200,000원
 따라서 1인당 건강보험 급여비가 전년 대비 가장 크게 증가한 해는 2023년이다.
④ 2019년 대비 2023년의 1인당 건강보험 급여비 증가율은 $\frac{1,900,000-1,300,000}{1,300,000}\times100≒46\%$이므로 40% 이상 증가하였다.

25

정답 ②

'잎이 넓다.'를 P, '키가 크다.'를 Q, '더운 지방에서 자란다.'를 R, '열매가 많이 맺힌다.'를 S라 하면, 첫 번째 명제는 P → Q, 두 번째 명제는 ~P → ~R, 네 번째 명제는 R → S이다. 두 번째 명제의 대우인 R → P와 첫 번째 명제인 P → Q에 따라 R → P → Q이므로 네 번째 명제가 참이 되려면 Q → S인 명제 또는 이와 대우 관계인 ~S → ~Q인 명제가 필요하다.

오답분석

① ~P → S이므로 참인 명제가 아니다.
③ 제시된 모든 명제와 관련이 없는 명제이다.
④ R → Q와 대우 관계인 명제이지만, 네 번째 명제가 참임을 판단할 수 없다.

26

정답 ④

'풀을 먹는 동물'을 P, '몸집이 크다.'를 Q, '사막에서 산다.'를 R, '물속에서 산다.'를 S라 하면, 첫 번째 명제는 P → Q, 두 번째 명제는 R → ~S, 네 번째 명제는 S → Q이다. 네 번째 명제가 참이 되려면 두 번째 명제와 대우 관계인 S → ~R에 의해 ~R → P인 명제 또는 이와 대우 관계인 ~P → R인 명제가 필요하다.

오답분석

① Q → S로 네 번째 명제의 역이지만, 어떤 명제가 참이라고 해서 그 역이 반드시 참이 될 수는 없다.
② 제시된 모든 명제와 관련이 없는 명제이다.
③ R → Q이므로 참인 명제가 아니다.

27

모든 1과 사원은 가장 실적이 많은 2과 사원보다 실적이 많고, 3과 사원 중 일부는 가장 실적이 많은 2과 사원보다 실적이 적다.
따라서 3과 사원 중 일부는 모든 1과 사원보다 실적이 적다.

28

정답 ②

- A : 초청 목적이 6개월가량의 외국인 환자의 간병이므로 G-1-10 비자를 발급받아야 한다.
- B : 초청 목적이 국내 취업조건을 모두 갖춘 자의 제조업체 취업이므로 E-9-1 비자를 발급받아야 한다.
- C : 초청 목적이 K대학교 교환학생이므로 D-2-6 비자를 발급받아야 한다.
- D : 초청 목적이 국제기구 정상회의 참석이므로 A-2 비자를 발급받아야 한다.

29

정답 ②

나열된 수의 규칙은 [(첫 번째 수)+(두 번째 수)]×(세 번째 수)−(네 번째 수)=(다섯 번째 수)이다.
따라서 빈칸에 들어갈 수는 $(9+7)×5-1=79$이다.

30

정답 ④

두 주사위 A, B를 던져 나온 수를 각각 a, b라 할 때, 가능한 순서쌍 (a, b)의 경우의 수는 $6×6=36$가지이다.
이때 $a=b$의 경우의 수는 $(1, 1)$, $(2, 2)$, $(3, 3)$, $(4, 4)$, $(5, 5)$, $(6, 6)$인 6가지이므로 $a≠b$의 경우의 수는 $36-6=30$가지이다.
따라서 $a≠b$일 확률은 $\dfrac{30}{36}=\dfrac{5}{6}$이다.

31

정답 ②

$$\dfrac{(빨간색\ 공\ 2개\ 중\ 1개를\ 뽑는\ 경우의\ 수)×(노란색\ 공\ 3개\ 중\ 2개를\ 뽑는\ 경우의\ 수)}{(전체\ 공\ 5개\ 중\ 3개를\ 뽑는\ 경우의\ 수)}=\dfrac{_2C_1×_3C_2}{_5C_3}=\dfrac{2×3}{\dfrac{5×4×3}{3×2×1}}=\dfrac{3}{5}$$

32

정답 ④

A씨와 B씨가 만날 때 A씨의 이동거리와 B씨의 이동거리의 합은 산책로의 둘레 길이와 같다.
그러므로 두 번째 만났을 때 (A씨의 이동거리)+(B씨의 이동거리)=2×(산책로의 둘레 길이)이다. 이때 A씨가 출발 후 x시간이 지났다면 다음 식이 성립한다.

$$3x+7\left(x-\dfrac{1}{2}\right)=4$$

$$\rightarrow 3x+7x-\dfrac{7}{2}=4$$

$$\therefore x=\dfrac{15}{20}$$

그러므로 $\dfrac{15}{20}$시간, 즉 45분이 지났음을 알 수 있다.
따라서 A씨와 B씨가 두 번째로 만날 때의 시각은 오후 5시 45분이다.

33

모니터 화면을 분할하는 단축키는 '〈Window 로고 키〉+〈화살표 키〉'이다. 임의의 폴더나 인터넷 창 등이 열린 상태에서 '〈Window 로고 키〉+〈왼쪽 화살표 키〉'를 입력하면 모니터 중앙을 기준으로 절반씩 좌우로 나눈 후 열린 폴더 및 인터넷 창 등을 왼쪽 절반 화면으로 밀어서 띄울 수 있다. 이 상태에서 다른 폴더나 인터넷 창 등을 열고 '〈Window 로고 키〉+〈오른쪽 화살표 키〉'를 입력하면 같은 형식으로 오른쪽이 활성화된다. 또한, 왼쪽 또는 오른쪽으로 분할된 상태에서 〈Window 로고 키〉+〈위쪽 / 아래쪽 화살표 키〉'를 입력하여 최대 4분할까지 가능하다. 단 '〈Window 로고 키〉+〈위쪽 / 아래쪽 화살표 키〉'를 먼저 입력하여 화면을 상하로 분할할 수는 없다. 좌우 분할이 안 된 상태에서 '〈Window 로고 키〉+〈위쪽 / 아래쪽 화살표 키〉'를 입력하면 창을 최소화 / 원래 크기 / 최대 크기로 변경할 수 있다.

34

'〈Window 로고 키〉+〈D〉'를 입력하면 활성화된 모든 창을 최소화하고 바탕화면으로 돌아갈 수 있으며, 이 상태에서 다시 '〈Window 로고 키〉+〈D〉'를 입력하면 단축키를 입력하기 전 상태로 되돌아간다. 비슷한 기능을 가진 단축키로 '〈Window 로고 키〉+〈M〉'이 있지만, 입력하기 전 상태의 화면으로 되돌아갈 수는 없다.

[오답분석]
① 〈Window 로고 키〉+〈R〉 : 실행 대화 상자를 여는 단축키이다.
② 〈Window 로고 키〉+〈I〉 : 설정 창을 여는 단축키이다.
③ 〈Window 로고 키〉+〈L〉 : PC를 잠그거나 계정을 전환하기 위해 잠금화면으로 돌아가는 단축키이다.

35

특정 텍스트를 다른 텍스트로 수정하는 함수는 「=SUBSTITUTE(참조 텍스트, 수정해야 할 텍스트, 수정한 텍스트, [위치])」이며, [위치]가 빈칸이면 모든 수정해야 할 텍스트가 수정한 텍스트로 수정된다.
따라서 입력해야 할 함수식은 「=SUBSTITUTE("서울특별시 영등포구 홍제동", "영등포", "서대문")」이다.

[오답분석]
② IF(조건, 참일 때 값, 거짓일 때 값) 함수는 조건부가 참일 때 TRUE 값을 출력하고, 거짓일 때 FALSE 값을 출력하는 함수이다.
"서울특별시 영등포구 홍제동"="영등포"는 항상 거짓이므로 빈칸으로 출력된다.
③ MOD(수, 나눌 수) 함수는 입력한 수를 나눌 수로 나누었을 때 나머지를 출력하는 함수이므로 텍스트를 입력하면 오류가 발생한다.
④ NOT(인수) 함수는 입력된 인수를 부정하는 함수이며, 인수는 1개만 입력할 수 있다.

36

제시된 조건이 포함되는 셀의 수를 구하는 조건부 함수를 사용한다. 따라서 「=COUNTIF(B2:B16, ">50000")」를 입력해야 한다.

37

지정된 자릿수 이하의 수를 버림하는 함수는 「=ROUNDDOWN(버림할 수, 버림할 자릿수)」이다. 따라서 입력해야 할 함수는 「=ROUNDDOWN((AVERAGE(B2:B16)), −2)」이다.

[오답분석]
① LEFT 함수는 왼쪽에서 지정된 차례까지의 텍스트 또는 인수를 출력하는 함수이다. 따라서 「=LEFT((AVERAGE(B2:B16)), 2)」를 입력하면 '65'가 출력된다.
② RIGHT 함수는 오른쪽에서 지정된 차례까지의 텍스트 또는 인수를 출력하는 함수이다. 따라서 「=RIGHT((AVERAGE(B2:B16)), 2)」를 입력하면 '33'이 출력된다.
③ ROUNDUP 함수는 지정된 자릿수 이하의 수를 올림하는 함수이다. 따라서 「=ROUNDUP((AVERAGE(B2:B16)), −2)」를 입력하면 '65,400'이 출력된다.

38

정답 ③

오전 10시부터 오후 12시까지 근무를 할 수 있는 사람은 B뿐이고, 오후 6시부터 오후 8시까지 근무를 할 수 있는 사람은 D뿐이다. A와 C가 남은 오후 12시부터 오후 6시까지 나누어 근무해야 하지만, A는 오후 5시까지 근무할 수 있고 모든 직원의 최소 근무시간은 2시간이므로 A가 오후 12시부터 4시까지 근무하고, C가 오후 4시부터 오후 6시까지 근무할 때 인건비가 최소이다.
각 직원의 근무시간과 인건비를 정리하면 다음과 같다.

직원	근무시간	인건비
B	오전 10:00 ~ 오후 12:00	$10,500 \times 1.5 \times 2 = 31,500$원
A	오후 12:00 ~ 오후 4:00	$10,000 \times 1.5 \times 4 = 60,000$원
C	오후 4:00 ~ 오후 6:00	$10,500 \times 1.5 \times 2 = 31,500$원
D	오후 6:00 ~ 오후 8:00	$11,000 \times 1.5 \times 2 = 33,000$원

따라서 가장 적은 인건비는 $31,500 + 60,000 + 31,500 + 33,000 = 156,000$원이다.

39

정답 ②

「COUNTIF(셀의 범위,"조건")」 함수는 어떤 범위에서 제시되는 조건이 포함되는 셀의 수를 구하는 함수이다. 판매량이 30개 이상인 과일의 수를 구해야 하므로 [C9] 셀에 들어갈 함수식은 「=COUNTIF(C2:C8,">=30")」이다.

오답분석

① MID 함수 : 지정한 셀의 텍스트의 일부를 추출하는 함수이다.
③ MEDIAN 함수 : 지정한 셀의 범위의 중간값을 구하는 함수이다.
④ AVERAGEIF 함수 : 어떤 범위에 포함되는 셀의 평균을 구하는 함수이다.
⑤ MIN 함수 : 지정한 셀의 범위의 최솟값을 구하는 함수이다.

40

정답 ③

팔로워십의 유형

구분	자아상	동료 / 리더의 시각	조직에 대한 자신의 느낌
소외형	• 자립적인 사람 • 일부러 반대의견 제시 • 조직의 양심	• 냉소적 • 부정적 • 고집이 셈	• 자신을 인정해 주지 않음 • 적절한 보상이 없음 • 불공정하고 문제가 있음
순응형	• 기쁜 마음으로 과업 수행 • 팀플레이를 함 • 리더나 조직을 믿고 헌신함	• 아이디어가 없음 • 인기 없는 일은 하지 않음 • 조직을 위해 자신의 요구를 양보	• 기존 질서를 따르는 것이 중요 • 리더의 의견을 거스르지 못함 • 획일적인 태도와 행동에 익숙함
실무형	• 조직의 운영 방침에 민감 • 사건을 균형 잡힌 시각으로 봄 • 규정과 규칙에 따라 행동함	• 개인의 이익을 극대화하기 위한 흥정에 능함 • 적당한 열의와 수완으로 업무 진행	• 규정 준수를 강조 • 명령과 계획의 빈번한 변경 • 리더와 부하 간의 비인간적 풍토
수동형	• 판단과 사고를 리더에 의존 • 지시가 있어야 행동	• 하는 일이 없음 • 제 몫을 하지 못함 • 업무 수행에는 감독이 필요	• 조직이 나의 아이디어를 원치 않음 • 노력과 공헌을 해도 소용이 없음 • 리더는 항상 자기 마음대로 함

41

정답 ③

갈등의 과정 단계

1. 의견 불일치 : 서로 생각이나 신념, 가치관, 성격이 다르므로 다른 사람들과의 의견 불일치가 발생한다. 의견 불일치는 상대방의 생각과 동기를 설명하는 기회를 주고 대화를 나누다 보면 오해가 사라지고 더 좋은 관계로 발전할 수 있지만, 그냥 내버려 두면 심각한 갈등으로 발전하게 된다.
2. 대결 국면 : 의견 불일치가 해소되지 않아 발생하며, 단순한 해결방안은 없고 다른 새로운 해결점을 찾아야 한다. 대결 국면에 이르게 되면 감정이 개입되어 상대방의 주장에 대한 문제점을 찾기 시작하고, 자신의 입장에 대해서는 그럴듯한 변명으로 옹호하면서 양보를 완강히 거부하는 상태에 이르는 등 상대방의 입장은 부정하면서 자기주장만 하려고 한다. 서로의 입장을 고수하려는 강도가 높아지면 긴장은 높아지고 감정적인 대응이 더욱 격화된다.
3. 격화 국면 : 상대방에 대하여 더욱 적대적으로 변하며, 설득을 통해 문제를 해결하기보다 강압적·위협적인 방법을 쓰려고 하며, 극단적인 경우 언어폭력이나 신체적 폭행으로 번지기도 한다. 상대방에 대한 불신과 좌절, 부정적인 인식이 확산되면서 갈등 요인이 다른 요인으로 번지기도 한다. 격화 국면에서는 상대방의 생각이나 의견, 제안을 부정하고, 상대방은 그에 대한 반격을 함으로써 자신들의 반격을 정당하게 생각한다.
4. 진정 국면 : 계속되는 논쟁과 긴장이 시간과 에너지를 낭비하고 있음을 깨달으며, 갈등상태가 무한정 유지될 수 없다는 것을 느끼고 흥분과 불안이 가라앉으면서 이성과 이해의 원상태로 돌아가려 한다. 이후 협상이 시작된다. 협상과정을 통해 쟁점이 되는 주제를 논의하고 새로운 제안을 하고 대안을 모색하게 된다. 진정 국면에서는 중개자, 조정자 등의 제3자가 개입함으로써 갈등 당사자 간에 신뢰를 쌓고 문제를 해결하는 데 도움이 되기도 한다.
5. 갈등의 해소 : 진정 국면에 들어서면 갈등 당사자들은 문제를 해결하지 않고는 자신들의 목표를 달성하기 어렵다는 것을 알게 된다. 모두가 만족할 수 없는 경우도 있지만, 불일치한 서로 간의 의견을 일치하려고 한다. 갈등의 해소는 회피형, 지배 또는 강압형, 타협형, 순응형, 통합 또는 협력형 등의 방법으로 이루어진다.

42

정답 ③

원만한 직업생활을 위해 직업인이 갖추어야 할 직업윤리는 근로윤리와 공동체윤리로 나누어지며, 각 윤리의 덕목은 다음과 같다.
- 근로윤리 : 일에 대한 존중을 바탕으로 근면하고, 성실하고, 정직하게 업무에 임하는 자세
  - 근면한 태도(㉠)
  - 정직한 행동(㉤)
  - 성실한 자세(㉣)
- 공동체윤리 : 인간존중을 바탕으로 봉사하며, 책임감 있게 규칙을 준수하고, 예의바른 태도로 업무에 임하는 자세
  - 봉사와 책임의식(㉡)
  - 준법성(㉢)
  - 예절과 존중(㉢)

43

정답 ③

직장 내 괴롭힘이 성립하려면 다음의 행위 요건이 성립해야 한다.
- 직장에서의 지위 또는 관계 등의 우위를 이용할 것
- 업무상 적정 범위를 넘는 행위일 것
- 신체적·정신적 고통을 주거나 근무환경을 악화시키는 행위일 것

A팀장이 지위를 이용하여 B사원에게 수차례 업무를 지시했지만 이는 업무상 필요성이 있는 정당한 지시이며, 완수해야 하는 적정 업무에 해당하므로 직장 내 괴롭힘으로 보기 어렵다.

[오답분석]
① 업무 이외에 개인적인 용무를 자주 지시하는 것은 업무상 적정 범위를 넘은 행위이다.
② 업무배제는 업무상 적정 범위를 넘은 행위로, 직장 내 괴롭힘의 주요 사례이다.
④ A대리는 동기인 B대리보다 지위상의 우위는 없으나, 다른 직원과 함께 수적 우위를 이용하여 괴롭혔으므로 직장 내 괴롭힘에 해당한다.
⑤ 지시나 주의, 명령행위의 모습이 폭행이나 과도한 폭언을 수반하는 등 사회 통념상 상당성을 결여하였다면 업무상 적정 범위를 넘었다고 볼 수 있으므로 직장 내 괴롭힘에 해당한다.

44

S는 자신의 일이 능력과 적성에 맞다 여기고 발전을 위해 열성을 가지고 성실히 노력하고 있다. 따라서 S의 사례에서 나타난 직업윤리 의식은 천직의식이다.

직업윤리 의식
- **소명의식** : 자신이 맡은 일은 하늘에 의해 맡겨진 일이라고 생각하는 태도이다.
- **천직의식** : 자신의 일이 자신의 능력과 적성에 꼭 맞는다 여기고 그 일에 열성을 가지고 성실히 임하는 태도이다.
- **직분의식** : 자신이 하고 있는 일이 사회나 기업을 위해 중요한 역할을 하고 있다고 믿고 자신의 활동을 수행하는 태도이다.
- **책임의식** : 직업에 대한 사회적 역할과 책무를 충실히 수행하고 책임을 다하는 태도이다.
- **전문가의식** : 자신의 일이 누구나 할 수 있는 것이 아니라 해당 분야의 지식과 교육을 밑바탕으로 성실히 수행해야만 가능한 것이라 믿고 수행하는 태도이다.
- **봉사의식** : 직업 활동을 통해 다른 사람과 공동체에 대하여 봉사하는 정신을 갖추고 실천하는 태도이다.

45

경력개발의 단계별 내용
1. 직업선택
   - 최대한 여러 직업의 정보를 수집하여 탐색한 후 나에게 적합한 최초의 직업을 선택함
   - 관련 학과 외부 교육 등 필요한 교육을 이수함
2. 조직입사
   - 원하는 조직에서 일자리를 얻음
   - 정확한 정보를 토대로 적성에 맞는 적합한 직무를 선택함
3. 경력 초기
   - 조직의 규칙과 규범에 대해 배움
   - 직업과 조직에 적응해 감
   - 역량(지식, 기술, 태도)을 증대시키고 꿈을 추구해 나감
4. 경력 중기
   - 경력 초기를 재평가하고 더 업그레이드된 꿈으로 수정함
   - 성인 중기에 적합한 선택을 하고 지속적으로 열심히 일함
5. 경력 말기
   - 지속적으로 열심히 일함
   - 자존심을 유지함
   - 퇴직 준비의 자세한 계획을 세움(경력 중기부터 준비하는 것이 바람직)

46

나열된 수는 짝수 개이므로 수를 작은 수부터 순서대로 나열했을 때, 가운데에 있는 두 수의 평균이 중앙값이다.

- 빈칸의 수가 7 이하인 경우 : 가운데에 있는 두 수는 7, 8이므로 중앙값은 $\dfrac{7+8}{2}=7.5$이다.

- 빈칸의 수가 8인 경우 : 가운데에 있는 두 수는 8, 8이므로 중앙값은 8이다.

- 빈칸의 수가 9 이상인 경우 : 가운데에 있는 두 수는 8, 9이므로 중앙값은 $\dfrac{8+9}{2}=8.5$이다.

따라서 중앙값이 8일 때 빈칸에 들어갈 수는 8이다.

47

정답 ②

$1 \sim 200$의 자연수 중에서 2, 3, 5 중 어느 것으로도 나누어떨어지지 않는 수의 개수는 각각 2의 배수, 3의 배수, 5의 배수가 아닌 수의 개수이다.

- $1 \sim 200$의 자연수 중 2의 배수의 개수 : $\frac{200}{2}=100$이므로 100개이다.

- $1 \sim 200$의 자연수 중 3의 배수의 개수 : $\frac{200}{3}=66 \cdots 2$이므로 66개이다.

- $1 \sim 200$의 자연수 중 5의 배수의 개수 : $\frac{200}{5}=40$이므로 40개이다.

- $1 \sim 200$의 자연수 중 6의 배수의 개수 : $\frac{200}{6}=33 \cdots 2$이므로 33개이다.

- $1 \sim 200$의 자연수 중 10의 배수의 개수 : $\frac{200}{10}=20$이므로 20개이다.

- $1 \sim 200$의 자연수 중 15의 배수의 개수 : $\frac{200}{15}=13 \cdots 5$이므로 13개이다.

- $1 \sim 200$의 자연수 중 30의 배수의 개수 : $\frac{200}{30}=6 \cdots 20$이므로 6개이다.

따라서 $1 \sim 200$의 자연수 중에서 2, 3, 5 중 어느 것으로도 나누어떨어지지 않는 수의 개수는 $200-[(100+66+40)-(33+20+13)+6]=200-(206-66+6)=54$개이다.

48

정답 ②

A지점에서 출발하여 최단거리로 B지점에 도착하기까지 가능한 경로의 수를 구하면 다음과 같다.

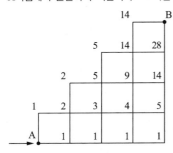

따라서 구하고자 하는 경로의 수는 $14+28=42$가지이다.

49

정답 ①

분침은 60분에 1바퀴 회전하므로 1분 지날 때 분침은 $\frac{360}{60}=6°$ 움직이고, 시침은 12시간에 1바퀴 회전하므로 1분 지날 때 시침은 $\frac{360}{12 \times 60}=0.5°$ 움직인다.

따라서 4시 30분일 때 시침과 분침이 만드는 작은 부채꼴의 각도는 $6 \times 30-0.5 \times (60 \times 4+30)=180-135=45°$이므로, 부채꼴의 넓이와 전체 원의 넓이의 비는 $\frac{45}{360}=\frac{1}{8}$이다.

50

⑤

2020 ~ 2023년 동안 전년 대비 전체 설비 발전량의 증감량과 신재생 설비 발전량의 증가량은 다음과 같다.
• 2020년
  전체 설비 발전량 : $563,040-570,647=-7,607$GWh, 신재생 설비 발전량 : $33,500-28,070=5,430$GWh
• 2021년
  전체 설비 발전량 : $552,162-563,040=-10,878$GWh, 신재생 설비 발전량 : $38,224-33,500=4,724$GWh
• 2022년
  전체 설비 발전량 : $576,810-552,162=24,648$GWh, 신재생 설비 발전량 : $41,886-38,224=3,662$GWh
• 2023년
  전체 설비 발전량 : $594,400-576,810=17,590$GWh, 신재생 설비 발전량 : $49,285-41,886=7,399$GWh
따라서 전체 설비 발전량의 증가량이 가장 많은 해는 2022년이고, 신재생 설비 발전량의 증가량이 가장 적은 해 또한 2022년이다.

오답분석

① 2020 ~ 2023년 기력 설비 발전량의 전년 대비 증감 추이는 '감소 − 감소 − 증가 − 감소'이지만, 전체 설비 발전량의 전년 대비 증감 추이는 '감소 − 감소 − 증가 − 증가'이다.
② 2019 ~ 2023년 전체 설비 발전량의 1%와 수력 설비 발전량을 비교하면 다음과 같다.
  • 2019년 : $7,270 > 570,647\times0.01 \fallingdotseq 5,706$GWh
  • 2020년 : $6,247 > 563,040\times0.01 \fallingdotseq 5,630$GWh
  • 2021년 : $7,148 > 552,162\times0.01 \fallingdotseq 5,522$GWh
  • 2022년 : $6,737 > 576,810\times0.01 \fallingdotseq 5,768$GWh
  • 2023년 : $7,256 > 594,400\times0.01 = 5,944$GWh
  따라서 2019 ~ 2023년 동안 수력 설비 발전량은 항상 전체 설비 발전량의 1% 이상이다.
③ 2019 ~ 2023년 전체 설비 발전량의 5%와 신재생 설비 발전량을 비교하면 다음과 같다.
  • 2019년 : $28,070 < 570,647\times0.05 \fallingdotseq 28,532$GWh
  • 2020년 : $33,500 > 563,040\times0.05 = 28,152$GWh
  • 2021년 : $38,224 > 552,162\times0.05 \fallingdotseq 27,608$GWh
  • 2022년 : $41,886 > 576,810\times0.05 \fallingdotseq 28,841$GWh
  • 2023년 : $49,285 > 594,400\times0.05 = 29,720$GWh
  따라서 2019년 신재생 설비 발전량은 전체 설비 발전량의 5% 미만이고, 그 외에는 5% 이상이다.
④ 신재생 설비 발전량은 꾸준히 증가하였지만 원자력 설비 발전량은 2022년에 전년 대비 감소하였다.

무언가를 위해 목숨을 버릴 각오가 되어 있지 않는 한
그것이 삶의 목표라는 어떤 확신도 가질 수 없다.

– 체 게바라 –

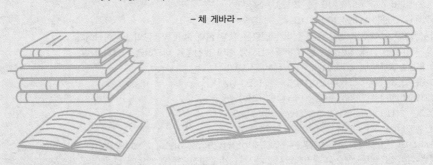

PART 1

합격의 공식 시대에듀 www.sdedu.co.kr

직업기초능력평가

01 | 의사소통능력

대표기출유형 01 | 기출응용문제

01
정답 ④

제시문에 따르면 '밝은 별이 반드시 어두운 별보다 가까이 있는 것은 아니다.'라고 했으므로 적절하지 않다.

오답분석
① 별의 거리는 밝기의 절대등급과 겉보기등급의 비교를 통해 확정된다고 하였으므로 절대등급과 겉보기등급은 다를 수 있다.
② 보통 별의 밝기는 거리의 제곱에 반비례해서 어두워진다고 하였으므로 별이 항상 같은 밝기를 가지고 있는 것은 아니다.
③ 삼각 측량법은 공전 궤도 반경을 알고 있기 때문에 거리를 측정할 수 있다고 했다.

02
정답 ③

제시문에서 실재론은 세계가 정신과 독립적으로 존재함을, 반실재론은 세계가 감각적으로 인식될 때만 존재함을 주장한다. 따라서 두 이론 모두 세계는 존재한다는 전제를 바탕으로 하고 있음을 알 수 있다.

오답분석
① 세 번째 문단에서 어떤 사람이 버클리의 주장을 반박하기 위해 돌을 발로 차서 날아간 돌이 존재한다는 사실을 증명하려고 하였으나, 반실재론을 제대로 반박한 것은 아니라고 하였다. 따라서 발로 차서 날아간 돌이 실재론자의 주장이 옳다는 사실을 증명하는 것은 아니다.
② 세계가 감각으로 인식될 때만 존재한다는 것은 반실재론자의 입장이다.
④ 버클리는 객관적 성질이라고 여겨지는 것들도 우리가 감각할 수 있을 때만 존재하는 주관적 속성이라고 하였다.

03
정답 ②

세 번째 문단에서 앞서 제시된 문제들이 있다 하더라도 언어의 소멸을 그저 바라볼 수만은 없다고 하였다.

오답분석
① 네 번째 문단을 통해 알 수 있다.
③·④ 두 번째 문단을 통해 알 수 있다.

대표기출유형 02 | 기출응용문제

01
정답 ②

제시문은 시장집중률의 정의와 측정 방법을 설명하고 그 의의에 대해 이야기하고 있다.

02

제시문에서는 시장 메커니즘의 부정적인 면을 강조하면서 인간과 자연이 어떠한 보호도 받지 못한 채 시장 메커니즘에 좌우된다면 사회가 견뎌낼 수 없을 것이라고 주장한다. 따라서 글의 주장으로 가장 적절한 것은 시장 메커니즘에 대한 적절한 제도적 보호 장치를 마련해야 한다는 ④이다.

[오답분석]

① 제시문은 무분별한 환경 파괴보다는 인간과 자연이라는 사회의 실패를 막기 위한 보호가 필요하다고 주장한다.

② 제시문은 구매력의 공급을 시장 기구의 관리에 맡기게 되면 영리 기업들은 주기적으로 파산하게 될 것이라고 주장한다.

③ 제시문은 시장 메커니즘이 인간의 존엄성을 파괴할 수 있다고 주장하지만, 한편으로는 시장 경제에 필수적인 존재임을 인정하므로 철폐되어야 한다는 주장은 적절하지 않다.

03

정답 ①

제시문은 유전자 치료를 위해 프로브와 겔 전기영동법을 통해 비정상적인 유전자를 찾아내는 방법을 설명하고 있다. 따라서 글의 주제로 가장 적절한 것은 ①이다.

대표기출유형 03 | 기출응용문제

01

정답 ③

제시된 글에서는 마그네틱 카드의 개발 및 원리에 대해 소개하고, 그 원리를 바탕으로 자석 접촉 시 데이터가 손상되는 단점과 이를 보완한 것이 IC 카드라고 설명하였다. (나) 문단에서는 데이터 손상의 방지 및 여러 기능의 추가가 가능한 점을 설명하고 있으며, (가)・(다) 문단에서는 메모리 및 프로세서 기능이 추가되었음을 설명하고 있다. 따라서 제시된 글 다음에는 (나) - (가) - (다) 순서로 나열해야 한다.

02

정답 ②

먼저 다문화정책의 두 가지 핵심을 밝히고 있는 (다)가 가장 앞에 와야 하고, (다)의 내용을 뒷받침하기 위해 프랑스를 사례로 든 (가)를 두 번째에 배치하는 것이 자연스럽다. 그 다음으로는 이민자에 대한 지원 촉구 및 다문화정책의 개선 등에 대한 내용이 이어지는 것이 글의 흐름상 적절하므로 이민자에 대한 배려의 필요성을 주장하는 (라)가 와야 하며, 다문화정책의 패러다임 전환을 주장하는 (나)가 이어져야 한다. 따라서 (다) - (가) - (라) - (나)의 순서로 나열해야 한다.

03

정답 ①

각 문단의 첫 문장을 고려하면 첫 번째에 배치될 수 있는 문단은 (가), (나), (라) 중에 하나다. 이 중 개념사의 출현에 대해 언급하고 있는 (라)가 가장 앞에 와야 하고, 코젤렉의 개념사와 개념에 대해 분석하는 (가)가 그 다음에 이어져야 한다. 이때 (가)의 마지막 문장과 (나)의 첫 번째 문장이 같은 내용을 다루고 있으므로, (가) 다음에는 (나)가 이어지는 것이 자연스러우며 '또한'으로 시작하며 개념사에 대해 부연설명하는 (마)가 오는 것이 적절하다. 그리고 '이상에서 보듯이'라는 표현을 통해 (다)가 가장 마지막에 와야 함을 알 수 있다. 따라서 (라) - (가) - (나) - (마) - (다)의 순서로 나열해야 한다.

01

첫 번째 문단에 따르면 범죄는 취잿감으로 찾아내기가 쉽고 편의에 따라 기사화할 수 있을 뿐만 아니라 범죄 보도를 통해 시청자의 관심을 끌 수 있기 때문에 언론이 범죄를 보도의 주요 소재로 삼지만, 지나친 범죄 보도는 범죄자나 범죄 피의자의 초상권을 침해하여 법적·윤리적 문제를 일으킨다. 따라서 마지막 문단의 내용처럼 범죄 보도가 초래하는 법적·윤리적 논란은 언론계 전체의 신뢰도에 치명적인 손상을 가져올 수도 있으며, 이러한 현상을 비유하기에 가장 적절한 표현은 '부메랑'이다. 부메랑은 그것을 던진 사람 자신에게 되돌아와 상처를 입힐 수도 있기 때문이다.

오답분석
① 시금석(試金石) : 귀금속의 순도를 판정하는 데 쓰는 검은색의 현무암이나 규질의 암석(층샛돌)을 뜻하며, 가치·능력·역량 등을 알아볼 수 있는 기준이 되는 기회나 사물을 비유적으로 이르는 말로도 쓰인다.
③ 아킬레스건(Achilles腱) : 치명적인 약점을 비유하는 말이다.
④ 악어의 눈물 : 일반적으로 강자가 약자에게 보이는 '거짓 눈물'을 비유하는 말이다.

02

• (가) : ⓒ은 빈칸 앞 문장의 '음원의 위치가 정중앙이 아니라 어느 한쪽으로 치우쳐 있으면, 소리가 두 귀 중에서 어느 한쪽에 먼저 도달한다.'는 내용을 보충 설명한다. 따라서 빈칸에는 ⓒ이 적절하다.
• (나) : 빈칸 앞의 내용에서는 '소리의 크기를 통해 음원의 위치를 알 수 있다.'고 하였는데, 빈칸 뒤에서는 '소리가 저주파로만 구성되어 있는 경우 소리의 크기 차이를 이용한 위치 추적은 효과적이지 않다.'고 하였다. 따라서 빈칸에는 저주파에서는 소리의 크기 차이가 일어나지 않는다는 내용의 ⓛ이 적절하다.
• (다) : 빈칸 앞의 내용에서 '머리와 귓바퀴의 굴곡'이 '고막에 도달하기 전'의 소리를 변형시키는 필터 역할을 한다고 하였으므로 빈칸에는 이러한 굴곡으로 인해 두 고막에 도달하는 소리의 음색 차이가 생긴다는 내용의 ⓘ이 적절하다.

03

미생물을 끓는 물에 노출하면 영양세포나 진핵포자는 죽일 수 있으나, 세균의 내생포자는 사멸시키지 못한다. 멸균은 포자, 박테리아, 바이러스 등을 완전히 파괴하거나 제거하는 것이므로 물을 끓여서 하는 열처리 방식으로는 멸균이 불가능함을 알 수 있다. 따라서 빈칸에 들어갈 내용으로는 '소독은 가능하지만, 멸균은 불가능하다.'는 ④가 가장 적절하다.

01

㉠ 고객 데이터 수치는 시트 제목을 '상반기 고객 데이터 수치'라고 적고 함수를 사용해 평균을 내야 하기 때문에 스프레드 시트가 옳다.
㉣ 고객 마케팅 관련 설명문은 줄글로 자간과 본문 서체를 설정해 작성하라고 하였으니 워드를 사용하는 것이 옳다.
㉤ 마케팅 사례를 다양한 효과를 사용해 발표해야 한다고 했으니 PPT가 옳다.

오답분석
㉡·㉢ 마케팅 설명문은 따로 워드로 저장해서 달라고 요청하였으므로 옳지 않다.

02

기안문 작성 시 유의사항

• 정확성(바른 글)
 - 필요한 내용을 빠뜨리지 않고, 잘못된 표현이 없도록 문서를 작성한다.
 - 의미전달에 혼동을 일으키지 않도록 정확한 용어를 사용하고 문법에 맞게 문장을 구성한다.
 - 애매모호하거나 과장된 표현에 의하여 사실이 왜곡되지 않도록 한다.
• 용이성(쉬운 글)
 - 상대방의 입장에서 이해하기 쉽게 작성한다.
 - 추상적이고 일반적인 용어보다는 구체적이고 개별적인 용어를 쓴다.
• 성실성(호감 가는 글)
 - 문서는 성의 있고 진실하게 작성한다.
 - 감정적이고 위압적인 표현을 쓰지 않는다.
• 경제성(효율적으로 작성하는 글)
 - 용지의 규격·지질을 표준화한다.
 - 서식을 통일하여 규정된 서식을 사용하는 것이 경제적이다.

03

지시사항은 비고란에 기재하라고 하였으므로 따로 지시사항 칸을 둘 필요가 없다.

대표기출유형 06 | 기출응용문제

01

• ㉠ : 앞 문장을 보면 에밀레종이 세계의 보배라 여겨지고 있지만, 뒤 문장에서는 에밀레종이 갖는 음향공학 차원의 가치는 간과되고 있다고 하였으므로 역접의 접속어인 '그러나'가 적절하다.
• ㉡ : 앞 문장에서는 한국 범종과 중국 범종의 유사점을 이야기하고 있으나, 뒤 문장에서는 중국 범종과의 차이점을 이야기하고 있으므로 역접의 접속어인 '하지만'이 적절하다.
• ㉢ : 뒤 문장 역시 중국 범종과의 차이점을 추가적으로 이야기하고 있으므로 '거기에다 더'의 의미를 지닌 '또한'이 적절하다.

02

• 오랜동안 → 오랫동안
• 발명 → 발견

01

정답 ④

A씨의 아내는 A씨가 자신의 이야기에 공감해주길 바랐지만, A씨는 아내의 이야기를 들어주기보다는 해결책을 찾아 아내의 문제에 대해 조언하려고만 하였다. 즉, 아내는 마음을 털어놓고 남편에게 위로받고 싶었지만, A씨의 조언하려는 태도 때문에 더 이상 대화가 이어질 수 없었다.

오답분석
① 짐작하기 : 상대방의 말을 듣고 받아들이기보다 자신의 생각에 들어맞는 단서들을 찾아 자신의 생각을 확인하는 것이다.
② 걸러내기 : 상대의 말을 듣기는 하지만 상대방의 메시지를 온전하게 듣는 것이 아닌 경우이다.
③ 판단하기 : 상대방에 대한 부정적인 판단 때문에, 또는 상대방을 비판하기 위하여 상대방의 말을 듣지 않는 것이다.

02

정답 ③

• 문서적인 의사소통 : ㉠, ㉢, ㉤
• 언어적인 의사소통 : ㉡, ㉣
직업생활에서 요구되는 문서적인 의사소통능력은 문서로 작성된 글이나 그림을 읽고 내용을 이해하고 요점을 판단하며, 이를 바탕으로 목적과 상황에 적합하도록 아이디어와 정보를 전달할 수 있는 문서를 작성하는 능력을 말한다. 반면, 언어적인 의사소통능력은 상대방의 이야기를 듣고 의미를 파악하며, 이에 적절히 반응하고, 자신의 의사를 목적과 상황에 맞게 설득력을 가지고 표현하는 능력을 말한다.

02 | 수리능력

대표기출유형 01 │ 기출응용문제

01

정답 ②

일반 열차가 쉬지 않고 부산에 도착하는 데 걸리는 시간은 $400 \div 160 = 2.5\text{h}$, 즉 2시간 30분이다. 중간에 4개 역에서 10분씩 정차하므로 총 40분의 지연이 발생한다. 그러므로 A씨가 부산에 도착하는 시각은 오전 10시+2시간 30분+40분=오후 1시 10분이다. 반면에, 급행열차가 쉬지 않고 부산에 도착하는 데 걸리는 시간은 $400 \div 200 = 2\text{h}$, 즉 2시간이다. 따라서 B씨가 급행열차를 타고 A씨와 동시에 부산에 도착하려면 오후 1시 10분−2시간=오전 11시 10분에 급행열차를 타야 한다.

02

정답 ②

퍼낸 소금물의 양을 $x\text{g}$, 농도 2% 소금물의 양을 $y\text{g}$이라고 하면 다음과 같은 식이 성립한다.

$200 - x + x + y = 320$

$\therefore y = 120$

소금물을 퍼내고 같은 양의 물을 부으면 농도 8%의 소금물에 있는 소금의 양은 같으므로 다음과 같은 식이 성립한다.

$\frac{8}{100}(200 - x) + \frac{2}{100} \times 120 = \frac{3}{100} \times 320$

$\rightarrow 1,600 - 8x + 240 = 960$

$\rightarrow 8x = 880$

$\therefore x = 110$

따라서 퍼낸 소금물의 양은 110g이다.

03

정답 ③

재작년 K공단의 재직자 수를 x명이라 하자.

작년 K공단의 재직자 수는 $\left(1 + \frac{1}{10}\right)x$명이고, 작년 재직자 수의 10%(올해 신입사원 수)는 55명이므로

$\frac{1}{10} \times \frac{11}{10}x = 55$

$\therefore x = 55 \times 10 \times \frac{10}{11} = 500$

따라서 재작년 K공단의 재직자 수는 500명이다.

04

정답 ③

글쓰기반에 등록하는 사건을 A, 캘리그라피반에 등록하는 사건을 B라고 하면, $\text{P(A} \cup \text{B)} = \text{P(A)} + \text{P(B)} - \text{P(A} \cap \text{B)} = \frac{2}{3} + \frac{7}{10} - \frac{13}{20}$

$= \frac{40 + 42 - 39}{60} = \frac{43}{60}$ 이다. 따라서 모두 등록하지 않은 회원은 전체의 $1 - \frac{43}{60} = \frac{17}{60}$ 이다.

05

정답 ③

전체 쓰레기의 양을 xg이라 하면 젖은 쓰레기의 양은 $\frac{1}{3}x$g이므로 젖지 않은 쓰레기의 양은 $x - \frac{1}{3}x = \frac{2}{3}x$g이다. 포인트를 지급할 때 젖은 쓰레기의 양은 50%를 감량해 적용하므로 식을 정리하면 다음과 같다.

$$2\left(\frac{1}{2} \times \frac{1}{3}x + \frac{2}{3}x\right) = 950$$

$$\rightarrow \frac{1}{3}x + \frac{4}{3}x = 950$$

$$\rightarrow \frac{5}{3}x = 950$$

$$\therefore x = 570$$

따라서 젖지 않은 쓰레기의 양은 $\frac{2}{3}x = \frac{2}{3} \times 570 = 380$g이다.

06

정답 ②

M1의 오류 인쇄물은 2,500장(=50,000×5%)이고, M2는 1,600장(=40,000×4%)이다.

따라서 M1에서 나온 오류 인쇄물일 확률은 $\frac{2,500}{2,500 + 1,600} \times 100 = 61\%$이다.

07

정답 ③

수민이가 오후 6시부터 야근을 시작하여 일한 시간은 총 4시간 48분이므로, 이를 분수로 환산하면 $\frac{24}{5}$ 시간이다. 수민이와 현정이가 함께 일한 시간을 x시간이라 하면 다음과 같은 식이 성립한다.

$$\left(\frac{1}{8} + \frac{1}{5}\right)x + \frac{1}{8}\left(\frac{24}{5} - x\right) = 1$$

$$\rightarrow \frac{13 - 5}{40}x = \frac{2}{5}$$

$$\therefore x = 2$$

따라서 현정이가 퇴근한 시각은 오후 6시로부터 2시간이 지난 오후 8시이다.

08

정답 ③

• 5장의 카드에서 2장을 뽑아 두 자리 정수를 만드는 경우
 - 십의 자리 : 4개(∵ 0은 불가능)
 - 일의 자리 : 4개
 즉, 두 자리 정수를 만드는 경우의 수는 4×4=16가지이다.
• 5장의 카드에서 2장을 뽑아 두 자리 짝수를 만드는 경우
 - 일의 자리가 0인 경우 : 4가지
 - 일의 자리가 2 또는 4인 경우 : 3×2=6가지
 즉, 두 자리 짝수를 만드는 경우의 수는 4+6=10가지이다.

따라서 구하는 확률은 $\frac{10}{16} = \frac{5}{8}$ 이다.

09

원가를 x원이라 하자.

원가에 20%의 이익을 붙여 정가를 정하면 (정가)$=\left(1+\dfrac{2}{10}\right)x=\dfrac{6}{5}x$원이고,

정가에서 1,000원을 할인해 판매가를 정하면 (판매가)$=\left(\dfrac{6}{5}x-1,000\right)$원이다.

1,000원의 이익이 생겼으므로 식을 정리하면 다음과 같다.

$\left(\dfrac{6}{5}x-1,000\right)-x=1,000$

$\rightarrow \dfrac{1}{5}x=2,000$

$\therefore x=10,000$

따라서 원가는 10,000원이다.

대표기출유형 02 기출응용문제

01

홀수 항에는 3을 곱하고, 짝수 항에는 4를 곱하는 수열이다.

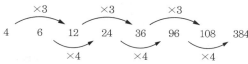

$$
\begin{array}{ccccccccc}
& \times 3 & & \times 3 & & \times 3 & \\
4 & 6 & 12 & 24 & 36 & 96 & 108 & 384 \\
& & \times 4 & & \times 4 & & \times 4 &
\end{array}
$$

02

앞의 항에 $\div 4$, $(\div 2+4)$의 규칙을 교대로 적용하는 수열이다.

$$
\begin{array}{ccccccc}
& \div 4 & & \div 4 & & \div 4 & \\
64 & 16 & 12 & 3 & \dfrac{11}{2} & \dfrac{11}{8} & \dfrac{75}{16} \\
& & \div 2+4 & & \div 2+4 & & \div 2+4
\end{array}
$$

03

앞의 항에 $+2.7$, $\div 2$의 규칙을 교대로 적용하는 수열이다.

$$
\begin{array}{ccccccc}
& +2.7 & & +2.7 & & +2.7 & \\
12.3 & 15 & 7.5 & 10.2 & 5.1 & 7.8 & 3.9 \\
& & \div 2 & & \div 2 & & \div 2
\end{array}
$$

01

2023년 제조업용 로봇 생산액의 2021년 대비 성장률은 $\dfrac{7,016-6,272}{6,272}\times100 ≒ 11.9\%$이다.

02

① 2016년 : $\dfrac{1,892}{41,843}\times100 ≒ 4.5\%$

② 2017년 : $\dfrac{1,862}{43,875}\times100 ≒ 4.2\%$

③ 2022년 : $\dfrac{2,024}{43,413}\times100 ≒ 4.7\%$

④ 2023년 : $\dfrac{2,197}{44,178}\times100 ≒ 5.0\%$

따라서 화재발생 건수 대비 인명피해 건수 비율이 가장 낮은 연도는 2017년이다.

01

2021년 휴대폰·스마트폰 성인 사용자 수는 $47\times0.128 ≒ 6$명으로, 2022년 태블릿PC 성인 사용자 수인 $112\times0.027 ≒ 3$명보다 많다.

오답분석

② 개인휴대단말기 학생 사용자 수는 2022년에 $1,304\times0.023 ≒ 30$명, 2023년에 $1,473\times0.002 ≒ 3$명으로 전년 대비 감소하였다.

③ 2023년 전자책 전용단말기 사용자 수는 $(338\times0.005)+(1,473\times0.004) ≒ 2+6 = 8$명이다. 따라서 20명 미만이다.

④ 2022년 컴퓨터 사용자 수는 성인이 $112\times0.67 ≒ 75$명, 학생이 $1,304\times0.432 ≒ 563$명으로 학생 수의 20%인 113명 미만이다.

02

소나무재선충병에 대한 방제는 2019년과 2020년 사이에 $42-27 = 15$건 증가하였고, 2022년과 2023년 사이에 $61-40 = 21$건이 증가하는 등 조사기간 내 두 차례의 큰 변동이 있었다.

오답분석

① 기타병해충에 대한 방제 현황은 2023년을 제외하고 매해 첫 번째로 큰 비율을 차지한다.

② 매해 솔잎혹파리가 차지하는 방제 비율은 다음과 같다.

- 2019년 : $\dfrac{16}{117}\times100 ≒ 14\%$
- 2020년 : $\dfrac{13}{135}\times100 ≒ 10\%$
- 2021년 : $\dfrac{12}{129}\times100 ≒ 9\%$
- 2022년 : $\dfrac{9}{116}\times100 ≒ 8\%$
- 2023년 : $\dfrac{6}{130}\times100 ≒ 5\%$

따라서 솔잎혹파리가 차지하는 방제 비율은 2019 ~ 2020년을 제외하고 매해 10% 미만이다.

④ 2021년과 2023년에 소나무재선충병은 각각 전년도에 비해 증가하였으나 기타병해충은 감소하였으므로 동일한 증감 추이를 보이지 않는다.

03

ㄴ. 2023년 산업부문의 최종에너지 소비량은 전체 최종에너지 소비량의 $\frac{115,155}{193,832} \times 100 ≒ 59.4\%$이므로 옳은 설명이다.

ㄷ. 2021 ~ 2023년 동안 석유제품 소비량 대비 전력 소비량의 비율은 다음과 같다.

- 2021년 : $\frac{18.2}{53.3} \times 100 ≒ 34.1\%$

- 2022년 : $\frac{18.6}{54.0} \times 100 ≒ 34.4\%$

- 2023년 : $\frac{19.1}{51.9} \times 100 ≒ 36.8\%$

따라서 2021 ~ 2023년 동안 석유제품 소비량 대비 전력 소비량의 비율은 매년 증가한다.

[오답분석]

ㄱ. 주어진 자료는 유형별 최종에너지 소비량 비중을 나타낸 자료로, 연도별 전력 소비량은 비교할 수 없다.

ㄹ. 산업부문과 가정·상업부문의 유연탄 소비량 대비 무연탄 소비량의 비율을 구하면 다음과 같다.

- 산업부문 : $\frac{4,750}{15,317} \times 100 ≒ 31.0\%$

- 가정·상업부문 : $\frac{901}{4,636} \times 100 ≒ 19.4\%$

따라서 산업부문에서는 25% 이상이다.

04

업그레이드 전 성능지수가 100인 기계의 수는 15대이고, 성능지수 향상 폭이 35인 기계의 수도 15대이므로 동일하다.

[오답분석]

① 업그레이드한 기계 100대의 성능지수 향상 폭의 평균을 구하면 $\frac{60 \times 14 + 5 \times 20 + 5 \times 21 + 15 \times 35}{100} = 15.7$로 20 미만이다.

② 성능지수 향상 폭이 35인 기계는 15대인데, 성능지수는 65, 79, 85, 100 네 가지가 있고 이 중 가장 최대는 100이다. 서비스 성능이 35만큼 향상할 수 있는 경우는 성능지수가 65였을 때이다. 따라서 35만큼 향상된 기계의 수가 15대라고 했으므로 $\frac{15}{80} \times 100 = 18.75\%$가 100으로 향상되었다.

③ 성능지수 향상 폭이 21인 기계는 5대로, 업그레이드 전 79인 기계 5대가 모두 100으로 향상되었다.

03 | 문제해결능력

01

정답 ④

조건에 따라 엘리베이터 검사 순서를 추론해 보면 다음과 같다.

첫 번째	5호기
두 번째	3호기
세 번째	1호기
네 번째	2호기
다섯 번째	6호기
여섯 번째	4호기

따라서 6호기는 1호기 다다음에 검사하며, 다섯 번째로 검사한다.

02

정답 ③

조건을 정리하면 다음과 같다.

구분	A	B	C	D	E
영어	○	○		×	
수학	×	○	○		○
국어					
체육	×		○	○	

따라서 A학생이 듣는 수업은 영어와 국어이므로 E학생은 이와 겹치지 않는 수학과 체육 수업을 듣는다.

03

정답 ③

乙과 戊의 예측이 모순되므로 둘 중 한 명의 예측은 옳고, 다른 한 명의 예측은 틀리다. 여기서 乙의 예측이 옳을 경우 甲의 예측도 틀리게 되어 두 명이 틀린 예측을 한 것이 되므로 문제의 조건에 위배된다. 따라서 乙의 예측은 틀리고 戊의 예측은 옳다.
그러므로 나머지 예측을 정리하면 A강좌는 乙이, B와 C강좌는 甲과 丁이, D강좌는 戊가 담당하고, 丙은 강좌를 담당하지 않는다.

04

조건을 정리하면 아래와 같은 순서로 위치함을 알 수 있다.

건물	1번째	2번째	3번째	4번째	5번째	6번째	7번째	8번째	9번째	10번째
가게	초밥가게	×	카페	×	편의점	약국	옷가게	신발가게	×	×

따라서 신발가게는 8번째 건물에 있다.

오답분석

① 카페와 옷가게 사이에 3개의 건물이 있다.
② 초밥가게와 약국 사이에 4개의 건물이 있다.
③ 편의점은 5번째 건물에 있다.

05

정답 ①

A ~ E 중 살아남은 A, B, C 가운데 2명은 늑대 인간이며, 남은 1명은 드라큘라이다. 또한 D, E의 캐릭터는 서로 같지 않으므로 D와 E는 각각 늑대 인간 또는 드라큘라를 선택하였다. 따라서 이 팀의 3명은 늑대 인간 캐릭터를, 2명은 드라큘라 캐릭터를 선택하였다.

오답분석

② B는 드라큘라일 수도 늑대 인간일 수도 있다.
③ C는 늑대 인간일 수도 드라큘라일 수도 있다.
④ 늑대 인간의 수가 드라큘라의 수보다 많다.

06

정답 ④

C, D, F지점의 사례만 고려하면, F지점에서 마카롱과 쿠키를 함께 먹었을 때 알레르기가 발생하지 않았으므로 마카롱은 알레르기 발생 원인이 될 수 없으며, 빵 또는 케이크가 알레르기 발생 원인이 될 수 있다. 따라서 ④는 반드시 거짓이 된다.

오답분석

① A, B, D지점의 사례만 고려한 경우 : 빵과 마카롱을 함께 먹은 경우에는 알레르기가 발생하지 않았으므로, 케이크가 알레르기 발생 원인이 된다.
② A, C, E지점의 사례만 고려한 경우 : 케이크와 쿠키를 함께 먹은 경우에는 알레르기가 발생하지 않았으므로, 빵이 알레르기 발생 원인이 된다.
③ B, D, F지점의 사례만 고려한 경우 : 빵과 마카롱 또는 마카롱과 쿠키를 함께 먹은 경우에 알레르기가 발생하지 않았으므로, 케이크가 알레르기 발생 원인이 된다.

01

기회는 외부환경요인 분석에 속하므로 회사 내부를 제외한 외부의 긍정적인 면으로 작용하는 것을 말한다. 따라서 ④는 외부의 부정적인 면으로 위협 요인에 해당한다.

오답분석

①·②·③ 외부환경의 긍정적인 요인으로 볼 수 있어 기회 요인에 속한다.

02

초고령화 사회는 실버산업(기업)의 외부환경 요소로 볼 수 있으며, 기회 요인으로 보는 것이 가장 적절하다.

오답분석

① 제품의 우수한 품질은 기업의 내부환경 요소로 볼 수 있으며, 강점 요인으로 보는 것이 가장 적절하다.
③ 기업의 비효율적인 업무 프로세스는 기업의 내부환경 요소로 볼 수 있으며, 약점 요인으로 보는 것이 가장 적절하다.
④ 살균제 달걀 논란은 기업의 외부환경 요소로 볼 수 있으며, 위험 요인으로 보는 것이 가장 적절하다.

03

㉠ 반부패·청렴 공기업응로서의 이미지라는 강점을 활용해 개혁에 대한 사회적 요구라는 위협에 대응하는 방안이므로 ST전략에 해당한다.
㉡ 외국인 관광객 증가라는 기회를 활용해 만성 적자라는 약점을 보완할 수 있는 방안이므로 WO전략에 해당한다.
㉣ 스마트 스테이션 사업 추진이라는 강점을 활용해 에너지(전기) 가격의 인상잉라는 위협에 대응할 수 있는 방안이므로 ST전략에 해당한다.

오답분석

㉢ 지하철 기본요금 인상 승인이라는 기회를 활용해 노후화된 전동차라는 약점을 보완할 수 있는 방안이므로 WO전략에 해당한다.

04

국내 금융기관에 대한 SWOT 분석 결과는 다음과 같다.

강점(Strength)	약점(Weakness)
• 높은 국내 시장 지배력 • 우수한 자산건전성 • 뛰어난 위기관리 역량	• 은행과 이자수익에 편중된 수익구조 • 취약한 해외 비즈니스와 글로벌 경쟁력
기회(Opportunity)	위협(Threat)
• 해외 금융시장 진출 확대 • 기술 발달에 따른 핀테크의 등장 • IT 인프라를 활용한 새로운 수익 창출	• 새로운 금융 서비스의 등장 • 글로벌 금융기관과의 경쟁 심화

㉠ SO전략은 강점을 살려 기회를 포착하는 전략으로, 강점인 국내 시장 점유율을 기반으로 핀테크 사업에 진출하려는 ㉠은 적절한 SO전략으로 볼 수 있다.
㉢ ST전략은 강점을 살려 위협을 회피하는 전략으로, 강점인 우수한 자산건전성을 강조하여 글로벌 금융기관과의 경쟁에서 우위를 차지하려는 ㉢은 적절한 ST전략으로 볼 수 있다.

오답분석

㉡ WO전략은 약점을 보완하여 기회를 포착하는 전략이다. 그러나 위기관리 역량은 국내 금융기관이 지니고 있는 강점에 해당하므로 WO전략으로 적절하지 않다.
㉣ 해외 비즈니스 역량을 강화하여 해외 금융시장에 진출하는 것은 약점을 보완하여 기회를 포착하는 WO전략에 해당한다.

01

정답 ④

• 락커룸 I에 경력선수 2명 중 1명이 배정되는 경우 : $_2C_1=2$가지
• 왼쪽 락커룸 A, B, C에 신입선수 2명이 배정되는 경우 : $_3P_2=3\times2=6$가지
• 중간 락커룸 D, E, F에는 신입선수 1명이 배정되는 경우 : $_3P_1=3$가지
• 나머지 4명이 남은 락커룸을 쓰는 경우 : $4!=4\times3\times2\times1=24$가지
따라서 락커룸을 배정받을 수 있는 경우의 수는 $2\times6\times3\times24=864$가지이다.

02

정답 ③

하얀 블록 5개와 검은 블록 1개를 일렬로 붙인 막대와 하얀 블록 6개를 일렬로 붙인 막대를 각각 A막대, B막대라고 하자. A막대의 윗면과 아랫면에 쓰인 숫자의 순서쌍은 (1, 6), (2, 5), (3, 4), (4, 3), (5, 2), (6, 1)이다. 즉, A막대의 윗면과 아랫면에 쓰인 숫자의 합은 7이다. 검은 블록이 있는 막대 30개, 검은 블록이 없는 막대 6개를 붙여 만든 그림 2의 윗면과 아랫면에 쓰인 숫자의 합은 $(7\times30)+(6\times0)=210$이다. 윗면에 쓰인 숫자의 합 109이므로 아랫면에 쓰인 36개 숫자의 합은 $210-109=101$이다.

03

정답 ③

• 702 나 2838 : '702'는 승합차에 부여되는 자동차 등록번호이다.
• 431 사 3019 : '사'는 운수사업용 차량에 부여되는 자동차 등록번호이다.
• 912 라 2034 : '912'는 화물차에 부여되는 자동차 등록번호이다.
• 214 하 1800 : '하'는 렌터카에 부여되는 자동차 등록번호이다.
• 241 가 0291 : '0291'은 발급될 수 없는 일련번호이다.
따라서 보기에서 비사업용 승용차의 자동차 등록번호로 잘못 부여된 것은 모두 5개이다.

01

정답 ①

유지보수인 양천구와 영등포구의 사업이 '개발구축'으로 잘못 적혔다.

오답분석
② 강서구와 서초구의 사업 기간이 1년 미만이다.
③ 강서구의 사업금액은 5.6억 원으로, 6억 원 미만이다.
④ 사업금액이 가장 많이 드는 사업은 양천구 오목교 유지보수 사업이고, 사업 기간이 2년 미만인 사업은 마포구 마포대교 보수 산업으로 서로 다르다.

02

정답 ④

행사장 방문객은 시계 반대 방향으로 돌면서 전시관을 관람한다. 400명의 방문객이 출입하여 제1전시관에 100명이 관람한다면 나머지 300명은 관람하지 않고 지나치게 된다. 따라서 A지역에서 홍보판촉물을 나눠 줄 수 있는 대상자가 300명이 된다. 그리고 B지역은 A지역을 걸쳐서 오는 300명과 제1전시관을 관람하고 나온 100명의 인원이 합쳐지는 장소이므로 총 400명을 대상으로 홍보판촉물을 나눠 줄 수 있다. 이러한 개념으로 모든 지역을 고려해보면 각 전시관과의 출입구가 합류되는 B, D, F지역에서 가장 많은 사람들에게 홍보판촉물을 나눠 줄 수 있다.

03

K씨의 상황을 살펴보면 출·퇴근길에 자가용을 사용하고 있으며, 주유비에 대해서 부담을 가지고 있다. 그리고 곧 겨울이 올 것을 대비해 차량 점검을 할 예정이다. 이러한 사항을 고려해 볼 때 K씨는 자동차와 관련된 혜택을 받을 수 있는 카드(D카드)를 선택하는 것이 가장 적합하다고 볼 수 있다.

대표기출유형 05 기출응용문제

01

분석적 사고
- 성과 지향의 문제 : 기대하는 결과를 명시하고 효과적으로 달성하는 방법을 사전에 구상하고 실행에 옮긴다.
- 가설 지향의 문제 : 현상 및 원인분석 전에 지식과 경험을 바탕으로 일의 과정이나 결과, 결론을 가정한 다음 검증 후 사실일 경우 다음 단계의 일을 수행한다.
- 사실 지향의 문제 : 일상 업무에서 일어나는 상식, 편견을 타파하여 사고와 행동을 객관적 사실로부터 시작한다.

02

㉠은 Logic Tree 방법에 대한 설명으로 문제 도출 단계에서 사용되며, ㉡은 3C 분석 방법에 대한 설명으로 문제 인식 단계의 환경 분석 과정에서 사용된다. ㉢은 Pilot Test에 대한 설명으로 실행 및 평가 단계에서 사용된다. 마지막으로 ㉣은 해결안을 그룹화 하는 방법으로 해결안을 도출하는 해결안 개발 단계에서 사용된다. 따라서 문제해결절차에 따라 문제해결방법을 나열하면 ㉡ → ㉠ → ㉣ → ㉢의 순서가 된다.

03

문제란 원활한 업무 수행을 위해 해결해야 하는 질문이나 의논 대상을 의미한다. 즉, 해결하기를 원하지만 실제로 해결해야 하는 방법을 모르고 있는 상태나 얻고자 하는 해답이 있지만 그 해답을 얻는 데 필요한 일련의 행동을 알지 못한 상태이다.
또한 문제점이란 문제의 근본 원인이 되는 사항으로, 문제해결에 필요한 열쇠의 핵심 사항을 말하며, 개선해야 할 사항이나 손을 써야 할 사항, 문제가 해결될 수 있고 문제의 발생을 미리 방지할 수 있는 사항을 말한다.
따라서 제시문에서 문제는 사업계획서 제출에 실패한 것이고, 문제점은 K기업의 전산망 마비로 전산시스템 접속이 불가능해진 것이라고 볼 수 있다.

04

연역법의 오류는 'A=B, B=C, so A=C'와 같은 삼단 논법에서 발생하는 오류를 의미한다.
'이현수 대리(A)는 기획팀(B)를 대표하는 인재인데(A=B), 이현수 대리가 이런 실수(C)를 하다니(A=C) 기획팀이 하는 업무는 모두 실수투성일 것이 분명할 것(B=C)'이라는 말은 'A=B, A=C, so B=C'와 같은 삼단 논법에서 발생하는 오류인 연역법의 오류에 해당한다.

[오답분석]
① 권위나 인신공격에 의존한 논증 : 위대한 성인이나 유명한 사람의 말을 활용해 자신의 주장을 합리화하거나 상대방의 주장이 아니라 상대방의 인격을 공격하는 것이다.
② 무지의 오류 : 증명되지 않았기 때문에 그 반대의 주장이 참이라는 것이다.
③ 애매성의 오류 : 언어적 애매함으로 인해 이후 주장이 논리적 오류에 빠지는 경우이다.

05

마케팅 부장은 연구소 소장과 기획팀 부장 사이에서 의사결정에 서로 공감할 수 있도록 도와주는 일을 하고 있다. 즉, 상대의 입장에서 공감을 해주며 서로 타협점을 좁혀 생산적인 결과를 도출할 수 있도록 퍼실리테이션(Facilitation) 방법을 취하고 있다.

[오답분석]

① 소프트 어프로치 : 대부분의 기업에서 볼 수 있는 전형적인 스타일로 조직 구성원들은 같은 문화적 토양으로 가지고 이심전심으로 서로를 이해하는 상황을 가정하면, 직접적인 표현보다 무언가를 시사하거나 암시를 통한 의사전달로 문제를 해결하는 방법이다.
② 하드 어프로치 : 다른 문화적 토양을 가지고 있는 구성원을 가정하고, 서로의 생각을 직설적으로 주장하며 논쟁이나 협상을 하는 방법으로, 사실과 원칙에 근거한 토론이다.
④ 비판적 사고 : 어떤 주제나 주장 등에 대해 적극적으로 분석하고 종합하며 평가하는 능동적인 사고로 어떤 논증, 추론, 증거, 가치를 표현한 사례를 타당한 것으로 받아들일 것인지 결정을 내릴 때 요구되는 사고력이다.

06

기존 커피믹스가 잘 팔리고 있어 새로운 것에 도전하지 않는 것으로 보인다. 또한 기존에 가지고 있는 커피를 기준으로 틀에 갇혀 블랙커피 커피믹스는 만들기 어렵다는 부정적인 시선으로 보고 있기 때문에 '발상의 전환'이 필요하다.

[오답분석]

① 전략적 사고 : 지금 당면하고 있는 문제와 해결방법에만 국한되어 있지 말고 상위 시스템 및 다른 문제와 관련이 있는지 생각해 봐야 한다.
② 분석적 사고 : 전체를 각각의 요소로 나누어 그 요소의 의미를 도출한 다음 우선순위를 부여하고 구체적인 문제해결방법을 실행하는 것이다.
④ 내・외부자원의 효과적 활용 : 문제해결 시 기술・재료・방법・사람 등 필요한 자원 확보 계획을 수립하고, 내・외부자원을 활용하는 것을 말한다.

PART 1

04 | 자원관리능력

대표기출유형 01 | 기출응용문제

01 정답 ④

문화회관 이용 가능 요일표와 주간 주요 일정표에 따라 K공단이 교육을 진행할 수 있는 요일과 시간대는 화요일 오후, 수요일 오후, 금요일 오전이다.

02 정답 ④

체육대회는 주말에 한다고 하였으므로 평일과 비가 오는 장마기간은 제외한다. 12일과 13일에는 사장이 출장으로 자리를 비우고, 마케팅팀이 출근해야 하므로 적절하지 않다. 19일은 서비스팀이 출근해야 하며, 26일은 마케팅팀이 출근해야 한다. 또한, 운동장은 둘째·넷째 주말엔 개방하지 않으므로 27일을 제외하면 남은 날은 20일이다.

03 정답 ④

다른 직원들의 휴가 일정이 겹치지 않고, 주말과 공휴일이 아닌 평일이며, 전체 일정도 없는 21 ~ 22일이 가장 적절하다.

[오답분석]
① 3월 1일은 공휴일이므로 휴가일로 적절하지 않다.
② 3월 5일은 K공단 전체회의 일정이 있기 때문에 휴가일로 적절하지 않다.
③ 3월 10일은 주말이므로 휴가일로 적절하지 않다.

04 정답 ①

공휴일(삼일절), 주말, 전체회의 일정을 제외하면 3월에 휴가를 사용할 수 있는 날은 총 20일이다. 직원이 총 12명이므로 한 명당 1일을 초과하여 휴가를 쓸 수 없다.

01

작년 행사 참여인원이 3,000명이었고, 올해 예상 참여인원은 작년 대비 20% 증가할 것으로 예측되므로, 3,000×1.2=3,600명이다. 경품별로 준비물품 개수 합과 당첨고객 수가 같으므로 총액을 계산해보면 다음과 같다.

품목	당첨고객 수	단가	총액
물티슈	800명	3,500원	800×3,500=2,800,000원
우산	700명	9,000원	700×9,000=6,300,000원
보조배터리	600명	10,000원	600×10,000=6,000,000원
다도세트	500명	15,000원	500×15,000=7,500,000원
수건세트	400명	20,000원	400×20,000=8,000,000원
상품권	300명	30,000원	300×30,000=9,000,000원
식기건조대	200명	40,000원	200×40,000=8,000,000원
전자렌지	100명	50,000원	100×50,000=5,000,000원
계	3,600명	-	52,600,000원

따라서 올해 행사에 필요한 예상금액은 52,600,000원이다.

02

먼저 조건과 급여명세서가 바르게 표시되어 있는지 확인해 보면, 국민연금과 고용보험은 조건의 금액과 일치한다. 4대 보험 중 건강보험과 장기요양을 계산하면 건강보험은 기본급의 6.24%로 회사와 50%씩 부담한다고 하여 2,000,000×0.0624×0.5=62,400원이지만 급여명세서에는 67,400-62,400=5,000원이 더 공제되었으므로 다음 달에 5,000원을 돌려받게 된다. 또한 장기요양은 건강보험료의 7.0% 중 50%로 2,000,000×0.0624×0.07×0.5=4,368이며, 약 4,360원이므로 맞게 지급되었다.
세 번째 조건에서 야근수당은 기본급의 2%로 2,000,000×0.02=40,000원이며, 이틀 동안 야근하여 8만 원을 받고, 상여금은 5%로 2,000,000×0.05=100,000원을 받아야 하지만 급여명세서에는 5만 원으로 명시되어 있다.
그러므로 A대리가 다음 달에 받게 될 소급액은 덜 받은 상여금과 더 공제된 건강보험료로 50,000+5,000=55,000원이며, 소급액을 반영한 다음 달 급여명세서는 다음과 같다.

(단위 : 원)

성명 : A	직위 : 대리	지급일 : 2024-7-25	
지급항목	지급액	공제항목	공제액
기본급	2,000,000	소득세	17,000
상여금	-	주민세	1,950
기타	-	고용보험	13,000
식대	100,000	국민연금	90,000
교통비	-	장기요양	4,360
복지후생	-	건강보험	62,400
소급액	55,000	연말정산	-
		공제합계	188,710
지급총액	2,155,000	차감수령액	1,966,290

따라서 A대리가 받게 될 다음 달 수령액은 1,966,290원이다.

03

정답 ③

자기계발 과목에 따라 해당되는 지원 금액과 신청 인원은 다음과 같다.

구분	영어회화	컴퓨터활용	세무회계
지원 금액	70,000×0.5=35,000원	50,000×0.4=20,000원	60,000×0.8=48,000원
신청 인원	3명	3명	3명

교육프로그램마다 3명씩 지원했으므로, 총지원비는 (35,000+20,000+48,000)×3=309,000원이다.

04

정답 ④

통화내역을 통해 국내통화인지 국제통화인지 구분한다.
- 국내통화 : 11/5(화), 11/6(수), 11/8(금) → 10+30+30=70분
- 국제통화 : 11/7(목) → 60분
∴ 70×15+60×40=3,450원

대표기출유형 03 　 기출응용문제

01

정답 ①

세상에 존재하는 모든 물체는 물적자원에 포함된다.

02

정답 ④

물품 보관 시에는 물품의 특성에 따라 보관 장소를 달리하여야 한다. 제시문처럼 종이와 유리, 플라스틱 같이 재질이 다를 경우에는 서로 부딪힘으로써 발생하는 각종 파손의 우려를 대비해 재질별로 보관하는 장소를 달리하여야 한다. 또한 상대적으로 무게와 부피가 클수록 아래로, 작을수록 위로 보관해야 파손을 줄일 수 있으며, 사용빈도 또한 높은 것은 출입구에 가까운 쪽으로 낮은 것은 출입구에서 먼 쪽으로 보관함으로써 활용빈도가 높은 물품을 반복적으로 가져다 쓸 때의 사고를 줄일 수 있다. 따라서 물품 보관 장소를 선정할 때 고려해야 할 요소로 적절하지 않은 것은 '모양'이다.

03

정답 ②

프린터 성능 점수표를 이용하여 제품별 프린터의 점수를 정리하면 다음과 같다.

구분	출력 가능 용지 장수	출력 속도	인쇄 해상도
A프린터	80점	70점	70점
B프린터	100점	60점	90점
C프린터	70점	90점	70점
D프린터	100점	70점	60점

가중치를 적용하여 제품별 프린터의 성능 점수를 구하면
- A프린터 : 80×0.5+70×0.3+70×0.2=75점
- B프린터 : 100×0.5+60×0.3+90×0.2=86점
- C프린터 : 70×0.5+90×0.3+70×0.2=76점
- D프린터 : 100×0.5+70×0.3+60×0.2=83점

따라서 성능 점수가 가장 높은 B프린터를 구매해야 한다.

04

정답 ③

완제품은 총 3가지 공정을 순차적으로 거치는데, A~C생산라인에서 각 공정을 맡는다면(단, C는 첫 공정을 맡을 수 없음) 총 4가지의 경우의 수가 나온다. 또한 앞선 공정에서 생산된 정상품이 다음 공정의 재료가 되고, 각 경우에 따라 최종 완제품을 시간당 얼마나 생산할 수 있는지를 구하여 비교하면 된다.

경우	제1공정	제2공정	제3공정
1	A	B	C
	$100\times(1-0.2)=80$개	$70\times(1-0.2)=56$개	$56\times(1-0.1)=50.4$개
	※ 2공정 B라인에서는 70개까지 생산 가능함		
2	A	C	B
	$100\times(1-0.2)=80$개	$80\times(1-0.2)=64$개	$64\times(1-0.1)=57.6$개
3	B	A	C
	$100\times(1-0.1)=90$개	$80\times(1-0.1)=72$개	$72\times(1-0.1)=64.8$개
	※ 2공정 A라인에서는 80개까지 생산 가능함		
4	B	C	A
	$100\times(1-0.1)=90$개	$80\times(1-0.2)=64$개	$64\times(1-0.2)=51.2$개
	※ 2공정 C라인에서는 80개까지 생산 가능함		

따라서 가장 효율적인 생산구조는 시간당 완성품 64.8개를 생산할 수 있는 B-A-C이다.

05

정답 ②

도매점에서 주문하는 콜라의 개수를 x개라고 하자. 회원제 도매점에서 주문하는 것이 일반 도매점에서 주문하는 것보다 유리하려면 다음 부등식을 만족해야 한다.

$1,500x \geq 50,000+1,100x$

$\rightarrow 400x \geq 50,000$

$\therefore x \geq 125$

따라서 회원제 도매점은 126병 이상을 구매할 경우 더 유리하다.

A, B, C슈퍼 중 C슈퍼만 126병 이상을 주문할 것이므로 A, B슈퍼는 일반 도매점에서, C슈퍼는 회원제 도매점에서 주문을 하는 것이 가장 유리하다.

대표기출유형 04   기출응용문제

01

정답 ②

- C사원은 혁신성, 친화력, 책임감이 '상-상-중'으로 영업팀의 핵심역량가치에 부합하며, 창의성과 윤리성은 '하'이지만 영업팀 에서 중요하게 생각하지 않는 역량이기에 영업팀으로의 부서배치가 적절하다.
- E사원은 혁신성, 책임감, 윤리성이 '중-상-하'로 지원팀의 핵심역량가치에 부합하므로 지원팀으로의 부서배치가 적절하다.

02

정답 ①

영리기반 공유경제 플랫폼은 효율적이지만, 노동자의 고용안정성을 취약하게 하고 소수에게 이익이 독점되는 문제가 있다.

03

㉠은 능력주의, ㉡은 적재적소주의, ㉢은 적재적소주의, ㉣은 능력주의이다. 개인에게 능력을 발휘할 수 있는 기회와 장소를 부여하고, 그 성과를 바르게 평가한 뒤 평가된 능력과 실적에 대해 그에 상응하는 보상을 주는 능력주의 원칙은 적재적소주의 원칙의 상위개념이라고 할 수 있다. 즉, 적재적소주의는 능력주의의 하위개념에 해당한다.

04

갑과 을이 맞힌 4점 과녁의 개수를 x개라고 가정하면, 갑과 을이 9점을 맞힌 화살의 개수는 다음과 같다.

(단위 : 발)

구분	갑	을
0점	6	8
4점	x	x
9점	$20-(6+x)$	$20-(8+x)$

이를 이용해 점수를 계산하면 다음과 같다.
- 갑의 점수 : $(0 \times 6)+(4 \times x)+[9 \times (14-x)]=(126-5x)$점
- 을의 점수 : $(0 \times 8)+(4 \times x)+[9 \times (12-x)]=(108-5x)$점

이때, x는 0과 12 사이의 정수이고, 갑과 을의 점수를 공차가 -5인 등차수열로 생각하여 규칙을 찾으면,
- 갑의 가능한 점수 : 126점, 121점, 116점, 111점, $\cdots$, 66점
- 을의 가능한 점수 : 108점, 103점, 98점, 93점, $\cdots$, 48점

따라서 갑의 점수는 일의 자리가 6 또는 1로 끝나고, 을의 점수는 일의 자리가 8 또는 3으로 끝나야 하므로 가능한 점수의 순서쌍은 86점과 68점이다.

05 │ 조직이해능력

PART 1

대표기출유형 01 │ 기출응용문제

01

 정답 ②

수직적 체계에 따른 경영자의 역할
1. 최고경영자 : 조직의 최상위층으로 조직의 혁신기능과 의사결정기능을 조직 전체의 수준에서 담당하게 된다.
2. 중간경영자 : 재무관리, 생산관리, 인사관리 등과 같이 경영부문별로 최고경영층이 설정한 경영 목표・전략・정책을 집행하기 위한 제반활동을 수행하게 된다.
3. 하위경영자 : 현장에서 실제로 작업을 하는 근로자를 직접 지휘・감독하는 경영층을 의미한다.

02

 정답 ④

- 최주임 : 경영은 조직의 목적달성을 위한 전략, 관리, 운영활동으로서, 기업뿐만 아니라 모든 조직이 경영의 대상에 해당된다.
- 박대리 : 경영은 크게 경영 목적, 자금, 인적자원, 경영 전략 4가지로 구성되어 있다고 볼 수 있다.
- 정주임 : 기업환경이 급변하는 만큼, 환경에 적응하기 위한 경영 전략의 중요성이 커지고 있다.

오답분석
- 김사원 : 현대 사회에서는 기업의 대외환경이 기업경영에 미치는 영향력이 커지고 있는 만큼, 실질적으로 경영은 관리에 전략적 의사결정을 더하여 보다 큰 의미가 되고 있다.

03

 정답 ①

제시문에 나타난 A사원의 행동은 팔로워십(Followership)이다. 팔로워십은 리더십과 비교되는 개념으로 조직의 목표를 추구하는 데 열정적이고, 자발적으로 참여하는 사람을 뜻한다. 리더십과 팔로워십은 모두 중요하기 때문에 어떤 개념이 더 중요한 가치라고 판단할 수 없다.

오답분석
② 팔로워십은 조직의 목표를 추구하는 데 열정적이며, 조직이 안 좋은 방향으로 가면 자신의 의견을 제시한다.
③ 팔로워십은 타인이 시켜서 이루어지는 것이 아니라 자발적인 면이 중요하다.
④ 팔로워십은 상사를 비판만 하는 것이 아니라 제안을 제시할 수 있어야 한다.

04

 정답 ③

제시된 사례의 쟁점은 재고 처리이며, 여기서 김봉구 씨는 W사에 대하여 경쟁전략(강압전략)을 사용하고 있다. 경쟁전략(강압전략)은 'Win – Lose'전략으로, 내가 승리하기 위해서 당신은 희생되어야 한다는 전략인 'I Win, You Lose' 전략이다. 명시적 또는 묵시적으로 강압적 위협이나 강압적 설득, 처벌 등의 방법으로 상대방을 굴복시키거나 순응시킨다. 자신의 주장을 확실하게 상대방에게 제시하고 상대방에게 이를 수용하지 않으면 보복이 있을 것이며 협상이 결렬될 것이라는 등의 위협을 가하는 것이다. 즉, 경쟁전략(강압전략)은 일방적인 의사소통으로 일방적인 양보를 받아내려는 것이다.

05

근로자대표가 기업의 의사결정구조에 사용자와 대등한 지분을 가지고 참여하는 공동의사결정제도와 근로자와 사용자가 상호 협조하여 근로자의 복지증진과 기업의 건전한 발전을 목적으로 구성하는 노사협의회제도는 경영참가(㉠)의 사례로 볼 수 있다. 자본참가의 경우 근로자가 경영방침에 따라 회사의 주식을 취득하는 종업원지주제도, 노동제공을 출자의 한 형식으로 간주하여 주식을 제공하는 노동주제도 등을 사례로 볼 수 있다.

06

맥킨지(McKinsey)에 의해서 개발된 7S 모형
- 공유가치(Shared Value) : 조직 구성원들의 행동이나 사고를 특정 방향으로 이끌어 가는 원칙이나 기준이다.
- 스타일(Style) : 구성원들을 이끌어 나가는 전반적인 조직관리 스타일이다.
- 구성원(Staff) : 조직의 인력 구성과 구성원들의 능력과 전문성, 가치관과 신념, 욕구와 동기, 지각과 태도 그리고 그들의 행동 패턴 등을 의미한다.
- 제도 · 절차(System) : 조직운영의 의사결정과 일상 운영의 틀로 되는 각종 시스템을 의미한다.
- 조직 구조(Structure) : 조직의 전략을 수행하는 데 필요한 틀로서 구성원의 역할과 그들 간의 상호관계를 지배하는 공식요소이다.
- 전략(Strategy) : 조직의 장기적인 목적과 계획 그리고 이를 달성하기 위한 장기적인 행동지침이다.
- 기술(Skill) : 하드웨어는 물론 이를 사용하는 소프트웨어 기술을 포함하는 요소를 의미한다.

대표기출유형 02 　기출응용문제

01

제시문의 밑줄 친 '이 조직'은 애자일 조직(Agile Organization)이다. 애자일 조직은 급변하는 환경에서 유연하고 민첩하게 대응하기 위한 방식으로 기존 기계적 구조의 한계를 계기로 등장하였다. 애자일 조직은 부서 간 경계를 허물고, 필요에 맞게 소규모 팀을 구성해 업무를 수행하는 조직 문화를 뜻한다.

[오답분석]
① 관리자형 리더는 기계적 구조에 적합하다.
② 외부 변화에 빠르게 대처할 수 있는 장점이 있다.
④ 소규모 팀을 구성해서 업무를 수행한다.

02

조직변화의 과정은 먼저 환경 변화가 인지되면, 조직변화 방향을 수립한다. 이때 기존에 있었던 경영방식이나 세부목표 등을 수정하고, 이에 맞는 규칙이나 규정 등을 새로 제정하기도 있다. 또한 체계적으로 구체적인 추진전략을 수립하고, 추진전략별 우선순위를 세운다. 이후 이에 따른 조직변화를 실행하고, 마지막으로 어떻게 변화되었는지 변화결과를 평가한다.

03

영리성을 기준으로 영리조직은 기업과 같이 이윤을 목적으로 하는 조직이며, 비영리조직은 정부, 대학 등 공익을 추구하는 조직이다. 보기 중 영리조직은 ㄷ, ㅂ, 비영리조직은 ㄱ, ㄴ, ㄹ, ㅁ, ㅅ이다.

04

정답 ④

④는 공식적 조직에 대한 설명이다. 비공식적 조직은 자연발생적으로 맺어진 조직으로 의사소통을 촉진시키고, 문제해결에 도움을 준다.

05

정답 ①

조직의 규칙과 규정은 조직의 목표나 전략에 따라 수립되어 조직구성원들이 활동범위를 제약하고 일관성을 부여하는 기능을 한다. 예를 들어 인사규정, 총무규정, 회계규정 등이 있다.

06

정답 ①

ㄱ. 조직의 업무는 원칙적으로 업무분장에 따라 이루어져야 하지만, 실제 수행 시에는 상황에 따라 효율성을 극대화시키기 위해 변화를 주는 것이 바람직하다.
ㄴ. 구성원 개인이 조직 내에서 책임을 수행하고 권한을 행사할 때, 기반이 되는 것은 근속연수가 아니라 직급이다.

[오답분석]

ㄷ. 업무는 관련성, 동일성, 유사성, 수행시간대 등 다양한 기준에 따라 통합 혹은 분할하여 수행하는 것이 효율적이다.
ㄹ. 직위는 조직의 각 구성원들에게 수행해야 할 일정 업무가 할당되고, 그 업무를 수행하는 데 필요한 권한과 책임이 부여된 조직상의 위치이다.

07

정답 ③

개발문화는 조직의 발전과 성장을 중시하며, 이를 위해 조직구성원들의 자율적 행동과 재량권 보장을 중시한다.

조직 문화 유형의 특징

조직 문화 유형	주요 특징
집단문화	관계지향적인 문화이며, 조직구성원 간 인간애 또는 인간미를 중시하는 문화로서 조직내부의 통합과 유연한 인간관계를 강조한다. 따라서 조직구성원 간 인화단결, 협동, 팀워크, 공유가치, 사기, 의사결정과정에 참여 등을 중요시하며, 개인의 능력개발에 대한 관심이 높고 조직구성원에 대한 인간적 배려와 가족적인 분위기를 만들어내는 특징을 가진다.
개발문화	높은 유연성과 개성을 강조하며 외부환경에 대한 변화지향성과 신축적 대응성을 기반으로 조직구성원의 도전의식, 모험성, 창의성, 혁신성, 자원획득 등을 중시하며 조직의 성장과 발전에 관심이 높은 조직 문화를 의미한다. 따라서 조직구성원의 업무수행에 대한 자율성과 자유재량권 부여 여부가 핵심요인이다.
합리문화	과업지향적인 문화로, 결과지향적인 조직으로서의 업무의 완수를 강조한다. 조직의 목표를 명확하게 설정하여 합리적으로 달성하고, 주어진 과업을 효과적이고 효율적으로 수행하기 위하여 실적을 중시하고, 직무에 몰입하며, 미래를 위한 계획을 수립하는 것을 강조한다. 합리문화는 조직구성원 간의 경쟁을 유도하는 문화이기 때문에 때로는 지나친 성과를 강조하게 되어 조직에 대한 조직구성원들의 방어적인 태도와 개인주의적인 성향을 드러내는 경향을 보인다.
계층문화	조직내부의 통합과 안정성을 확보하고 현상유지차원에서 계층화되고 서열화된 조직 구조를 중요시하는 조직 문화이다. 즉, 위계질서에 의한 명령과 통제, 업무처리 시 규칙과 법을 준수하고, 관행과 안정, 문서와 형식, 보고와 정보관리, 명확한 책임소재 등을 강조하는 관리적 문화의 특징을 나타내고 있다.

08

정답 ②

'스타일'이란 구성원들을 이끌어 나가는 전반적인 조직관리 방식이나 리더십 스타일을 말한다. 조직 구성원들의 행동이나 사고를 특정 방향으로 이끌어 가는 원칙이나 기준은 '공유가치'이다.

01

정답 ②

업무 순서를 나열하면 '회사 홈페이지, 관리자 페이지 및 업무용 메일 확인 – 외주업체로부터 브로슈어 샘플 디자인 받기 – 회의실 예약 후 마이크 및 프로젝터 체크 – 팀 회의 참석 – 외근 지출결의서 총무부 제출'이다. 따라서 출근 후 두 번째로 해야 할 일은 '외주업체로부터 판촉 행사 브로슈어 샘플 디자인 받기'이다.

02

정답. ④

비품은 기관의 비품이나 차량 등을 관리하는 총무지원실에 신청해야 하며, 교육 일정은 사내 직원의 교육 업무를 담당하는 인사혁신실에서 확인해야 한다.

오답분석

기획조정실은 전반적인 조직 경영과 조직 문화 형성, 예산 업무, 이사회, 국회 협력 업무, 법무 관련 업무를 담당한다.

01

정답 ③

티베트의 문화를 존중하고 대접을 받는 손님의 입장에서 볼 때, 차를 마실 때 다 비우지 말고 입에 살짝 대는 것이 가장 적절한 행동이다.

오답분석

① 주인이 권하는 차를 거절하면 실례가 되므로 적절하지 않다.
② 대접받는 손님의 입장에서 자리를 피하는 것은 적절하지 않다.
④ 힘들다는 자신의 감정이 드러날 수 있으므로 적절하지 않다.

02

정답 ③

명함을 건네는 관습은 동양의 관습 중 좋은 관습이라고 인정되고 있기 때문에 명함을 자신 있게 건네주어도 된다. 다만, 영문 명함이 아니라면 자신의 이름, 전화번호 등을 외국인이 알아볼 수 있게 표기한다.

03

정답 ④

식사 시 포크와 나이프는 바깥쪽에 놓인 것부터 순서대로 사용한다.

국제매너 중 식사 예절
- 포크와 나이프는 바깥쪽에 놓인 것부터 순서대로 사용한다.
- 수프는 소리 내면서 먹지 않으며, 몸 쪽에서 바깥쪽으로 숟가락을 사용한다.
- 뜨거운 수프는 입으로 불어서 식히지 않고, 숟가락으로 저어서 식힌다.
- 빵은 수프를 먹고 난 후부터 먹으며, 디저트 직전 식사가 끝날 때까지 먹을 수 있다.
- 빵은 칼이나 치아로 자르지 않고, 손으로 떼어 먹는다.
- 생선 요리는 뒤집어 먹지 않는다.
- 스테이크는 처음에 다 잘라놓지 않고, 잘라가면서 먹는 것이 좋다.

06 | 기술능력

대표기출유형 01 기출응용문제

01

상향식 기술선택(Bottom-Up Approach)은 기술자들로 하여금 자율적으로 기술을 선택하게 함으로써 기술자들의 흥미를 유발할 수 있고, 이를 통해 그들의 창의적인 아이디어를 활용할 수 있는 장점이 있다.

[오답분석]

② 하향식 기술선택은 먼저 기업이 직면하고 있는 외부환경과 기업의 보유 자원에 대한 분석을 통해 기업의 중장기적인 사업목표를 설정하고, 이를 달성하기 위해 확보해야 하는 핵심고객층과 그들에게 제공하고자 하는 제품과 서비스를 결정한다.
③ 상향식 기술선택은 기술자들이 자신의 과학기술 전문 분야에 대한 지식과 흥미만을 고려하여 기술을 선택하게 함으로써, 시장의 고객들이 요구하는 제품이나 서비스를 개발하는 데 부적합한 기술이 선택될 수 있다.
④ 하향식 기술선택은 기술에 대한 체계적인 분석을 한 후, 기업이 획득해야 하는 대상기술과 목표기술수준을 결정한다.

02

제시문은 기술의 S곡선에 대한 설명이다. 이는 기술이 등장하고 처음에는 완만히 향상되다가 일정 수준이 되면 급격히 향상되고, 한계가 오면서 다시 완만해지다가 이후 다시 발전할 수 없는 상태가 되는 모양이 S모양과 닮았다하여 붙여진 이름이다.

[오답분석]

① 바그너 법칙 : 경제가 성장할수록 국민총생산(GNP)에서 공공지출의 비중이 높아진다는 법칙이다.
③ 빅3 법칙 : 분야별 빅3 기업들이 시장의 70 ~ 90%를 장악한다는 경험 법칙이다.
④ 생산비의 법칙 : 완전경쟁하에서 가격·한계비용·평균비용이 일치함으로써 균형상태에 도달한다는 법칙이다.

03

석유자원을 대체하고 에너지의 효율성을 높이는 것은 기존 기술에서 탈피하고 새로운 기술을 습득하는 기술경영자의 능력으로 볼 수 있다.

기술경영자의 능력
- 기술을 기업의 전반적인 전략 목표에 통합시키는 능력
- 빠르고 효과적으로 새로운 기술을 습득하고 기존의 기술에서 탈피하는 능력
- 기술을 효과적으로 평가할 수 있는 능력
- 기술 이전을 효과적으로 할 수 있는 능력
- 새로운 제품개발 시간을 단축할 수 있는 능력
- 크고 복잡하며 서로 다른 분야에 걸쳐 있는 프로젝트를 수행할 수 있는 능력
- 조직 내의 기술 이용을 수행할 수 있는 능력
- 기술 전문 인력을 운용할 수 있는 능력

04

정답 ②

화상 방지 시스템을 개발한 이유가 이용자들의 화상을 염려하였다는 점을 볼 때, 기술이 필요한 이유를 설명하는 노와이(Know-why)의 사례로 적절하다.

05

정답 ①

제시문에서 나타난 A ~ C사가 수행한 기술 선택 방법은 벤치마킹이다. 벤치마킹이란 단순한 모방과는 달리 특정 분야에서 우수한 기업이나 성공한 상품, 기술, 경영 방식 등의 장점을 충분히 익힌 후 자사의 환경에 맞추어 재창조하는 것을 의미한다.

오답분석

③ 비교대상에 따른 벤치마킹의 종류

비교대상에 따른 분류	내용
내부 벤치마킹	같은 기업 내의 다른 지역, 타 부서, 국가 간의 유사한 활용을 비교 대상으로 함
경쟁적 벤치마킹	동일 업종에서 고객을 직접적으로 공유하는 경쟁기업을 대상으로 함
비경쟁적 벤치마킹	제품, 서비스 및 프로세스의 단위 분야에 있어 가장 우수한 실무를 보이는 비경쟁적 기업 내의 유사 분야를 대상으로 함
글로벌 벤치마킹	프로세스에 있어 최고로 우수한 성과를 보유한 동일업종의 비경쟁적 기업을 대상으로 함

④ 수행방식에 따른 벤치마킹의 종류

수행방식에 따른 분류	내용
직접적 벤치마킹	벤치마킹 대상을 직접 방문하여 수행하는 방법
간접적 벤치마킹	인터넷 검색 및 문서 형태의 자료를 통해서 수행하는 방법

06

정답 ④

ⓒ·ⓔ C금융사는 비경쟁적 관계에 있는 신문사를 대상으로 한 비경쟁적 벤치마킹과 직접 방문을 통한 직접적 벤치마킹을 하였다.

오답분석

ⓐ 내부 벤치마킹에 대한 설명이다.
ⓑ 경쟁적 벤치마킹에 대한 설명이다.
ⓓ 간접적 벤치마킹에 대한 설명이다.

대표기출유형 02   기출응용문제

01

정답 ③

1 ~ 2월 이앙기 관리 방법에 모두 방청유를 발라 녹 발생을 방지하는 내용이 있다.

오답분석

① 트랙터의 브레이크 페달 작동 상태는 2월의 점검 목록이다.
② 이앙기에 커버를 씌워 먼지 및 이물질에 의한 부식을 방지하는 것은 1월의 점검 목록이다.
④ 트랙터의 유압실린더와 엔진 누유 상태의 점검은 트랙터 사용 전 점검이 아니라 보관 중 점검 목록이다.

02

정답 ②

②에 대한 내용은 문제 해결법에 나와 있지 않다.

03

정답 ④

④는 인쇄 속도가 느릴 때 해결할 수 있는 방안이다.

04

정답 ④

본 제품에는 배터리 보호를 위하여 과충전 보호회로가 내장되어 있어 적정 충전시간을 초과하여도 큰 손상이 없으므로 고장의 원인으로 적절하지 않다.

05

정답 ③

청소기 전원을 끄고 이물질 제거 후 전원을 켜면 파워브러시가 재작동하며 평상시에도 파워브러시가 멈추었을 때는 전원 스위치를 껐다 켜면 재작동한다.

06

정답 ④

사용 중 갑자기 흡입력이 떨어지는 이유는 흡입구를 커다란 이물질이 막고 있거나, 먼지 필터가 막혀 있거나, 먼지통 내에 오물이 가득 차 있을 경우이다.

인생이란 결코 공평하지 않다. 이 사실에 익숙해져라.

- 빌 게이츠 -

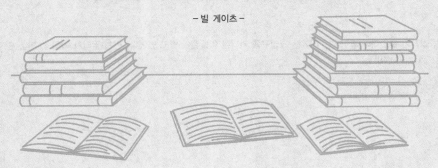

PART 2

최종점검 모의고사

최종점검 모의고사

01 공통 영역

01	02	03	04	05	06	07	08	09	10	11	12	13	14	15	16	17	18	19	20
④	③	②	②	④	③	③	④	④	②	③	③	④	②	③	②	③	③	③	④
21	22	23	24	25	26	27	28	29	30	31	32	33	34	35	36	37	38	39	40
④	②	②	②	③	②	③	④	①	②	②	①	④	④	③	④	①	③	③	④

01 문서 내용 이해
정답 ④

키드, 피어슨 등은 인종이나 민족, 국가 등의 집단 단위로 '생존경쟁'과 '적자생존'을 적용하여 우월한 집단이 열등한 집단을 지배하는 것을 주장하였는데, 이는 사회 진화론의 개념을 집단 단위에 적용시킨 것이다.

오답분석
① 사회 진화론은 생물 진화론을 개인과 집단에 적용시킨 사회 이론이다.
② 사회 진화론의 중심 개념이 19세기에 등장한 것일 뿐, 그 자체가 19세기에 등장한 것인지는 알 수 없다.
③ '생존경쟁'과 '적자생존'의 개념이 민족과 같은 집단의 범위에 적용되면 민족주의와 결합한다.

02 문서 작성
정답 ③

보고서는 업무 진행 과정에서 쓰는 경우가 대부분이므로 무엇을 도출하고자 했는지 핵심내용을 구체적으로 제시해야 한다. 내용의 중복을 피하고 산뜻하고 간결하게 작성하며, 복잡한 내용일 때에는 도표나 그림을 활용한다. 또한 보고서는 개인의 능력을 평가하는 기본요인이므로 제출하기 전에 최종적으로 점검을 해야 한다. 따라서 P사원이 작성해야 할 문서는 보고서이다.

03 의사 표현
정답 ②

ⓒ 메모이므로 '글'에 해당한다.
ⓔ 의사 표시를 글로 적은 메모의 일종이므로 '글'에 해당한다.

오답분석
ⓐ 전화이므로 '말'에 해당한다.
ⓑ 손짓이므로 '비언어적 수단'에 해당한다.
ⓓ 전화상 대화이므로 '말'에 해당한다.

04 의사 표현
정답 ②

브레인스토밍은 의사결정에 있어 질보다 양을 추구한다.

05 　빈칸 삽입　　　　　　　　　　　　정답　④

(라)의 앞부분에서는 위기 상황을 제시하고, 뒷부분에서는 인류의 각성을 촉구하는 내용을 다루고 있다. 따라서 각성의 당위성을 이끌어내는 내용인 보기가 (라)에 들어가면 앞뒤의 내용을 논리적으로 연결할 수 있다.

06 　빈칸 삽입　　　　　　　　　　　　정답　③

제시문은 절차의 정당성을 근거로 한 과도한 권력, 즉 무제한적 민주주의에 대해 비판적인 논조를 취하고 있는 글이다. 따라서 빈칸에는 무제한적 민주주의의 문제점을 보완할 수 있는 해결책이 제시되어야 한다.

오답분석

① 다수의 의견을 그대로 수용하는 것은 필자의 견해가 아니다.
② 사회적 불안의 해소는 언급되지 않았다.
④ 무제한적 민주주의를 제한적으로 수용하는 것은 필자의 견해가 아니다.

07 　문단 나열　　　　　　　　　　　　정답　③

제시문은 예술과 도덕의 관계에 대해 서로 다른 입장을 가진 극단적 도덕주의, 온건한 도덕주의, 자율성 주의를 설명하는 글이다. 따라서 (마) 사상사의 중요한 주제인 예술과 도덕의 관계 → (다) 예술과 도덕의 관계에 대한 서로 다른 입장 → (아) 예술작품을 도덕적 가치판단의 대상으로 보는 극단적 도덕주의 → (나) 극단적 도덕주의를 대표하는 톨스토이 → (가) 일부 예술작품만이 도덕적 판단의 대상으로 보는 온건한 도덕주의 → (바) 예술작품의 도덕적 가치와 미적 가치의 관계에 대한 온건한 도덕주의의 입장 → (라) 예술작품은 도덕적 가치판단의 대상이 될 수 없다는 자율성 주의 → (사) 도덕적 가치와 미적 가치의 관계에 대한 자율성 주의의 입장 순서로 나열해야 한다.

08 　문서 내용 이해　　　　　　　　　　정답　④

제시문에 따르면 부모의 학력이 자녀의 소득에 영향을 미치는 것은 환경적 요인에 의한 결정이다. 이러한 현상이 심화될 경우 빈부격차의 대물림 현상이 심해질 것으로 바라보고 있다.

오답분석

① 사회민주주의 국가는 조세 정책을 통해 기회 균등화 효과를 거두고 있다.
② 세율을 낮추면 이전지출이 줄어든다. 이전지출을 줄이는 것보다 세율을 높이고 이전지출을 늘리는 것이 재분배에 효과적이다.
③ 분배정의론 관점은 환경적 요인에 의해 나타난 불리함에 대해서 개인에게 책임을 묻는 것이 정당하지 않다고 주장하고 있다.

09 　글의 주제　　　　　　　　　　　　정답　④

마지막 문단의 '기다리지 못함도 삼가고 아무것도 안 함도 삼가야 한다. 작동 중에 있는 자연스런 성향이 발휘되도록 기다리면서도 전력을 다할 수 있도록 돕는 노력도 멈추지 말아야 한다.'를 통해 '잠재력을 발휘하도록 하려면 의도적 개입과 방관적 태도 모두를 경계해야 한다.'가 제시문의 중심 주제가 됨을 알 수 있다.

오답분석

① 인위적 노력을 가하는 것은 일을 '조장(助長)'하지 말라고 한 맹자의 말과 반대된다.
② 싹이 성장하도록 기다리는 것도 중요하지만 '전력을 다할 수 있도록 돕는 노력'도 해야 한다.
③ 명확한 목적성을 강조하는 부분은 제시문에 나와 있지 않다.

10 어휘

- (가) : 앞 문장과 뒤 문장이 서로 일치하지 않는 상반되는 내용을 담고 있으므로 '하지만'이 가장 적절하다.
- (나) : 앞 문장은 기차의 냉난방시설을 다루고 있지만 뒤 문장은 지하철의 냉난방시설에 대해 다루고 있으므로 '반면'이 가장 적절하다.
- (다) : 앞 뒤 내용을 살펴보면, 앞선 내용의 과정들이 끝나고 이후의 내용이 이어지므로 이를 이어주는 접속사인 '마침내'가 가장 적절하다.

11 수열 규칙

정답 ③

홀수 항은 ×3+3, 짝수 항은 −2인 수열이다.

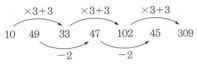

12 수열 규칙

정답 ③

$$A\ B\ C \rightarrow C = -\frac{1}{2}(A+B)$$

A	B	C
-7	3	$2\left[=-\dfrac{1}{2}(-7+3)\right]$
30	-4	$-13\left[=-\dfrac{1}{2}\{30+(-4)\}\right]$
27	5	$-16\left[=-\dfrac{1}{2}(27+5)\right]$

13 응용 수리

정답 ④

희진이가 반죽을 만드는 데 걸리는 시간이 12분이므로, 빵을 만드는 데 쓸 수 있는 시간은 48분이다. 그러므로 단팥빵을 x개, 크림빵을 y개 만들었다면, 걸린 시간은 $3x+7y=48$로 나타낼 수 있다. 이를 만족하는 x, y를 순서쌍으로 나타내면 $(2,\ 6)$, $(9,\ 3)$이다.

i) $x=2$, $y=6$인 경우 $\dfrac{8!}{2! \times 6!} = 28$가지이다.

ii) $x=9$, $y=3$인 경우 $\dfrac{12!}{9! \times 3!} = 220$가지이다.

따라서 희진이가 빵 굽는 순서를 다르게 할 수 있는 방법은 $28+220=248$가지이다.

14 응용 수리

정답 ②

서울에서 부산까지 무정차로 걸리는 시간을 x시간이라고 하면 $x=\dfrac{400}{120}=\dfrac{10}{3}$ 이므로 3시간 20분이고, 서울에서 9시에 출발하여 부산에 13시 10분에 도착했으므로 걸린 시간은 4시간 10분이다. 즉, 무정차 시간과 비교하면 50분이 더 걸렸고, 역마다 정차하는 시간은 10분이므로 정차한 역의 수는 $50 \div 10 = 5$개이다.

15 응용 수리

정답 ③

가현이가 수영한 속력을 xm/s, A지점에서 B지점까지의 거리를 ym, 강물의 속력을 zm/s라고 하자.

가현이가 강물이 흐르는 방향으로 가는 속력은 $(x+z)$m/s, 반대방향으로 거슬러 올라가는 속력은 $(x-z)$m/s이고, 강물이 흐르는 방향으로 수영할 때 걸린 시간이 반대방향으로 거슬러 올라가며 걸린 시간의 0.2배라고 하였으므로 다음과 같은 식이 성립한다.

$$\frac{y}{x+z} = \frac{y}{x-z} \times 0.2$$

$$\rightarrow 10(x-z) = 2(x+z)$$

$$\rightarrow 2x = 3z$$

$$\therefore x = \frac{3}{2}z$$

따라서 가현이가 수영한 속력 xm/s는 강물의 속력 zm/s의 1.5배이다.

16 응용 수리

정답 ②

집으로 다시 돌아갈 때 거리 2.5km를 시속 5km로 걸었기 때문에 이때 걸린 시간은 $\frac{2.5}{5} = 0.5$시간(30분)이고, 회사로 자전거를 타고 출근하는 데 걸린 시간은 $\frac{5}{15} = \frac{20}{60}$ 시간(20분)이다. 따라서 총 50분이 소요되어 회사에 도착한 시각은 오전 7시 10분+50분 =오전 8시이다.

17 자료 이해

정답 ③

ⓛ 2022년과 2023년은 농·임업 생산액과 화훼 생산액 비중이 전년 대비 모두 증가했으므로 화훼 생산액 또한 증가했음을 알 수 있다. 남은 2018~2021년의 화훼 생산액을 구하면 다음과 같다.
- 2018년 : 39,663×0.28=11,105.64십억 원
- 2019년 : 42,995×0.277≒11,909.62십억 원
- 2020년 : 43,523×0.294≒12,795.76십억 원
- 2021년 : 43,214×0.301≒13,007.41십억 원

따라서 화훼 생산액은 매년 증가한다.

ⓔ 2018년의 GDP를 a억 원, 농업과 임업의 부가가치를 각각 x억 원, y억 원이라고 하자.

- 2018년 농업 부가가치의 GDP 대비 비중 : $\frac{x}{a} \times 100 = 2.1\% \rightarrow x = 2.1 \times \frac{a}{100}$

- 2018년 임업 부가가치의 GDP 대비 비중 : $\frac{y}{a} \times 100 = 0.1\% \rightarrow y = 0.1 \times \frac{a}{100}$

2018년 농업 부가가치와 임업 부가가치의 비는 $x:y = 2.1 \times \frac{a}{100} : 0.1 \times \frac{a}{100} = 2.1 : 0.1$이다.

즉, 매년 농업 부가가치와 임업 부가가치의 비는 GDP 대비 비중의 비로 나타낼 수 있다.

농·임업 부가가치 현황 자료를 살펴보면 2018년, 2019년, 2021년과 2020년, 2022년, 2023년의 GDP 대비 비중이 같음을 확인할 수 있다. 비례배분을 이용해 매년 농·임업 부가가치에서 농업 부가가치가 차지하는 비중을 구하면 다음과 같다.

- 2018년, 2019년, 2021년 : $\frac{2.1}{2.1+0.1} \times 100 ≒ 95.45\%$

- 2020년, 2022년, 2023년 : $\frac{2.0}{2.0+0.2} \times 100 ≒ 90.91\%$

따라서 옳은 설명이다.

오답분석

ⓐ 농·임업 생산액이 전년보다 적은 해는 2021년이다. 그러나 2021년 농·임업 부가가치는 전년보다 많다.

ⓒ 같은 해의 곡물 생산액과 과수 생산액은 비중으로 비교할 수 있다. 2020년의 곡물 생산액 비중은 15.6%, 과수 생산액 비중은 40.2%이고 40.2×0.5=20.1>15.6이므로 옳지 않은 설명이다.

18 　자료 이해　　　　　　　　　　　　　　　　　　　　　　　　　　　　　　　　정답　③

현재 유지관리하는 도로의 총거리는 4,113km이고, 1990년대는 367.5+1,322.6+194.5+175.7＝2,060.3km이다.
따라서 1990년대보다 현재 도로는 4,113－2,060.3＝2,052.7km 더 길어졌다.

오답분석

① 2000년대 4차로 도로의 거리는 3,426－(155+450+342)＝2,479km이므로 1960년대부터 유지관리되는 4차로 도로의 거리
　는 현재까지 계속 증가했다.

② 현재 유지관리하는 도로 한 노선의 평균거리는 $\frac{4,113}{29}$ ≒141.8km로 120km 이상이다.

④ 차선이 만들어진 순서는 4차로(1960년대) － 2차로(1970년대) － 6차로(1980년대) － 8차로(1990년대) － 10차로(현재)이다.

19 　자료 이해　　　　　　　　　　　　　　　　　　　　　　　　　　　　　　　　정답　③

ㄱ. 영국 국적인 남편의 수는 2022년에 478명, 2023년에 490명으로 서로 다르다.
ㄴ. 아내의 국적의 경우 2022년에는 미국이 6위, 태국이 7위였지만, 2023년에는 태국이 6위, 미국이 7위로 서로 다르다.
ㄹ. 2022년 중국 국적인 남편의 수는 9,597명으로, 필리핀 국적인 아내 수의 2배인 5,897×2＝11,794명보다 적다.

오답분석

ㄷ. 프랑스 국적인 남편의 수는 2022년에 278명, 2023년에 295명으로 2022년에 더 많다.

20 　자료 계산　　　　　　　　　　　　　　　　　　　　　　　　　　　　　　　　정답　④

2022년과 2023년 호주 국적인 남편의 수의 합은 384+348＝732명이며, 미국 국적인 아내의 수의 합은 1,933+1,962＝3,895명
이다.
따라서 호주 국적인 남편의 수의 합과 미국 국적인 아내의 수의 합은 3,895+732＝4,627명이다.

21 　창의적 사고　　　　　　　　　　　　　　　　　　　　　　　　　　　　　　　정답　④

먼저 이슈 분석은 현재 수행하고 있는 업무에 가장 큰 영향을 미치는 핵심이슈 설정, 이슈에 대한 일시적인 결론을 예측해보는
가설 설정, 가설검증계획에 의거하여 분석결과를 이미지화하는 Output 이미지 결정의 절차를 거쳐 수행된다. 다음으로 데이터
분석은 목적에 따라 데이터 수집 범위를 정하는 데이터 수집계획 수립, 정량적이고 객관적인 사실을 수집하는 데이터 수집, 수집된
정보를 항목별로 분류・정리한 후 의미를 해석하는 데이터 분석의 절차를 거쳐 수행된다. 마지막으로 원인 파악 단계에서는 이슈와
데이터 분석을 통해서 얻은 결과를 바탕으로 최종 원인을 확인한다. 따라서 원인 분석 단계는 ⓒ → ⑩ → ㉠ → ㉡ → ⑭ →
㉣의 순서로 진행된다.

22 　SWOT 분석　　　　　　　　　　　　　　　　　　　　　　　　　　　　　　　정답　②

ST전략은 외부 환경의 위협 회피를 위해 내부 강점을 사용하는 전략이며, 내부의 강점을 이용하여 외부의 기회를 포착하는 전략은
SO전략이므로 적절하지 않다.

23 　창의적 사고　　　　　　　　　　　　　　　　　　　　　　　　　　　　　　　정답　②

(가) 고객 분석 : ㉠, ⑩과 같은 고객에 대한 질문을 통해 고객에 대한 정보를 분석한다.
(나) 자사 분석 : ㉡과 같은 질문을 통해 자사의 수준에 대해 분석한다.
(다) 경쟁사 분석 : ⓒ, ㉣과 같은 질문을 통해 경쟁사를 분석함으로써 경쟁사와 자사에 대한 비교가 가능하다.

24 창의적 사고

정답 ②

설정형 문제는 앞으로 어떻게 할 것인가 하는 문제를 의미한다. 설정형 문제는 지금까지 해오던 것과 전혀 관계없이 미래 지향적으로 새로운 과제 또는 목표를 설정함에 따라 발생하는 문제로서, 목표 지향적 문제라고 할 수 있다. 문제 해결에 많은 창조적인 노력이 요구되어 창조적 문제라고 하기도 한다.

오답분석

① 발생형 문제 : 우리가 바로 직면하고 걱정하고 해결하기 위해 고민하는 문제를 의미한다. 문제의 원인이 내재되어 있기 때문에 원인 지향적인 문제라고도 한다.

③ 잠재형 문제 : 드러나지 않았으나 방치해 두면 불량이 발생하는 문제를 의미한다.

④ 탐색형 문제 : 현재 상황을 개선하거나 효율을 높이기 위한 문제를 의미한다. 문제를 방치하면 뒤에 큰 손실이 따르거나 결국 해결할 수 없는 문제로 나타나게 된다.

25 명제 추론

정답 ③

같은 색깔로는 심지 못하기 때문에 다음의 경우로 꽃씨를 심을 수 있다.
1) 빨간 화분 : 파랑, 노랑, 초록
2) 파란 화분 : 빨강, 노랑, 초록
3) 노란 화분 : 빨강, 파랑, 초록
4) 초록 화분 : 빨강, 파랑, 노랑
주어진 조건을 적용하면 다음과 같은 경우로 꽃씨를 심을 수 있다.
1) 빨간 화분 : 파랑, 초록
2) 파란 화분 : 빨강, 노랑
3) 노란 화분 : 파랑, 초록
4) 초록 화분 : 빨강, 노랑
따라서 초록 화분과 노란 화분에 심을 수 있는 꽃씨의 종류는 다르므로 ③은 옳지 않은 설명이다.

26 명제 추론

정답 ②

주어진 조건을 다음의 다섯 가지 경우로 정리할 수 있다.

구분	1층	2층	3층	4층	5층	6층
경우 1	C	D	A	F	E	B
경우 2	F	D	A	C	E	B
경우 3	F	D	A	E	C	B
경우 4	D	F	A	E	B	C
경우 5	D	F	A	C	B	E

따라서 B는 항상 F보다 높은 층에 산다.

오답분석

① C는 B보다 높은 곳에 살 수도 낮은 곳에 살 수도 있다.

③ E는 F와 인접해 있을 수도 인접하지 않을 수도 있다.

④ A는 항상 D보다 높은 층에 산다.

27 자료 해석

정답 ③

제시된 문제는 각각의 조건에서 해당되지 않는 쇼핑몰을 체크하여 선지에서 하나씩 제거하는 방법으로 푸는 것이 좋다.
• 철수 : C, D, F는 포인트 적립이 안 되므로 해당 사항이 없다(②・④ 제외).
• 영희 : A는 배송비가 없으므로 해당 사항이 없다.
• 민수 : A, B, C는 주문 취소가 가능하므로 해당 사항이 없다(① 제외).
• 철호 : 환불 및 송금수수료, 배송비가 포함되었으므로 A, D, E, F에는 해당 사항이 없다.

28 정답 ④

- A : 해외여행에 결격사유가 있다.
- B : 지원분야와 전공이 맞지 않다.
- C : 대학 재학 중이므로, 지원이 불가능하다.
- D : TOEIC 점수가 750점 이상이 되지 않는다.
- E : 병역 미필로 지원이 불가능하다.

따라서 A ~ E 5명 모두 지원자격에 부합하지 않는다.

29 정답 ①

음료의 종류별로 부족한 팀 수를 구하면 다음과 같다.
- 이온음료 : 총무팀(1팀)
- 탄산음료 : 총무팀, 개발팀, 홍보팀, 고객지원팀(4팀)
- 에너지음료 : 개발팀, 홍보팀, 고객지원팀(3팀)
- 캔 커피 : 총무팀, 개발팀, 영업팀, 홍보팀, 고객지원팀(5팀)

음료 구매 시 각 음료의 최소 구비 수량의 1.5배를 구매해야 하므로 이온음료는 9캔, 탄산음료는 18캔, 에너지음료는 15캔, 캔 커피는 45캔씩 구매해야 한다. 그러므로 구매해야 하는 전체 음료의 수는 다음과 같다.
- 이온음료 : $9 \times 1 = 9$캔
- 탄산음료 : $18 \times 4 = 72$캔
- 에너지음료 : $15 \times 3 = 45$캔
- 캔 커피 : $45 \times 5 = 225$캔

음료는 정해진 묶음으로만 판매하므로 이온음료는 12캔, 탄산음료는 72캔, 에너지음료는 48캔, 캔 커피는 240캔을 구매해야 한다.

30 정답 ②

고객의 요구사항을 에어컨 시리얼넘버 구성 순으로 정리하면 다음과 같다.
- 제조사 : D사 → DW
- 제조국 : 한국 → A
- 출시연도 : 2020년 → 10
- 냉방면적 : 6평 또는 10평 → 0 또는 1
- 품목 : 이동식 → 110
- 부가기능 : 청정 필수 → 011 또는 101 또는 111

따라서 옳지 않은 에어컨은 벽걸이인 ②이다.

31 정답 ②

자원관리과정
1. 필요한 자원의 종류와 양 확인하기
2. 이용 가능한 자원 수집하기
3. 자원 활용 계획 세우기
4. 계획대로 수행하기

32 정답 ①

무조건 비용을 적게 들이는 것이 좋은 것은 아니다. 예를 들어 한 기업에서 개발 프로젝트를 한다고 할 때, 개발 비용을 실제보다 높게 책정하면 경쟁력을 잃어버리게 되고, 낮게 책정하면 프로젝트 자체가 이익을 주는 것이 아니라 오히려 적자가 나는 경우가 발생할 수 있다. 따라서 책정 비용과 실제 비용의 차이를 줄여 비슷한 상태가 가장 이상적인 상태라고 할 수 있다.

33 시간 계획

정답 ④

제4사분면은 중요하지 않고 긴급하지 않은 업무로 시간 낭비거리가 해당되는 것은 맞으나, 고객의 불시방문은 긴급한 업무로 간주되므로 ④는 옳지 않다.

34 비용 계산

정답 ④

- 직접비용 : ㉠, ㉡, ㉢, ㉣
- 간접비용 : ㉢, ㉣

직접비용은 제품 또는 서비스를 창출하기 위해 직접 소비된 것으로 여겨지는 비용을 말하며, 재료비, 원료와 장비 구입비, 인건비, 출장비 등이 해당한다. 간접비용은 생산에 직접 관련되지 않은 비용을 말하며, 광고비, 보험료, 통신비 등이 해당한다.

35 인원 선발

정답 ③

인적자원은 자연적인 성장과 성숙은 물론, 오랜 기간 동안에 걸쳐 개발될 수 있는 많은 잠재능력과 자질, 즉 개발가능성을 보유하고 있다. 환경변화와 이에 따른 조직변화가 심할수록 현대조직의 인적자원관리에서 개발가능성이 차지하는 중요성은 더욱 커진다.

36 품목 확정

정답 ④

D는 물품을 분실한 경우로, 보관 장소를 파악하지 못한 경우와 비슷할 수 있으나 분실한 경우에는 물품을 다시 구입하지 않으면 향후 활용할 수 없다는 점에서 차이가 있다. 물품을 분실한 경우 물품을 다시 구입해야 하므로 경제적인 손실을 가져올 수 있으며, 경우에 따라 동일한 물품이 시중에서 판매되지 않는 경우가 있을 수 있다.

37 품목 확정

정답 ①

- 1,000kg 기준 총요금
  - A : $3,000+(200\times1,000)+1,000+(2,500\times450)=1,329,000$원
  - B : $2,000+(150\times1,000)+1,500+(3,500\times350)=1,378,500$원
  - C : $2,500+(150\times1,000)+1,500+(5,000\times250)=1,404,000$원
  - D : $1,000+(200\times1,000)+2,500+(3,000\times400)=1,403,500$원
  - E : $0+(200\times1,000)+2,000+(6,000\times200)=1,402,000$원

  따라서 A가 가장 저렴하다.
- 2,000kg 기준 총요금

  앞의 1,000kg 기준 총요금에서 늘어난 1,000kg에 대한 요금만 추가하여 계산한다.
  - A : $1,329,000+(1,000\times200)=1,529,000$원
  - B : $1,378,500+(1,000\times150)=1,528,500$원
  - C : $1,404,000+(1,000\times150)=1,554,000$원
  - D : $1,403,500+(1,000\times200)=1,603,500$원
  - E : $1,402,000+(1,000\times200)=1,602,000$원

  따라서 B가 가장 저렴하다.

38 　시간 계획

정답 ③

A대리가 쓸 수 있는 항공료는 최대 450,000원이다. 항공료 지원율을 반영해 실제 쓸 돈을 계산하면 다음과 같다.
- 중국 : 130,000×2×2×0.9＝468,000원
- 일본 : 125,000×2×2×0.7＝350,000원
- 싱가포르 : 180,000×2×2×0.65＝468,000원

따라서 A대리는 일본여행만 가능하다.
제시된 자료에서 8월 3～4일은 휴가가 불가능하다고 하였으므로, A대리가 선택할 여행기간은 16～19일이다.

39 　시간 계획

정답 ③

밴쿠버 지사에 메일이 도착한 밴쿠버 현지시각은 6월 22일 오전 12시 15분이지만, 업무 시간이 아니므로 메일을 읽을 수 없다. 따라서 밴쿠버 지사에서 가장 빠르게 메일을 읽을 수 있는 시각은 전력 점검이 끝난 6월 22일 오전 10시 15분이다. 모스크바는 밴쿠버와 10시간의 시차가 있으므로 이때의 모스크바 현지시각은 6월 22일 오후 8시 15분이다.

40 　비용 계산

정답 ④

10잔 이상의 음료 또는 디저트를 구매하면 음료 2잔을 무료로 제공받을 수 있다. 먼저 커피를 못 마시는 두 사람을 위해 NON－COFFEE 메뉴 중 4,500원 이하의 가격인 그린티라테 두 잔을 무료로 제공받고 남은 10명 중 4명은 가장 저렴한 아메리카노를 주문한다(3,500×4＝14,000원). 이때, 2인에 1개씩 음료에 곁들일 디저트를 주문한다고 했으므로 남은 6명은 베이글과 아메리카노를 세트로 시키고 10% 할인을 받으면 (7,000×0.9)×6＝37,800원이다.
따라서 총금액은 14,000＋37,800＝51,800원이므로 전체 회비에서 메뉴를 주문한 후 남는 돈은 240,000－51,800＝188,200원이다.

02   조직이해능력(사무직)

41	42	43	44	45	46	47	48	49	50							
③	④	④	②	④	②	③	②	③	④							

41 조직 구조
정답 ③

백화점에 모여 있는 직원과 고객은 조직의 특징인 조직의 목적과 구조가 없고, 목적을 위해 서로 협동하는 모습도 볼 수 없으므로 조직의 사례로 적절하지 않다.

42 국제 동향
정답 ④

국제 동향을 파악하기 위해서는 국제적인 법규나 규정을 숙지해야 한다. 우리나라에서는 합법적인 행동이 다른 나라에서는 불법적일 수 있기 때문에 국제적인 업무를 수행하기 전에 반드시 숙지하여 피해를 방지해야 한다. 국내의 법률, 법규 등을 공부하는 것은 국제 동향을 파악하는 행동으로 적절하지 않다.

43 업무 종류
정답 ④

내부 메신저는 동료와의 잡담에 쓰일 수도 있지만, 처리해야 할 업무가 있을 때 실시간으로 전달받고 해결하는 데 필요하므로 업무 시간에는 계속 로그인되어 있어야 한다.

44 조직 구조
정답 ②

(가)는 집단문화, (나)는 개발문화, (다)는 계층문화, (라)는 합리문화이며, 규칙과 법을 준수하고, 관행과 안정, 문서와 형식, 명확한 책임소재 등을 강조하는 관리적 문화의 특징을 가진 문화는 (다)이다.

조직 문화의 유형 및 특징

조직 문화 유형	주요 특징
(가) 집단문화	관계지향적인 문화이며, 조직구성원 간 인간애 또는 인간미를 중시하는 문화로서 조직내부의 통합과 유연한 인간관계를 강조한다. 따라서 조직구성원 간 인화단결, 협동, 팀워크, 공유가치, 사기, 의사결정과정에 참여 등을 중요시하며, 개인의 능력개발에 대한 관심이 높고, 조직구성원에 대한 인간적 배려와 가족적인 분위기를 만들어내는 특징을 가진다.
(나) 개발문화	높은 유연성과 개성을 강조하며, 외부환경에 대한 변화지향성과 신축적 대응성을 기반으로 조직구성원의 도전의식, 모험성, 창의성, 혁신성, 자원획득 등을 중시하며, 조직의 성장과 발전에 관심이 높은 조직 문화를 의미한다. 따라서 조직구성원의 업무수행에 대한 자율성과 자유재량권 부여 여부가 핵심요인이다.
(다) 계층문화	조직내부의 통합과 안정성을 확보하고, 현상유지 차원에서 계층화되고 서열화된 조직 구조를 중요시하는 조직 문화이다. 즉, 위계질서에 의한 명령과 통제, 업무처리시 규칙과 법을 준수, 관행과 안정, 문서와 형식, 보고와 정보관리, 명확한 책임소재 등을 강조하는 관리적 문화의 특징을 나타내고 있다.
(라) 합리문화	과업지향적인 문화로, 결과지향적인 조직으로써의 업무의 완수를 강조한다. 조직의 목표를 명확하게 설정하여 합리적으로 달성하고, 주어진 과업을 효과적이고 효율적으로 수행하기 위하여 실적을 중시하고, 직무에 몰입하며, 미래를 위한 계획을 수립하는 것을 강조한다. 합리문화는 조직구성원간의 경쟁을 유도하는 문화이기 때문에 때로는 지나친 성과를 강조하게 되어 조직에 대한 조직구성원들의 방어적인 태도와 개인주의적인 성향을 드러내는 경향을 보인다.

45 업무 종류 　　　　　　　　　　　　　　　　　　　　　　　　　　　　정답 ④

시스템 오류 확인 및 시스템 개선 업무는 고객지원팀이 아닌 시스템개발팀이 담당하는 업무이다.

46 조직 구조 　　　　　　　　　　　　　　　　　　　　　　　　　　　　정답 ②

오답분석

• B : 사장 직속으로 4개의 본부가 있다는 설명은 옳지만, 인사를 전담하고 있는 본부는 없으므로 적절하지 않다.
• C : 감사실이 분리되어 있다는 설명은 옳지만, 사장 직속이 아니므로 적절하지 않다.

47 업무 종류 　　　　　　　　　　　　　　　　　　　　　　　　　　　　정답 ③

유대리가 처리해야 할 일의 순서는 다음과 같다.
음악회 주최 의원들과 점심 → 음악회 주최 의원들에게 일정표 전달(점심 이후) → △△조명에 조명 점검 협조 연락(오후) → 한여름
밤의 음악회 장소 점검(퇴근 전) → 김과장에게 상황 보고
따라서 가장 먼저 해야 할 일은 '음악회 주최 의원들과 점심'이다.

48 경영 전략 　　　　　　　　　　　　　　　　　　　　　　　　　　　　정답 ②

사례 1은 차별화 전략의 대표적인 사례로, 넓은 시장에서 경쟁우위 요소를 차별화로 두는 전략이다.

49 경영 전략 　　　　　　　　　　　　　　　　　　　　　　　　　　　　정답 ③

사례 2는 집중화 전략에 대한 내용이다. 집중화 전략의 결과는 특정 목표에 대해 차별화되거나 낮은 원가를 실현할 수 있는데,
예를 들면 그 지역의 공급자가 고객과의 제휴를 통해 낮은 원가 구조를 확보할 수 있다. 또한 특정 세분화된 시장이 목표가 되므로
다른 전략에 비해 상대적으로 비용이 적게 들고, 성공했을 경우 효과는 작지만 특정 세분시장에서의 이익을 확실하게 확보할 수
있다.

50 경영 전략 　　　　　　　　　　　　　　　　　　　　　　　　　　　　정답 ④

사례 3은 비용우위 전략과 차별화 전략을 동시에 적용한 사례이다. 토요타는 JIT 시스템을 통해 비용을 낮추는 비용우위 전략을
취함과 동시에 기존 JIT 시스템을 현재 상황에 맞게 변형한 차별화 전략을 추구하고 있다. 따라서 비용우위 전략과 차별화 전략을
동시에 적용한 것은 ⓒ과 ⓔ이다.

오답분석

㉠ 비용우위 전략에 해당한다.
㉡ 집중화 전략에 해당한다.

41	42	43	44	45	46	47	48	49	50										
③	①	①	③	①	②	④	②	③	④										

41 기술 적용
정답 ③

사용 전 알아두기 네 번째에 제습기의 물통이 가득 찰 경우 작동이 멈춘다고 하였으므로 서비스센터에 연락해야 한다.

[오답분석]

① 실내 온도가 18℃ 미만일 때 냉각기에 결빙이 시작되어 제습량이 줄어들 수 있다.

② 컴프레서 작동으로 실내 온도가 올라갈 수 있다.

④ 제습기가 작동하지 않거나 작동을 멈추는 경우, 전원을 끄고 10분 정도 경과 후 다시 전원을 켜라고 하였다.

42 기술 적용
정답 ①

보증서가 없으면 영수증이 대신하는 것이 아니라, 제조일로부터 3개월이 지난 날이 보증기간 시작일이 된다.

[오답분석]

② 보증기간 안내에 따르면 제품 보증기간은 제조사 또는 제품 판매자가 소비자에게 정상적인 상태에서 자연 발생한 품질 성능 기능 하자에 대하여 무료 수리해 주겠다고 약속한 기간이므로 옳은 내용이다.

③·④ 2017년 이전 제품은 2년이고, 나머지는 보증기간이 1년이다.

43 기술 이해
정답 ①

시스템적인 관점에서 인식하는 능력은 기술적 능력에 대한 것으로 기술경영자의 역할이라기보다는 기술관리자의 역할에 해당하는 내용이다.

44 기술 이해
정답 ③

기술능력이 뛰어난 사람이 기술적 해결에 대한 효용성을 평가한다.

기술능력이 뛰어난 사람의 특징
- 실질적 해결을 필요로 하는 문제를 인식한다.
- 인식된 문제를 위해 다양한 해결책을 개발하고 평가한다.
- 실제적 문제를 해결하기 위해 지식이나 기타 자원을 선택하고 최적화시키며 적용한다.
- 주어진 한계 속에서 제한된 자원을 가지고 일한다.
- 기술적 해결에 대한 효용성을 평가한다.
- 여러 상황 속에서 기술의 체계와 도구를 사용하고 배울 수 있다.

45 기술 이해
정답 ①

기술시스템의 발전 단계는 발명·개발·혁신의 단계 → ⊙ 기술 이전의 단계 → ⓒ 기술 경쟁의 단계 → 기술 공고화 단계를 거쳐 발전한다. 또한 기술시스템의 발전 단계에는 단계별로 핵심적인 역할을 하는 사람들이 있다. 기술 경쟁의 단계에서는 ⓒ 기업가들의 역할이 더 중요해지고, 기술 공고화 단계에서는 이를 활성·유지·보수 등을 하기 위한 ⓔ 자문 엔지니어와 금융전문가 등의 역할이 중요해진다.

46 기술 이해

지속가능한 기술은 이용 가능한 자원과 에너지를 고려하고, 자원의 사용과 그것이 재생산되는 비율의 조화를 추구하며, 자원의 질을 생각하고, 자원이 생산적인 방식으로 사용되는가에 주의를 기울이는 기술이라고 할 수 있다. 즉, 지속가능한 기술은 되도록 태양 에너지와 같이 고갈되지 않는 자연 에너지를 활용하며, 낭비적인 소비 형태를 지양하고, 기술적 효용만이 아닌 환경효용(Eco-Efficiency)을 추구한다. (가), (나), (라)의 사례는 낭비적인 소비 형태를 지양하고, 환경효용도 추구함을 볼 때 지속가능한 기술의 사례로 볼 수 있다.

오답분석

(다)와 (마)의 사례는 환경효용이 아닌 생산수단의 체계를 인간에게 유용하도록 발전시키는 사례로, 기술발전에 해당한다.

47 기술 적용

다른 전화기에서 울리는 전화를 내 전화기에서 받으려면 '당겨받기' 기능을 사용하면 된다.

48 기술 적용

전화걸기 중 세 번째 문항에 대한 것으로, 통화 중인 상태에서 다른 곳으로 전화를 걸기 원할 때의 사용방법을 설명하고 있다.

오답분석

① 전화받기에 해당하는 그림으로, 통화 중에 다른 전화를 받길 원할 때의 방법을 설명하고 있다.
③ 수신전환에 해당하는 그림으로, 다른 전화기로 수신을 전환하는 방법을 설명하고 있다.
④ 돌려주기에 해당하는 그림으로, 통화 중일 때 다른 전화기로 돌려주는 방법을 설명하고 있다.

49 기술 적용

안마의자 사용설명서에서 설치 시에 등받이와 다리부를 조절할 경우를 대비하여 제품의 전방 50cm, 후방 10cm 이상 여유 공간을 두라고 설명하고 있다. 따라서 후방을 벽면에 밀착할 수 있는 장소를 고려하는 것은 적절하지 않다.

50 기술 적용

안마의자의 움직이는 부위에 손가락이 끼어 다칠 수 있다는 내용을 담고 있다. 제품설명서의 '안전을 위한 주의사항'에서 7번째 사항을 보면 같은 내용이 있으며, '경고' 수준에 해당한다는 것을 알 수 있다.

오답분석

① 사용 중에 잠들지 말라는 의미를 가진 그림이다. 이는 '주의'에 해당한다.
② 사용 중에 음료나 음식을 섭취하지 말라는 의미를 가진 그림이다. 이는 '주의'에 해당한다.
③ 사용 시간은 1회 20분을 권장한다는 의미를 가진 그림이다. 이는 '주의'에 해당한다.

01 공통 영역

01	02	03	04	05	06	07	08	09	10	11	12	13	14	15	16	17	18	19	20
②	②	②	④	④	③	③	②	③	③	②	③	③	④	④	③	②	③	④	②
21	22	23	24	25	26	27	28	29	30	31	32	33	34	35	36	37	38	39	40
②	④	③	④	③	③	②	①	①	④	③	②	②	③	③	①	④	④	④	④

01 어휘　　　　　　　　　　　정답 ②

제시문과 ②의 '나누다'는 '즐거움이나 고통, 고생 따위를 함께하다.'의 의미이다.

[오답분석]
① 몫을 분배하다.
③ 여러 가지가 섞인 것을 구분하여 분류한다.
④ 같은 핏줄을 타고나다.

02 글의 제목　　　　　　　　　정답 ②

제시문의 주제는 '미래 사회에서는 산업 구조의 변화에 따라 전반적인 사회조직의 원리도 바뀔 것이다.'이므로 제목으로는 ②가 가장 적절하다.

[오답분석]
③ 제시문의 초점은 '미래 사회의 산업 구조' 자체가 아니라 '산업 구조의 변화에 따른 사회조직 원리의 변화'이다.

03 빈칸 삽입　　　　　　　　　정답 ②

빈칸 뒤에서는 고전 미학과 근대 미학이 각각 추구하는 이념과 대상에 대해 예를 들어 설명하고 있다. 따라서 빈칸에는 미학이 추구하는 이념과 대상도 '시대에 따라 다름'을 언급하는 내용이 들어가야 한다.

04 맞춤법　　　　　　　　　　정답 ④

• 안은 → 않은
• 며녁 → 면역
• 항채 → 항체
• 보유률 → 보유율

05 글의 제목　　　　　　　　　정답 ④

네 번째 문단에서는 토마토 퓨레, 토마토 소스, 토마토 케첩을 소개하며, 토마토에 대한 조리방법을 소개하고 있다. 따라서 ④는 적절하지 않다.

06 문서 내용 이해

파란 토마토보다 빨간 토마토가 건강에 더 유익하므로 완전히 빨갛게 익혀 먹는 것이 좋다.

오답분석

① 라이코펜이 많은 빨간 토마토를 그냥 먹을 경우 라이코펜의 체내 흡수율이 떨어지므로 열을 가해 조리해서 먹는 것이 좋다.
② 우리나라에는 19세기 초 일본을 거쳐서 들어왔다고 추정되고 있다.
④ 토마토의 라이코펜과 지용성 비타민은 기름에 익힐 때 흡수가 잘 된다.

07 문단 나열

제시문은 지구 온난화의 위협을 비교적 덜 받는 것으로 여겨졌던 동남극의 덴먼 빙하가 지구 온난화의 위협을 받고 있다는 연구 결과를 이야기한다. 따라서 (나) 비교적 지구 온난화의 위협을 덜 받는 것으로 생각되어 온 동남극 → (다) 동남극 덴먼 빙하에 대한 조사를 통해 드러난 지구 온난화 위협의 증거 → (가) 한 연구팀의 덴먼 빙하 누적 얼음 손실량 조사와 지반선 측정 → (마) 비대칭성을 보이는 빙상의 육지 – 바다 접점 지반선 후퇴 → (라) 빙하의 동쪽 측면과 서쪽 측면의 다른 역할에 따른 결과의 순서로 나열해야 한다.

08 문서 내용 이해

패널 토의는 3 ~ 6인의 전문가가 토의 문제에 대한 정보나 지식, 의견이나 견해를 자유롭게 주고받고 토의가 끝난 후 청중의 질문을 받는 순서로 진행된다. 찬반으로 명백하게 나눠 진행하기보다는 서로 다른 의견을 수렴 및 조정하는 방법이기 때문에 ②는 적절하지 않다.

09 문서 작성

문장은 되도록 간결체로 쓰는 것이 의미전달에 효과적이며, 행은 문장마다 바꾸는 것이 아니라 그 내용에 따라 적절하게 바꾸어 문서가 난잡하게 보이지 않도록 하여야 한다.

10 의사 표현

상대방에게 잘못을 지적하며 질책을 해야 할 때는 '칭찬의 말＋질책의 말＋격려의 말'의 순서인 샌드위치 화법으로 표현하는 것이 좋다. 즉, 칭찬을 먼저 한 다음 질책의 말을 하고, 끝에 격려의 말로 마무리한다면 상대방은 크게 반발하지 않고 질책을 받아들이게 될 것이다.

오답분석

① 상대방의 잘못을 지적할 때는 지금 당장의 잘못에만 한정해야 하며, 추궁하듯이 묻지 않아야 한다.
② 상대방의 말이 끝나기 전에 어떤 답을 할까 궁리하는 것은 좋지 않다.
④ 상대방을 설득해야 할 때는 일방적으로 강요하거나 상대방에게만 손해를 보라는 식으로 대화해서는 안 된다. 먼저 양보해서 이익을 공유하겠다는 의지를 보여주는 것이 좋다.

11 응용 수리

배의 속력을 $x$km/h, 강물의 속력을 $y$km/h라 하면, 다음과 같은 식이 성립한다.
$4(x-y)=20 \rightarrow x-y=5 \cdots \bigcirc$
$2(x+y)=20 \rightarrow x+y=10 \cdots \bigcirc$
㉠, ㉡을 연립하면
$-2y=-5$
$\therefore y=2.5$

12 응용 수리 정답 ③

A사, B사, C사 자동차를 가진 사람의 수를 각각 a명, b명, c명이라 하고, 주어진 내용을 바탕으로 정리하여 식으로 나타내면 다음과 같다.

- $a=b+10$ ⋯ ㉠
- $b=c+20$ ⋯ ㉡
- $a=2c$ ⋯ ㉢

㉠에 ㉢을 대입하면 $2c=b+10$ ⋯ ㉣
㉡과 ㉣을 연립하면 $b=50$, $c=30$이고, 구한 c의 값을 ㉢에 대입하면 $a=60$이다. 자동차를 2대 이상 가진 사람은 없으므로 세 회사에서 생산된 어떤 자동차도 가지고 있지 않은 사람의 수는 $200-(60+50+30)=60$명이다.

13 응용 수리 정답 ③

A업체와 B업체가 협력하기 전 생산량을 100이라고 할 때, 불량률을 고려한 생산량은 $100\times(1-0.02)=98$이다. 협력 후 생산량이 30% 증가하였으므로 생산량은 130이고, C업체가 공단에 입주한 후의 불량률을 고려한 생산량은 $130\times(1-0.04)=124.8$이다.

따라서 불량률이 증가한 이후의 생산량은 A업체와 B업체가 협력하기 이전 생산량의 $\frac{124.8}{98}\fallingdotseq1.27$배이다.

14 응용 수리 정답 ④

집 → 학교 → 도서관 → 학교 순서이므로 $3\times5\times5=75$가지이다.

15 수열 규칙 정답 ④

각 항을 네 개씩 묶고, $A\ B\ C\ D$라고 하면 다음과 같은 규칙이 성립한다.
$A\ B\ C\ D \rightarrow A^B=C^D$
$3\ (\ \ )\ 9\ 3 \rightarrow 3^{(\ )}=9^3=3^6$
따라서 $(\ \ )=6$이다.

16 수열 규칙 정답 ③

분자는 -2, 분모는 $+2$인 수열이다.

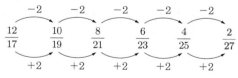

17 자료 계산 정답 ②

주5일 근무제 실시 이후 가정의 소득이 줄어들 것이라고 생각하는 주부는 '대체로 그렇다'와 '매우 그렇다'에 응답한 사람이다.
따라서 $\dfrac{56+12}{8+21+70+56+12}\times100\fallingdotseq41\%$이다.

18 자료 계산 정답 ③

주5일 근무제 시행 이후 소득의 변화가 없다고 대답한 주부는 $\dfrac{76}{3+60+76+3}\times100\fallingdotseq54\%$이다.

19 자료 이해 　　　　　　　　　　　　　　　　　　　　　　　　　　　　　　　　　　　　　정답 ④

면세유류 구매 비율은 1993년부터 계속 증가하였고, 2023년에는 영농자재 중 가장 높은 구매 비율을 차지하였다.

오답분석
① 일반자재 구매 비율은 2013년까지 10년마다 증가한 이후 2023년에 감소하였다.
② 2003년에는 배합사료의 구매 비율, 2023년에는 면세유류의 구매 비율이 가장 높았으므로 옳지 않은 설명이다.
③ 배합사료 구매 비율은 '증가 – 감소 – 증가 – 감소 – 증가'인 반면, 농기계 구매 비율은 '증가 – 증가 – 감소 – 증가 – 감소'이므로 옳지 않은 설명이다.

20 자료 이해 　　　　　　　　　　　　　　　　　　　　　　　　　　　　　　　　　　　　　정답 ②

㉠ 근로자가 총 90명이고 전체에게 지급된 임금의 총액이 2억 원이므로 근로자당 평균 월 급여액은 $\frac{2억\ 원}{90명} ≒ 222$만 원이다.

　　따라서 평균 월 급여액은 230만 원 이하이다.
㉡ 월 210만 원 이상 급여를 받는 근로자 수는 26+12+8+4=50명이다. 따라서 총 90명의 절반인 45명보다 많으므로 옳은 설명이다.

오답분석
㉢ 월 180만 원 미만의 급여를 받는 근로자 수는 6+4=10명이다. 따라서 전체에서 $\frac{10}{90} ≒ 11\%$의 비율을 차지하고 있으므로 옳지 않은 설명이다.
㉣ '월 240만 원 이상 월 270만 원 미만'의 구간에서 월 250만 원 이상 받는 근로자의 수는 주어진 자료만으로는 확인할 수 없다.

21 창의적 사고 　　　　　　　　　　　　　　　　　　　　　　　　　　　　　　　　　　　　정답 ②

오답분석
① 퍼실리테이션은 깊이 있는 커뮤니케이션을 통해 서로의 문제점을 이해하고 공감하게 한다.
③ 퍼실리테이션은 초기에 생각하지 못했던 창조적인 해결방법을 도출한다.
④ 퍼실리테이션은 구성원이 자율적으로 실행하는 것으로, 제3자가 합의점이나 줄거리를 준비해놓고 예정대로 결론이 도출되는 것이 아니다.

22 창의적 사고 　　　　　　　　　　　　　　　　　　　　　　　　　　　　　　　　　　　　정답 ④

해결안 개발은 문제로부터 도출된 근본원인을 효과적으로 해결할 수 있는 최적의 해결방안을 수립하는 단계로 해결안 도출, 해결안 평가 및 최적안 선정의 절차로 진행된다. 홍보팀 팀장은 팀원들이 제시한 다양한 홍보 방안을 중요도와 실현 가능성 등을 고려하여 최종 홍보 방안을 결정해야 한다. 따라서 해결안 개발 단계 중에서도 해결안을 평가하고 가장 효과적인 해결안을 선정해야 하는 단계에 해당한다.

23 SWOT 분석 　　　　　　　　　　　　　　　　　　　　　　　　　　　　　　　　　　　　정답 ③

WO전략은 약점을 극복함으로써 기회를 활용할 수 있도록 내부 약점을 보완해 좀 더 효과적으로 시장 기회를 추구한다. 따라서 바로 옆에 유명한 프랜차이즈 레스토랑이 생겼다는 사실을 이용하여 홍보가 미흡한 점을 보완할 수 있도록 레스토랑과 제휴하여 레스토랑 내에 홍보물을 비치하는 방법이므로 적절하다.

D주임은 좌석이 '2다'석으로 정해져 있다. 그리고 팀장은 두 번째 줄에 앉아야 하며 대리와 이웃하게 앉아야 하므로 A팀장의 자리는 '2가'석 혹은 '2나'석임을 알 수 있다. A팀장의 옆자리에 앉을 사람은 B대리 혹은 C대리이며, 마지막 조건에 의해 B대리는 창가쪽 자리에 앉아야 한다. 그리고 세 번째 조건에서 주임끼리는 이웃하여 앉을 수 없으므로 D주임을 제외한 E주임과 F주임은 첫 번째 줄 중 사원의 자리를 제외한 '1가'석 혹은 '1라'석에 앉아야 한다. 따라서 B대리가 앉을 자리는 창가쪽 자리인 '2가'석 혹은 '2라'석이다. H사원과 F주임은 함께 앉아야 하므로 이들이 첫 번째 줄('1나'석, '1가'석)에 앉거나, ('1다'석, '1라'석)에 앉는 경우가 가능하다. 이러한 요소를 고려하여 경우의 수를 정리하면 다음과 같다.

1)

E주임	G사원	복도	H사원	F주임
A팀장	C대리		D주임	B대리

2)

E주임	G사원	복도	H사원	F주임
B(C)대리	A팀장		D주임	C(B)대리

3)

F주임	H사원	복도	G사원	E주임
A팀장	C대리		D주임	B대리

4)

F주임	H사원	복도	G사원	E주임
B(C)대리	A팀장		D주임	C(B)대리

ㄱ. 3), 4)의 경우를 보면 반례인 경우를 찾을 수 있다.
ㄴ. C대리가 A팀장과 이웃하여 앉으면 '라'열에 앉지 않는다.
ㄹ. 1), 3)의 경우를 보면 반례인 경우를 찾을 수 있다.

오답분석

ㄷ. 조건들을 고려하면 '1나'석과 '1다'석에는 G사원 혹은 H사원만 앉을 수 있고, '1가'석, '1라'석에는 E주임과 F주임이 앉아야 한다. 그런데 F주임과 H사원은 이웃하여 앉아야 하므로, G사원과 E주임은 어떤 경우에도 이웃하게 앉는다.

김과장이 2주 차 월요일에 단식을 했기 때문에, 1주 차 토요일과 일요일은 반드시 세 끼 식사를 해야 한다. 또한 목요일은 업무약속으로 점심식사를 했으므로 단식을 할 수 없다.

구분	월요일	화요일	수요일	목요일	금요일	토요일	일요일
아침	○		○	○	○	○	○
점심			○			○	○
저녁				○		○	○

• 월요일에 단식을 했을 경우
　화·수요일은 세 끼 식사를 해야 한다. 그러면 금요일이 단식일이 되는데, 이 경우 네 번째 조건을 만족하지 못한다.
• 화요일(아침에 식사)에 단식을 했을 경우
　월·수·목요일은 세 끼 식사를 해야 한다. 그러면 금요일이 단식일이 되는데, 이 경우 네 번째 조건을 만족하지 못한다.
• 화요일(저녁에 식사)에 단식을 했을 경우
　월·수·목요일은 세 끼 식사를 해야 한다. 그러면 금요일이 단식일이고, 아침에 식사를 했으므로 모든 조건을 만족한다.

명제가 참이면 대우 명제도 참이다. 즉, '유민이가 좋아하는 과일은 신혜가 싫어하는 과일이다.'가 참이면 '신혜가 좋아하는 과일은 유민이가 싫어하는 과일이다.'도 참이 된다. 따라서 신혜는 딸기를 좋아하고, 유민이는 사과와 포도를 좋아한다.

명제 추론   정답 ②

두 대의 적외선 카메라 중 하나는 수도권본부에 설치하였고, 나머지 하나는 경북본부와 전남본부 중 한 곳에 설치하였으므로 강원본부에는 적외선 카메라를 설치할 수 없다. 또한, 강원본부에는 열선감지기를 설치하지 않았으므로 반드시 하나 이상의 기기를 설치해야 한다는 첫 번째 조건에 따라 강원본부에는 화재경보기를 설치하였을 것이다.

28 자료 해석   정답 ①

햄버거의 가격을 비교하면 다음과 같다.

- 치킨버거를 2개 산다면 그중 하나는 30% 할인되므로, 1개당 가격은 $\dfrac{2,300+2,300\times0.7}{2}=1,955$원이다.

- 불고기버거를 3개 산다면 물 1병이 증정되므로 1개당 가격은 $\dfrac{2,300\times3-800}{3}≒2,033$원이다.

- 치즈버거의 경우 개당 2,000원으로 불고기버거보다 저렴하다. 다만, 구매 개수만큼 포도주스의 가격을 할인받을 수 있는데, 할인된 금액이 $1,400\times(1-0.4)=840$원이므로 물의 800원보다 커 의미가 없다.

그러므로 버거는 가장 저렴한 치킨버거를 최대한 많이 사야 하며, 나머지는 치즈버거를 사야 한다. 따라서 치킨버거 10개, 치즈버거 1개를 사야 한다.

음료수의 가격을 비교하면 다음과 같다.

- 보리차는 2+1로 구매할 수 있으므로 1병당 가격은 $\dfrac{1,100\times2}{3}≒733$원이다.

- 물은 1병당 800원이다.

- 오렌지주스는 4+2로 구매할 수 있으므로 1병당 가격은 $\dfrac{1,300\times4}{6}≒867$원이다.

- 포도주스의 경우는 치즈버거를 산다고 가정했을 때 $1,400\times0.6=840$원이다.

그러므로 최대한 보리차를 구매하고 나머지는 물을 구매해야 한다. 따라서 보리차 9병, 물 2병을 사야 한다.

29 규칙 적용   정답 ①

먼저 16진법으로 표현된 수를 10진법으로 변환하여야 한다.

43 → $4\times16+3=67$

41 → $4\times16+1=65$

54 → $5\times16+4=84$

변환된 수를 아스키 코드표를 이용하여 해독하면 67=C, 65=A, 84=T임을 확인할 수 있다. 따라서 철수가 장미에게 보낸 문자의 의미는 'CAT'이다.

30 규칙 적용   정답 ④

- 형태 : HX(육각)
- 허용압력 : L(18kg/cm²)
- 직경 : 014(14mm)
- 재질 : SS(스테인리스)
- 용도 : M110(자동차)

31 시간 계획   정답 ③

대화 내용을 살펴보면 A과장은 패스트푸드점, B대리는 화장실, C주임은 은행, D사원은 편의점을 이용한다. 이는 동시에 이루어지는 일이므로 가장 오래 걸리는 일의 시간만을 고려하면 된다. 은행이 30분으로 가장 오래 걸리므로 17:20에 모두 모이게 된다. 따라서 17:00, 17:15에 출발하는 버스는 이용하지 못한다. 그리고 17:30에 출발하는 버스는 잔여석이 부족하여 이용하지 못하여, 최종적으로 17:45에 출발하는 버스를 탈 수 있다. 그러므로 서울에 도착 예정시각은 19:45이다.

32 〔인원 선발〕

정답 ②

수리능력과 문제해결능력 점수의 합은 다음과 같다.

- 이진기 : 74+84=158점
- 박지민 : 82+99=181점
- 최미정 : 66+87=153점
- 김남준 : 53+95=148점
- 정진호 : 92+91=183점
- 김석진 : 68+100=168점
- 황현희 : 80+92=172점

따라서 총무팀에 배치될 사람은 점수의 합이 가장 높은 박지민, 정진호이다.

33 〔인원 선발〕

정답 ②

개인별 필기시험과 면접시험 총점에 가중치를 적용하여 환산점수를 계산하면 다음과 같다.

성명	필기시험 총점	면접시험 총점	환산점수
이진기	92+74+84=250점	60+90=150점	$(250 \times 0.7)+(150 \times 0.3)=220$점
박지민	89+82+99=270점	80+90=170점	$(270 \times 0.7)+(170 \times 0.3)=240$점
최미정	80+66+87=233점	80+40=120점	$(233 \times 0.7)+(120 \times 0.3)=199.1$점
김남준	94+53+95=242점	60+50=110점	$(242 \times 0.7)+(110 \times 0.3)=202.4$점
정진호	73+92+91=256점	50+100=150점	$(256 \times 0.7)+(150 \times 0.3)=224.2$점
김석진	90+68+100=258점	70+80=150점	$(258 \times 0.7)+(150 \times 0.3)=225.6$점
황현희	77+80+92=249점	90+60=150점	$(249 \times 0.7)+(150 \times 0.3)=219.3$점

따라서 환산점수에서 최저점을 받아 채용이 보류되는 사람은 최미정이다.

34 〔비용 계산〕

정답 ③

〔오답분석〕

① 예산을 잘 수립했다고 해서 예산을 잘 관리하는 것은 아니다. 예산을 적절하게 수립하였다고 하더라도 집행 과정에서 관리에 소홀하면 계획은 무용지물이 된다.
② 예산 집행 과정에서의 적절한 관리 및 통제는 사업과 같은 큰 단위만이 해당되는 것이 아니라 직장인의 경우 월급, 용돈 등 개인적인 단위에도 해당된다.
④ 예산 사용 내역에서 계획보다 비계획의 항목이 더 많은 경우는 예산 집행 과정을 적절하게 관리하지 못한 경우라고 할 수 있다.

35 〔비용 계산〕

정답 ③

시기별 1인당 지출비용은 다음과 같다.

- 성수기 : 43,000+67,000+35,000=145,000원
- 비성수기 : 31,000+44,000+30,000=105,000원

따라서 그 차이는 145,000-105,000=40,000원이다.

36 비용 계산

결제정보에 따른 직원별 할인금액은 다음과 같다.
- A과장 : 4,000(리프트 대여료)+35,000×0.1(스키복 대여료)=7,500원
- B대리 : 35,000×0.2(스키복 대여료)=7,000원
- C주임 : 67,000×0.1(장비 대여료)=6,700원
- D사원 : 5,000원(장비 대여료)

성수기의 1인당 지출금액은 145,000원이므로 할인금액에 따른 1인당 지출비용은 다음과 같다.
- A과장 : 145,000-7,500=137,500원
- B대리 : 145,000-7,000=138,000원
- C주임 : 145,000-6,700=138,300원
- D사원 : 145,000-5,000=140,000원

따라서 할인금액이 가장 큰 직원은 A과장이며, A과장의 1인당 지출비용은 137,500원이다.

37 인원 선발

B동의 변학도는 매주 월, 화 오전 8시부터 오후 3시까지 하는 카페 아르바이트 때문에 화~금 오전 9시 30분부터 오후 12시까지 진행되는 '그래픽 편집 달인 되기' 교육을 수강할 수 없다.

38 시간 계획

- 규모가 큰 업무나 등가의 업무는 따로 처리하라. → 규모가 큰 업무나 등가의 업무는 모아서 한꺼번에 처리하라.
- 의도적으로 외부의 방해를 받아들여라. → 의도적으로 외부의 방해를 차단하라.
- 큰 규모의 업무는 한 번에 해결하라. → 큰 규모의 업무는 세분화하라.
- 중점 과제는 나중에 처리하라. → 중점 과제를 먼저 처리하라.

39 품목 확정

자연자원의 경우 자연 상태에 있는 그대로의 자원을 말하므로 석탄, 햇빛, 구리, 철광석, 나무 등이 이에 해당한다. 반면 인공자원의 경우 사람들이 인위적으로 가공하여 만든 물적자원으로, 시설이나 장비 등이 포함되므로 댐, 인공위성, 컴퓨터가 이에 해당한다.

40 품목 확정

ⅰ) Y대리가 10월에 보유한 마일리지 : 50,000점

ⅱ) Y대리가 11월 3일에 사용한 마일리지

마일리지로 편도 항공권을 구매하려면 비행구간별 편도 마일리지의 30배가 필요하다. '인천 – 오사카' 편도 마일리지가 525점이므로 편도 항공권을 구매하기 위해서는 525×30=15,750점이 필요하다. 마일리지는 출발지와 도착지가 바뀌어도 동일하므로 '인천 – 오사카' 편도 항공권을 구매하기 위해 필요한 마일리지와 '오사카 – 인천' 편도 항공권을 구매하기 위해 필요한 마일리지는 같다. 그러므로 Y대리가 11월 3일 항공권 구입을 위해 사용한 마일리지는 15,750×2=31,500점이다.

ⅲ) Y대리가 11월 20일에 적립한 마일리지

마일리지는 경유지와 상관없이 항공권상의 출·도착지 기준으로 적립하므로 '부산 – 나리타 – 괌' 항공의 편도 마일리지는 '부산 – 괌' 편도 마일리지와 같다. 즉, '부산 – 괌' 편도 마일리지는 1,789점이다. 마일리지는 출발지와 도착지가 바뀌어도 동일하므로 '괌 – 나리타 – 부산' 항공의 편도 마일리지는 '괌 – 부산'의 편도 마일리지와 동일하며, '부산 – 괌' 편도 마일리지와 '괌 – 부산' 편도 마일리지는 같다. 그러므로 Y대리가 11월 20일 해외출장으로 적립한 마일리지는 1,789×2=3,578점이다.

따라서 Y대리가 12월 20일에 보유하고 있는 마일리지는 50,000-31,500+3,578=22,078점이다.

41	42	43	44	45	46	47	48	49	50										
④	①	①	②	④	④	③	②	③	③										

41 경영 전략

정답 ④

ㄴ. BCG 매트릭스는 시장성장율과 상대적 시장점유율을 기준으로 4개의 영역으로 나눠 사업의 상대적 위치를 파악한다.

ㄹ. GE & 맥킨지 매트릭스의 산업매력도는 시장규모, 시장 잠재력, 경쟁구조, 재무・경제・사회・정치 요인과 같은 광범위한 요인에 의해 결정된다.

ㅁ. GE & 맥킨지 매트릭스는 반영 요소가 지나치게 단순하다는 BCG 매트릭스의 단점을 보완하기 위해 개발되었다.

[오답분석]

ㄱ. BCG 매트릭스는 미국의 보스턴컨설팅그룹이 개발한 사업포트폴리오 분석 기법이다.

ㄷ. GE & 맥킨지 매트릭스는 산업매력도와 사업경쟁력을 고려하여 사업의 형태를 9개 영역으로 나타낸다.

42 경영 전략

정답 ①

베트남 사람들은 매장에 직접 방문해서 구입하는 것을 더 선호하므로 인터넷, TV광고와 같은 간접적인 방법의 홍보를 활성화하는 것은 신사업 전략으로 적절하지 않다.

43 조직 구조

정답 ①

조직이 생존하기 위해서는 급변하는 환경에 적응하여야 한다. 이를 위해서는 원칙이 확립되어 있고 고지식한 기계적 조직보다는 운영이 유연한 유기적 조직이 더 적절하다.

[오답분석]

② 대규모 조직은 소규모 조직과는 다른 조직 구조를 갖게 되는데, 대규모 조직은 소규모 조직에 비해 업무가 전문화, 분화되어 있고 많은 규칙과 규정이 존재하게 된다.

③ 조직 활동의 결과에 따라 조직의 성과와 조직만족이 결정되며, 그 수준은 조직구성원들의 개인적 성향과 조직 문화의 차이에 따라 달라진다.

④ 조직 구조의 중요 요인 중 하나인 기술은 조직이 투입요소를 산출물로 전환시키는 지식, 기계, 절차 등을 의미하며, 소량생산기술을 가진 조직은 유기적 조직 구조를, 대량생산기술을 가진 조직은 기계적 조직 구조를 가진다.

44 조직 구조

정답 ②

조직의 구조, 기능, 규정 등이 조직화되어 있는 것은 공식조직이며, 비공식조직은 개인들의 협동과 상호작용에 따라 형성된 자발적인 집단으로 볼 수 있다. 공식조직은 인간관계에 따라 형성된 비공식조직으로부터 시작되지만, 조직의 규모가 커지면서 점차 조직구성원들의 행동을 통제할 장치를 마련하게 되고, 이를 통해 공식화된다.

45 조직 구조

정답 ④

비영리조직은 공익을 추구하는 특징을 가진다. 기업은 이윤을 목적으로 하는 영리조직이다.

46 업무 종류

정답 ④

재무분석은 회계감사 분야의 직무 내용으로 인사팀이 아닌 재무회계팀이 담당하는 업무이다.

47   업무 종류

예산 편성 및 원가관리 개념은 경영기획 분야에서 필요로 하는 지식으로, 경영기획 분야에서는 주로 사업 환경을 분석하고, 사업별 투자와 예산, 경영 리스크 등을 관리한다.

오답분석
①·②·④ 마케팅전략 계획 수립과 신상품 기획 등의 직무를 수행하는 마케팅전략기획 분야에서 필요로 하는 지식·기술·태도이다.

48   업무 종류

이사원에게 현재 가장 긴급한 업무는 미팅 장소를 변경해야 하는 것이다. 미리 안내했던 장소를 사용할 수 없으므로 오전 11시에 사용 가능한 다른 회의실을 예약해야 한다. 그 후 바로 거래처 직원에게 미팅 장소가 변경된 점을 안내해야 하므로 ⓒ이 ⓒ보다 먼저 이루어져야 한다. 거래처 직원과의 오전 11시 미팅 이후에는 오후 2시에 예정된 김팀장과의 면담이 이루어져야 한다. 김팀장과의 면담 시간은 미룰 수 없으므로 이미 예정되었던 시간에 맞춰 면담을 진행한 후 부서장이 요청한 문서 작업 업무를 처리하는 것이 적절하다. 따라서 이사원은 ⓒ - ⓒ - ㉠ - ㉣ - ㉤의 순서로 업무를 처리해야 한다.

49   경영 전략

국제경쟁입찰의 과열 경쟁 심화와 컨소시엄 구성 시 민간기업과 업무배분, 이윤추구성향 조율의 어려움 등은 문제점에 대한 언급이기 때문에 추진방향으로 적절하지 않다.

50   국제 동향

오답분석
㉠ 미국 바이어와 악수할 때 눈이나 얼굴을 보는 것은 좋은 행동이지만, 손끝만 살짝 잡아서는 안 되며, 오른손으로 상대방의 오른손을 잠시 힘주어서 잡아야 한다.
ⓒ 이라크 사람들은 시간약속을 할 때 정각에 나오는 법이 없으며, 상대방이 으레 기다려 줄 것으로 생각하므로 좀 더 여유를 가지고 기다리는 인내심이 필요하다.
ⓜ 수프를 먹을 때는 몸 쪽에서 바깥쪽으로 숟가락을 사용한다.
ⓢ 빵은 수프를 먹고 난 후부터 디저트를 먹을 때까지 먹는다.

41	42	43	44	45	46	47	48	49	50										
③	④	②	③	④	①	②	③	①	④										

41 기술 이해
정답 ③

A역 에스컬레이터 역주행 사고는 모터 감속기의 노후화 등의 마모로 인한 것이라 추정하였으며, 이에 대해 정밀 감식을 진행할 예정이므로 사고예방대책 원리의 평가 및 분석 단계에 해당된다.

42 기술 이해
정답 ④

승객들의 에스컬레이터에서 걷거나 뛰는 행위로 인해 부품에 이상이 생겨 사고로 이어졌다. 이는 반복적이고 지속적인 충격하중으로 인한 부품 이상을 사전에 충분히 점검 및 정비하지 않아 발생한 사고이므로 기계에 의한 물적 요인으로 볼 수 있다.

43 기술 이해
정답 ②

②는 간접적 벤치마킹의 단점이다. 간접적 벤치마킹은 인터넷, 문서자료 등 간접적인 형태로 조사・분석하게 됨으로써 대상의 본질보다는 겉으로 드러나 보이는 현상에 가까운 결과를 얻을 수 있는 단점을 가진다.

44 기술 이해
정답 ③

오답분석
① 빅데이터 : 디지털 환경에서 발생하는 대량의 데이터에서 가치를 추출하고 결과를 분석하는 기술을 말한다.
② 블록체인 : 네트워크에 참여하는 모든 사용자가 모든 데이터를 분산 및 저장하는 기술을 말한다.
④ 알고리즘 : 문제 해결을 위한 일련의 단계적 절차 및 처리과정의 순서를 말한다.

45 기술 이해
정답 ④

㉠ 드론(Drone) : 무인항공기(UAV; Unmanned Aerial Vehicle)로도 불리는 드론은 조종사가 탑승하지 않고 무선 원격 조종하는 비행체이다. 모형항공기와 비교되곤 하는데 드론과 모형항공기의 가장 큰 차이는 자동비행장치의 탑재 유무이다. 자동비행이 가능하면 드론의 일종으로 보고, 자동비행이 불가능하여 수동 조작이 필요하면 모형항공기의 일종으로 본다.
㉡ 사물인터넷(IoT; Internet of Things) : 물체에 인터넷 등의 네트워크를 적용하여 물체와 사용자와의 커뮤니케이션은 물론 연결된 기기 간의 상호작용을 통해 자동으로 기기를 제어하는 기술이다.
㉢ 빅데이터(Big data) : 기존 데이터 처리 능력으로는 감당이 안 되는 매우 크고 복잡한 비정형 데이터이다. 흔히 빅데이터의 3대 중요 요소로 크기(Volume), 속도(Velocity), 다양성(Variety)을 꼽으며 빅데이터를 통한 가치 창출이 중요해지면서 정확성(Veracity), 가치(Value)까지 포함하여 빅데이터의 주요 5대 중요 요소로 꼽는 사람들도 있다. 빅데이터는 시장 선호도 조사 등 다양한 산업 분야에서 목적에 따라 적절하게 처리하여 결론을 도출해야 한다.

46 기술 적용
정답 ①

'수시'는 '일정하게 정하여 놓은 때 없이 그때그때 상황에 따름'을 의미한다. 즉, 하루에 한 번 청소할 수도 있고, 아닐 수도 있다. 따라서 정수기 청소는 하루에 1곳만 할 수도 있다.

오답분석
② '제품 이상 시 조치방법' 맨 마지막에 설명되어 있다.
③ 적정 시기에 필터를 교환하지 않으면 물이 나오지 않거나 정수물이 너무 느리게 채워지는 문제가 발생한다.
④ 10mm=1cm이므로, 외형치수를 환산하면 옳은 설명임을 알 수 있다.

47 기술 적용 정답 ②

필터 수명이 종료됐을 때와 연결 호스가 꺾였을 때 물이 나오지 않는다. 이때 연결 호스가 꺾였다면 서비스센터에 연락하지 않고 해결이 가능하다.

48 기술 적용 정답 ③

ㄱ. 정수기에 사용되는 필터는 세디먼트 필터, 프리카본 필터, UF중공사막 필터, 실버블록카본 필터이다.
ㄹ. 설치 시 주의사항으로 벽면에서 20cm 이상 띄워 설치하라고 언급했다. 따라서 지켜지지 않을 경우 문제가 발생할 수 있다.

[오답분석]
ㄴ. 시너 및 벤젠은 제품의 변색이나 표면이 상할 우려가 있으므로 사용하지 말라고 명시되어 있다. 따라서 급한 경우라도 사용하지 않는 것이 옳다.
ㄷ. 프리카본 필터의 교환주기는 약 8개월이다. 3년은 36개월이므로 4번 교환해야 한다.

49 기술 적용 정답 ①

세탁기와 수도꼭지와의 거리에 대해서는 설치 시 주의사항에서 확인할 수 없는 내용이다.

50 기술 적용 정답 ④

세탁기 내부온도가 70℃ 이상이거나 물 온도가 50℃ 이상인 경우 세탁기 문이 열리지 않는다. 따라서 내부온도가 내려갈 때까지 잠시 기다려야 하며 이러한 상황에 대해 고객에게 설명해 주어야 한다.

[오답분석]
① 세탁조에 물이 남아 있다면 탈수를 선택하여 배수하여야 한다.
② 세탁기 내부온도가 높다면 내부온도가 내려갈 때까지 잠시 기다려야 한다.
③ 탈수 시 세탁기가 흔들릴 때의 해결방법이다.

국가철도공단 필기전형 답안카드

성 명

지원 분야

문제지 형별기재란

( )형

Ⓐ Ⓑ

수험번호

	⓪	①	②	③	④	⑤	⑥	⑦	⑧	⑨
	⓪	①	②	③	④	⑤	⑥	⑦	⑧	⑨
	⓪	①	②	③	④	⑤	⑥	⑦	⑧	⑨
	⓪	①	②	③	④	⑤	⑥	⑦	⑧	⑨
	⓪	①	②	③	④	⑤	⑥	⑦	⑧	⑨
	⓪	①	②	③	④	⑤	⑥	⑦	⑧	⑨
	⓪	①	②	③	④	⑤	⑥	⑦	⑧	⑨

감독위원 확인

(인)

번호	①	②	③	④		번호	①	②	③	④		번호	①	②	③	④
1	①	②	③	④		21	①	②	③	④		41	①	②	③	④
2	①	②	③	④		22	①	②	③	④		42	①	②	③	④
3	①	②	③	④		23	①	②	③	④		43	①	②	③	④
4	①	②	③	④		24	①	②	③	④		44	①	②	③	④
5	①	②	③	④		25	①	②	③	④		45	①	②	③	④
6	①	②	③	④		26	①	②	③	④		46	①	②	③	④
7	①	②	③	④		27	①	②	③	④		47	①	②	③	④
8	①	②	③	④		28	①	②	③	④		48	①	②	③	④
9	①	②	③	④		29	①	②	③	④		49	①	②	③	④
10	①	②	③	④		30	①	②	③	④		50	①	②	③	④
11	①	②	③	④		31	①	②	③	④						
12	①	②	③	④		32	①	②	③	④						
13	①	②	③	④		33	①	②	③	④						
14	①	②	③	④		34	①	②	③	④						
15	①	②	③	④		35	①	②	③	④						
16	①	②	③	④		36	①	②	③	④						
17	①	②	③	④		37	①	②	③	④						
18	①	②	③	④		38	①	②	③	④						
19	①	②	③	④		39	①	②	③	④						
20	①	②	③	④		40	①	②	③	④						

국가철도공단 필기전형 답안카드

번호	1	2	3	4	번호	1	2	3	4	번호	1	2	3	4
1	①	②	③	④	21	①	②	③	④	41	①	②	③	④
2	①	②	③	④	22	①	②	③	④	42	①	②	③	④
3	①	②	③	④	23	①	②	③	④	43	①	②	③	④
4	①	②	③	④	24	①	②	③	④	44	①	②	③	④
5	①	②	③	④	25	①	②	③	④	45	①	②	③	④
6	①	②	③	④	26	①	②	③	④	46	①	②	③	④
7	①	②	③	④	27	①	②	③	④	47	①	②	③	④
8	①	②	③	④	28	①	②	③	④	48	①	②	③	④
9	①	②	③	④	29	①	②	③	④	49	①	②	③	④
10	①	②	③	④	30	①	②	③	④	50	①	②	③	④
11	①	②	③	④	31	①	②	③	④					
12	①	②	③	④	32	①	②	③	④					
13	①	②	③	④	33	①	②	③	④					
14	①	②	③	④	34	①	②	③	④					
15	①	②	③	④	35	①	②	③	④					
16	①	②	③	④	36	①	②	③	④					
17	①	②	③	④	37	①	②	③	④					
18	①	②	③	④	38	①	②	③	④					
19	①	②	③	④	39	①	②	③	④					
20	①	②	③	④	40	①	②	③	④					

성 명

지원 분야

문제지 형별기재란

( )형 Ⓐ Ⓑ

수 험 번 호

⓪	①	②	③	④	⑤	⑥	⑦	⑧	⑨
⓪	①	②	③	④	⑤	⑥	⑦	⑧	⑨
⓪	①	②	③	④	⑤	⑥	⑦	⑧	⑨
⓪	①	②	③	④	⑤	⑥	⑦	⑧	⑨
⓪	①	②	③	④	⑤	⑥	⑦	⑧	⑨
⓪	①	②	③	④	⑤	⑥	⑦	⑧	⑨
⓪	①	②	③	④	⑤	⑥	⑦	⑧	⑨

감독위원 확인

(인)

2025 최신판 시대에듀 All-New 국가철도공단 NCS + 최종점검 모의고사 5회 + 무료NCS특강

개정13판1쇄 발행	2025년 02월 20일 (인쇄 2024년 11월 15일)
초 판 발 행	2016년 11월 25일 (인쇄 2016년 11월 18일)
발 행 인	박영일
책 임 편 집	이해욱
편 저	SDC(Sidae Data Center)
편 집 진 행	김재희 · 윤소빈
표지디자인	박수영
편집디자인	김경원 · 장성복
발 행 처	(주)시대고시기획
출 판 등 록	제10-1521호
주 소	서울시 마포구 큰우물로 75 [도화동 538 성지 B/D] 9F
전 화	1600-3600
팩 스	02-701-8823
홈 페 이 지	www.sdedu.co.kr
I S B N	979-11-383-8263-2 (13320)
정 가	25,000원

국가철도
공단

NCS＋최종점검 모의고사 5회

최신 출제경향 전면 반영